山西省哲学社会科学规划课题
“明清晋商‘创业·创新’精神及其传承与社会推广研究”
（晋规办字〔2016〕2号）的研究成果

明清晋商
“创业·创新”精神及其传承研究

王智庆　著

中国农业大学出版社
·北京·

内容简介

本书在阐释明清晋商“创业·创新”精神内涵、历史作用与时代价值的基础上，进一步深入剖析了明清晋商在经营理念的创新、主营业务的开拓与创新、商路的开拓与市场开发、经营方式的创新、运营制度的创新等方面的具体表现及其所蕴含的“创业·创新”精神特质，并且提出了传承与推广明清晋商“创业·创新”精神的具体方略，以期最大限度地服务于当前的经济转型与企业管理，助力我国社会经济高质量的发展。

图书在版编目（CIP）数据

明清晋商“创业·创新”精神及其传承研究 / 王智庆著. —北京：中国农业大学出版社，2020.1

ISBN 978-7-5655-2391-5

Ⅰ.①明… Ⅱ.①王… Ⅲ.①晋商—商业文化—研究—明清时代 Ⅳ.①F729

中国版本图书馆CIP数据核字（2020）第129896号

书　名 明清晋商“创业·创新”精神及其传承研究

作　者 王智庆　著

策划编辑 赵　中　李卫峰　　**责任编辑** 石　华

封面设计 郑　川

出版发行 中国农业大学出版社

社　址 北京市海淀区圆明园西路 2 号　　**邮政编码** 100193

电　话 发行部 010-62733489，1190　　读者服务部 010-62732336

编辑部 010-62732617，2618　　出　版　部 010-62733440

网　址 http：// www.caupress.cn　　**E-mail** cbsszs@cau.edu.cn

经　销 新华书店

印　刷 北京虎彩文化传播有限公司

版　次 2020 年 11 月第 1 版　2020 年 11 月第 1 次印刷

规　格 787 mm × 1 092 mm　16 开本　15 印张　280 千字

定　价 48.00 元

前　言

Preface

随着商品经济的发展，明代商业资本冲破传统自然经济的束缚，在商贸流通中周转与融通，迅速扩展到全国，甚至海外。晋商将各种商品在国内进行长途贩运，其经营项目众多，涉及盐、丝绸、粮食、棉布、瓷器等。晋商采取“人弃我取、人无我有”的经营策略，以致江北货物“日夜商贩而南”，江南货物“日夜商贩而北”。至明代中后期，晋商以地缘为联系纽带，形成了一个独具特色的地域性商帮，其足迹遍布各大商埠。在清代，晋商的经营资本得到了进一步发展，晋商势力进一步增强，几乎占领了全国市场。他们将全国的货物车载船装、牲驮畜运，盈千累万、贩运各地、互通有无，活跃了各地市场，形成了“晋商不至、产无所泄”的依赖局面。同时，清朝道光三年（1823 年），平遥商人雷履泰首创中国历史上第一家票号——“日升昌”，“日升昌”票号开创了中国近代金融业的新纪元。与此同时，晋商将业务拓展至海外，在俄国、日本、朝鲜、印度等国家均有晋商的营业网点与活动踪迹。

明清晋商之所以能够纵横驰骋 500 多年，称雄国内市场、闻名国际商界，汇通天下、执全国金融业之牛耳，很大程度上归因于其自身所孕育的“创业·创新”精神。他们不仅具有“不畏艰险、不怕困难、不屈不挠、开疆拓土、无中生有”的创业精神，而且审时度势、与时俱进，凝练了“破旧立新、多维诚信、以人为本、精益求精、探索转型”的创新精神。在中俄恰克图贸易开通后，晋商利用原始的运输工具将数以万担计的商品输送到中俄边境甚至俄国腹地。许多商品来自福建、安徽、两湖等地区，途中水陆兼运，经历千山万水，其不畏艰险的创业精神令人惊叹不已。同时，晋商踏出了一条自福建武夷山到俄国恰克图并延伸至中亚和欧洲诸国的“万里茶路”，这条“万里茶路”可谓“古今奇观”。明清晋商这种知难而进、勇闯敢拼的“创业·创新”精神是其成功的秘诀所在，也是值得后人继承的一笔无价的优秀文化遗产。在剔除其时代背景与社会环境变迁差异的情况下，这笔优秀的文化遗产可以起“古为今用”之功效，能够在很大程度上助力当前的“大众创业、万众创新”。

在写作过程中，本著作遵循“由表及内”“由历史到现实”“由理论到实践”的总体研究思路与脉络。第一，阐释了明清晋商“创业·创新”精神内涵、历史作用以及时代价值；第二，分别从“敢为人先”“利以义制”“以人为本”“儒贾相通”“政商融通”五方面探析了明清晋商的经营理念创新；第三，以“盐业”“茶业”“票号业”“工矿业”为典型案例，剖析了明清晋商的主营业务开拓与创新；第四，从“走西口”“走东口”“垄断核心商埠”“开辟万里茶道”“涉足国际贸易”五大商贸主流走向，分析了明清晋商的商路开拓与市场开发；第五，通过“晋帮的形成及壮大”“行会的形成及发展”与“会馆的创建及遍设”三个不同维度，透视了明清晋商的经营方式创新；第六，从“治理机制”“人力资源管理制度”与“财务管理制度”三方面，解析了明清晋商的运营制度创新；第七，提出了明清晋商“创业·创新”精神的现实传承与社会推广的具体方略。

在撰著过程中，虽然著者已经潜心尽力，力求精美，但由于自身学识与功力的浅薄，书中难免有遗漏、偏颇，甚至错误之处。同时，本著作为山西省哲学社会科学规划课题“明清晋商‘创业·创新’精神及其传承与社会推广研究”（晋规办字〔2016〕2号）的研究成果，结题在即，无法继续进一步深入雕琢与修饰，只能将这本带有一定程度缺憾的书稿公开呈现给读者，恳请各位专家、学者、同仁批评指正、不吝赐教。

王智庆

2018年7月18日

目　录
Contents

第1章

绪　论

明清晋商之所以能够兴盛500多年，驰骋国内外市场，很大程度上归功于自身特有的“创业·创新”精神。这种艰苦奋斗、知难而进的精神使其能够适应各种环境的变化，在激烈的商业竞争中立于不败之地。

第一节　明清晋商精神

明清晋商主要指明清时期的山西籍商人。晋商继承了优秀的中华传统文化、伦理思想和商业经验，结合其创业、创新实践，形成了以信义、勤俭、进取、创新为基础的明清晋商精神，为中华优秀传统文化留存了一份宝贵的文化遗产。

一、明清晋商精神的渊源

中国历史可以说是一部漫长的封建史，重义轻利的儒家文化和农耕经济的主流使市场经济的发展之路走得异常艰辛。明清时期，中国商帮开始崛起，“为中国历史画卷平添了一抹亮丽的色彩”。在那时，中国商帮曾经引发了规模宏大的商业革命，在这场革命中，中华大地相继崛起了十大商帮：山西商帮、徽州商帮、陕西商帮、山东商帮、福建商帮、龙游（浙江西部）商帮、宁波商帮、洞庭商帮、江右（江西）商帮、广东商帮等。

在十大商帮中最早崛起的就是山西商人，他们被称为晋商，在明清时期成为国内最大的商帮。晋商既是中国历史上所出现的一种典范而奇特的商业现象，又是一个能够以其强势力量推动经济发展和社会变革的庞大商人群体。晋商以晋中和太原为中心，覆盖整个山西，人数远逾万千。晋商的商路遍及长城内外，大江南北以及现在的日本、朝鲜、俄罗斯等国家和欧洲、西亚、南亚等地区，其主要经营盐、酒、醋、粮食、茶叶、瓜果、棉布、绸缎、器皿、药材、颜料、木材、铜铁等，晋商的商贸经营活动进行得如火如荼，行业和类别无所不包。

晋商在横跨明清两个朝代的500多年里，它以锐不可当之势驰骋中国的商贸和金融界，在执牛耳于财货之域的同时，集聚的财富也一度达到了富可敌国。在清朝统治期间，晋商能够兴旺发达200多年的商业世家最有名的是：榆次的常家，太谷的曹家，祁县的乔家、渠家，平遥的李家，介休的侯家、冀家，灵石的王家，太原的刘家，清徐的秦家、陈家，阳曲的王家，临汾的亢家，万荣的潘家等。晋中一带的巨商大部分发迹于清朝中期或清朝中后期，这是他们给世人留下较大影响和较深印象的一个重要原因，也是他们的故址宅院得以较好保存的重要条件。晋商给后人留下的财富不仅仅是宅院，更有其文化所在和精神所在。晋商精神不仅是古代晋商的精神支柱，更是当代为商者须臾不可远离的灵魂。

晋商精神就是晋商在长期的商业活动中形成的一种相对稳定的思想方法、行为范式和价值观念，它是晋商文化的核心。晋商不畏艰辛、敢冒风险的开拓创业创新精神被国内外学者誉为"山西商人精神"，即"晋商精神"。

明清晋商精神有着深厚的历史渊源，其悠久的经商历程、丰富的资源禀赋、柔和的中庸之道、坚定的忠义信仰等都为晋商精神的形成提供了不可或缺的养料。

（一）悠久的经商历程

尧帝是中国最早的商品交换的组织者，他生活于陶唐，都平阳，即今山西临汾。舜，都蒲坂，即今山西永济。《史记索引》解释"就时于负夏"时说："就时犹逐时"，即在贱的地方买，到贵的地方卖，可以说，舜帝是华夏商祖。禹，都安邑，即今山西运城。

在夏朝，山西平阳、蒲坂、安邑、夏县、翼城、垣曲等地的市场交易非常活跃。考古学家曾在夏县西引村发现蚕茧化石，证明蚕丝在山西已有4 000多年历史。[①] 到商代，山西已经出现许多城市，"比如，今长治市西南、榆社、介休西南、太原南部、平陆县北、石楼县，都为商人们开辟了市场。此外，部落酋长的驻地和商王朝在山西统辖范围以外的周边部族，也是商人的贸易之地。他们用珠

① 渠绍淼：《山西与"丝绸之路"》出自李希曾：《晋商史料与研究》，太原：山西人民出版社，1996年，第224页。

玉、饰品、食盐、织物、牲畜、毛皮以及奴隶等进行交易；酒不仅是当时社会上层不可缺少的饮料，而且也是社会下层普遍需求的商品。当时有所谓‘屠畜易酒’之说，这大概指的是一般平民。”① 由于当时从事商品交换的人不断增加，因此，逐渐形成了商人阶层，商业开始成为社会经济的重要组成部分。

春秋战国时期，山西已经成为中原与北方游牧民族商品交换的枢纽。随着商品交换的频繁和规模的不断扩大，以生产工具和其他实物作为媒介物越来越不便，体积大而价值低，不易携带，不易分割，促使商品交换的媒介被青铜取代，山西的铜铸币走在了最前面。

当时的晋阳交通四通八达，经济富庶，手工业、商业十分发达，是全国铸造货币的中心。铁制武器日趋完美，并州剪刀锋利无比，铁镜、铜镜盛誉全国。此外，晋阳硝石、葡萄酒是当时的贡品。

北宋时期，尽管与辽（契丹）的关系比较紧张，但贸易往来并未中断。在并州（太原）有交易市场，沿边一带有榷场，辽对宋在山西有朔州榷场、唐隆镇马市；宋对辽在代州等地也设有榷场。明代初期，汉蒙关系曾一度紧张，边界交易由此中断，明政府构筑长城，驻重兵防御蒙古人南下，蒙古人不能长期忍受艰苦生活，多次谈判后达成边界定期开市的协议。山西边境上的开关互市地点有得胜堡、杀虎口、新平堡、水泉营堡等。清初康熙皇帝统一内外蒙古后，这种商品交易获得了进一步发展，东起黑龙江、呼伦贝尔，经内外蒙古至西北新疆塔尔巴哈台、伊犁，无论行商、坐商，都有晋商的身影。

除重视与北方各民族发展往来贸易外，晋商同时向全国开拓市场。他们贩牛、羊、骆驼、马等牲畜南下，输烟酒糖布茶北上，运四川夏布东去，购东北人参西来，推动全国物资大交流。至今在北京、辽宁、黑龙江、吉林、河北、河南、山东、上海、广东等地区还有许多晋商的遗迹。

晋商不仅重视国内贸易，而且从事国际贸易，早在公元7世纪前就已经进行国际贸易。在唐代，晋商进入丝绸之路，销往中亚一带的丝绸多数是山西潞安府的产品，其次是河南鲁山、山东潍县等地的产品。高平、阳城、沁水的丝绸不仅进贡皇家，而且出口西域各国。除此之外，还有临汾的麻纸、太原的铜制品等，这些商品经过太原—长安的丝绸之路，销往波斯、印度和阿拉伯国家。著名的威尼斯商人马可·波罗曾游历山西，并且在《马可·波罗游记》中记述：“这里（太原一带）的商业相当发达，各种各样的物品都能制造，尤其是武器和其他军需品更加出名。这些军械专供皇家的军队使用，十分便利。……离开太原府，再西

① 黎风：《山西古代经济》，太原：山西经济出版社，1997年，第206页。

（南）行七天，经过一个美丽的区域（指晋中盆地），这里有许多城市和要塞。商业、制造业兴旺发达。这一带的商人遍及全国各地，获得巨额利润。过了这个区域，到达一个很重要的大城市，叫平阳城，城内同样有许多商人和手工艺品，这里盛产生丝……"

（二）丰富的资源禀赋

尽管山西的耕地面积较少，但却拥有丰富的自然资源。据顾炎武编写的《肇域志》记载："绫：太原、平阳、潞安三府及汾泽二州俱出。绸：出潞安府，泽州间有之。铁：各处多有，冶惟阳城尤广。黄铁：交城静乐县有冶。铜：代州风游谷及垣曲县北山俱出。"由于人多地少，生活艰辛，人们不得不充分利用当地资源加工制作后出售，以换回自己所需的物资。据民国年间编写的《山西全省财政说明书》记载："繁（峙）、浑（源）、应（县）之黄芪；泽（晋城）、河东（晋南）之柿霜；平陆之石膏；口外、大同、交城、绛州之皮张；岢岚之麝香……此则天然之产出物也。台山之桦木盘碗；浑源之毡鞋；交城之玻璃；大同之铜器；宁武、归化之花毯……此则人工制作输出之物品也。其他如口外之绒毛；潞城之草帽辫子；泽州之茧丝；草地之畜牧，皆为生计上之必要。"晋地极为丰富的自然资源为人们从事商业活动奠定了物质基础。

（三）柔和的中庸之道

据《史记》记载，尧、舜都是明君，礼让禅位，公而无私。周初，成王封叔虞到山西为侯，要他"启以夏政，疆以戎索"。按照成王要求，叔虞在山西保留了夏代以来的一些制度和夏人的传统习俗，又依照游牧民族的生产和生活习惯对土地进行了分配，暂不实行井田制度，而实行了不完全等同于中央政府的政治经济政策，从而逐渐孕育了政治上博大宽厚、兼容并蓄，经济上求同存异、自强不息的山西文化。

晋商为人处世及经营管理的基本原则是中庸之道。一是不极左极右，力求恰到好处，执两用中，过无不及；二是与人相处，和为贵。只要实践证明其为人诚实可信，就可以成为"相与"，世代友好；三是权中时变。非常注重市场与社会信息的变化，预测、识机，随时调整经营策略，守道权变。晋商认为经商实际上是人与人打交道，与物打交道，中为道，和为本，处人、理事、经营都要坚持道御经营，和贯始终。晋商商谚道：义是生财道，和是化气丹；与人到处无非议，生意之间即是春；仁义礼智信中取利，温良恭俭让内求财等。

（四）坚定的忠义信仰

关羽，字云长，汉末山西解州人，民间习惯上又称其为关帝、关夫子、关帝爷、关圣帝君、协天大帝等。明清之际山西民众对其普遍信仰，把其神格提升到至高无上的地位，使得民俗文化具有了中国传统宗教的凝聚力和吸附力。[①]晋商活动不仅把宗教伦理、入世精神化为强大的实践理性，而且将关公提升为塑造商业伦理的精神准则。

事实上，在隋唐以前，关羽的知名度并不是很高。东汉建安二十四年（219年），关羽失守荆州，败走麦城，后被陆逊所擒杀。刘禅直到景耀三年才追封关羽为壮缪侯，与后世的光耀无法比拟。隋唐年间，由于佛教盛行，关羽被佛教借用和推崇。按照佛教的说法，因为在玉泉山建造了佛庐精舍，关羽父子就此皈依佛门并为之护法。唐代之后，为了突出关羽"忠义"楷模的思想特征，对关羽的评价越来越具有政治伦理色彩，对其的封号追谥也越来越多。绍圣三年（1096年），宋哲宗赐关羽玉泉祀额曰显烈庙；宋崇宁元年（1102年）宋徽宗加封关羽为"忠惠公"和"崇宁真君"；宋大观二年（1108年），宋徽宗又加封关羽为"武安王"；宋宣和五年（1123年），宋徽宗又加封关羽为"义勇武安王"。此时关羽的荣耀几乎已经达到了顶点。明代万历时姚宗仪说："今上尊为协天大帝，又敕三界伏魔大帝、神威远镇天尊、关圣帝君，兼赐旒玉带，至尊无上也。"

明清时期，整个社会经历了从"仕、农、工、商"到"商、仕、农、工"的巨大转变，从而最终铸成关公精神。这个转型经历了一个漫长的渐进过程，其中晋商创业时的颠沛流离、商海沉浮的无助与无奈助生了像关公这样保境立命的宗教信仰。可以说，关公信仰的形成与中国明清十大商帮之首的晋商有着密切的关系。

明清晋商创业异常艰辛，作为山西家喻户晓的民歌，《走西口》的歌词准确地表达了明清晋商艰苦创业的心路历程。越过偏关、杀虎关、张家口昔日胡汉民族拉锯的城垛分野，早期的晋商创业者们浪迹荒漠、乘槎浮河，只能将命运的不可知和无奈交给神明庇佑，经过宋元的民间文化积淀，关公圣明已在三晋大地风靡。晋商在异乡漂泊，环境恶劣，"有时驼行沙漠，风吼雷鸣，群集而呼天，继而默祷关公。风过漠平，回忆危难之际，所见所闻，聚点成形，敷衍成章，代代相互传承。"[②]宗教心理学认为，"闻惊则跳，闻怒则闷，见死亡则悲，见美色则

---

① 隗芾：《关羽文化简论》出自《二十一世纪》，1993年第12期。

②《朔平府志》卷五，第240页。

眩。"可以说，这是心理的自然投射，经过经验性的反复契合，关公信仰在人们的心灵深处定格为永恒。在口口相传过程中，外出谋生的人们当祈求的良好之愿、奢望之意在某些特定场合与现实情况发生偶然巧合，并如愿以偿时，便将关帝作为商海中人们生命的保护神。

恩格斯也指出："一切宗教都不过是支配着人们日常生活的外部力量在人们头脑中的幻想的反映，在这种反映中，人间的力量采取了超人间的力量的形式。"这种"超人间的力量的形式"的关帝信仰也潜移默化地伴随着晋商创业的艰辛历程，他们把随身携带的关帝神像、香火或纸符带到异域安身立命之所，设龛供奉，一如在家祈求问卜。日有所思，夜有所梦，梦到夫妇团圆、阖家天伦、云天万里、神会情牵以为是关帝怜悯；有时梦中大事商榷，纵难决抉，承蒙关公指点迷津，事果成，以为是关帝显灵，遂烧香叩首，隆重酬谢，以示不敢违德。在晋商商业书《生意论》中的注意事项也描述了晋商处境的环境险恶：外城办事第一不要车马鲜明，恐遭人暗算；住客店，铺设不要富丽，恐动人之眼目；过关隘必带文凭，不漏税物，免生阻滞；不赴歌舞，不走娼门，不饮过量之酒。旷野之处，路遇生人不说真言实姓，恐匪人无端设计，冒充姓名，以被诓害事。

强势群体的心理具有一种本能的优越，而身处困境的弱势群体会产生一种无限的迷茫情绪，社会生活中的孤独感、困惑感使他们在精神上长期处于非理性状态，唯一的发泄渠道是通过拯救论克服"心理休克"状态，明知咫尺的困境无助，只有寄情于家乡关公神灵一线玄机的希望，从而把神本宗教论理与人本宗教伦理相融合。1979 年，日本秋田大学副教授山下清海在横滨中华街实地调查时发现横滨华侨主要信奉的是商业神关帝，各家在店里均设有小神龛供奉关公，横滨的华侨甚至虔诚地笃信中华街有今日繁荣是仰赖关帝的庇佑。"君德岂难名，乃圣乃神，乃武乃文，化起中国，恩敷异域，民情大可见，无偏无党，无反无侧，内安梓里，外睦邻邦。"① 关帝作为至高无上的精神象征，其宗教伦理的商业意义非常大。

晋商先后在京师建关帝庙、设会馆达 40 处以上，随着血缘—地缘—业缘的层层扩展，关帝庙的建制、功能也随之拓宽。在关帝庙的基础上，国内各商埠集镇也先后改建、扩建了晋商会馆。据不完全统计，晋商除在京师设立了许多会馆外，还先后在天津、山东聊城、济南、上海、扬州、南京、苏州等地设立会馆，清代晋商会馆几乎遍布全国各行省、商埠。在某种程度上，会馆成为具有西方教会、乡土宗帮凝聚功能的精神安顿场所。在明清商人无法走出阶级和社会的情绪

① 黄德海，张禹东：《宗教与文化》，北京：社会科学文献出版社，2005 年，第 362 页。

最低谷时，这种心灵的寄托能让人淡默恬愉、养心静欲，功能“颐其神以粹素，扫涤诱慕，收之以正，除难求之思，遣害真之累，薄喜怒之邪，灭爱恶之端，则不请福而福来，不禳祸而祸去矣。何者？命在其中，不系于外；道存乎此，无俟于彼也。”① 这种民间关帝信仰已经形成了具有约束力量的“亚文化”雏形。

关公信仰所形成的强大的精神统摄力激发了人们自发的建庙、建馆的行为，而且这种自发行为多源于捐资义建。汉口的山陕会馆初为关帝庙，始于顺治年间，康熙二十二年（1683年）扩展为之，咸丰时遭兵燹，同治九年（1870年）重修，费用自行筹集。据《会馆志载》记，集资经25年共达27万两，修缮工程在光绪二十二年（1896年）竣工，均由各商号摊资。山东聊城市东的“山陕会馆”，据史料记载：“昔年（即道光之前）运河通时，水陆云集，利益悉归外省”，而外省商人之中，“殷商大贾，晋人为多”。道光二十一年（1841年），重修聊城光岳楼时，“西商之懋迁于吾郡者，皆捐金有加”。

二、明清晋商精神的形成条件

（一）经济发展环境

山西是中华民族的发祥地之一。相传黄河流域有两个著名的部落首领：一个部落首领是黄帝；另一个部落首领是炎帝，他们结成部落联盟，活动于今山西、河南、河北一带，因而在上党地区（今山西省长治）保留着炎帝陵遗址。② 两汉时期，社会经济进入封建社会初期发展的兴盛阶段，以大小商业都市为中心的经济区域初步形成，杨（今山西洪洞）、平阳（今山西临汾）是当时著名的商业都会。而如果说山西人形成经商群体，则始于明清两代。③

明清时期的商品经济得到快速发展，但运输条件落后，商业信息不畅通，明代边饷政策和“开中法”之后，贩运贸易顺应当时的社会经济发展要求，显现出良好的发展前景。而山西自然地貌条件复杂，农业生产条件较差，地瘠民贫。为了谋生和改善生活，人们自觉勤俭持家，同时迫切地寻求经济出路。虽然山西农业条件较差，但地处南北交通要道，矿产资源丰富，北部皮毛产量很大，从事贩运商贸活动就是一个发展良机，加之明清时期的政府出于政治、经济发展方面的考虑，出台了相关的激励政策。通过这些激励政策，商人可以劳有所获，而且为

---

①《抱朴子内篇·道意》。

② 黄鉴晖：《晋商经营之道》，太原：山西经济出版社，2001年，第1页。

③ 黄鉴晖：《晋商经营之道》，太原：山西经济出版社，2001年，第4页。

晋商的积极进取、开拓创新提供了发展平台。

（二）崇商的社会思想意识

在中国古代，商人的社会地位很低。但在山西，人们却普遍存在崇商意识，即使是达官贵人也不以从商为耻。雍正二年（1724年），山西巡抚刘于义奏折中提道："山右（今山西）积习重利之念，甚于重名。子弟俊秀者，多入贸易一途，其次宁为胥吏，至中材以下，方使之读书应试，以故士风卑靡。"① 可见当时山西人的崇商思想是得到大家认可的，它促使人们从事商业、期待成功，这就为开拓创业精神提供了社会条件。另外，晋人崇商观念的养成也与利益驱动有着密切关系。有资料显示："清代归化将军一年的薪俸1 133两，而大盛魁经理一个账期可分红1万两。"② 在通常情况下，一个账期为4年，即大盛魁经理每年平均有2 500两白银的收入，且不承担官员所面临的风险，真可谓既实惠又风光。

（三）中华民族悠久的传统文化

马克斯·韦伯认为，"任何一项伟大的事业背后都必须存在着一种巨大的精神力量。更为重要的是，这种精神力量一定与该项事业的社会文化背景有着密切的渊源。"查阅《晋游日记·同舟忠告·山西票商成败记》中晋商在业务上的往来信件可知，晋商文化功底较为深厚。中国的传统文化是儒家文化，讲究"仁、义、礼、智、信"，晋商始终将这些思想运用到经商之中。另外，山西人也崇信关公，注重忠义诚信，这些悠久的传统文化给晋商的诚信经营提供了扎实的文化基础。

三、明清晋商精神的主要内容

明清晋商精神的主要内容包括重商立业，开拓进取；诚信为本，以义制利；结帮而行，同舟共济；应变图存，适时调整；艰苦创业，不断创新五个方面。

（一）重商立业，开拓进取

在山西民间，尤其晋中和太原一带，自宋元以来就形成了崇商、重商、建业的浓厚意识，明清时期尤甚。老百姓将从商作为一生最重要的事情去做，苦心经营，将从商致富作为一种精神信仰努力追求。纵然眼前道路坎坷，也不忘初心、坚定不移。晋商这种重商意识也并非偶然，他们生于黄土地，长于黄土地，是黄

①《雍正朱批谕旨》第47册，雍正二年五月十二日。

② 周伟：《寻找晋商》，北京：光明日报出版社，2003年，第96页。

土地给了他们发财的机会。许多曾经被苦日子逼得“走西口”的左邻右舍，几年后，带回白花花的银子，衣着光鲜，回家后盖起新瓦房，娶妻成家，家境得以改变。所有这些对于面朝黄土背朝天、辛辛苦苦一整年却不能维持温饱的农民来说，如同一针强心剂，于是经商发财观念萌生，久而久之，经商浪潮成为普通民众的使命。当时，票商被推为“第一商人”，如果一家人中有子弟在票号当差，那会被认为是前世积德、今生走运的一件大事，所以家长在为孩子择业时，自然是把资质最高的人送入票号、商号，甚至奔走请托，唯恐选录不上。凭着这种信念，其足迹遍及全国各地，晋商把皇权社会中被视为末流的商事活动演绎得风生水起，他们的足迹遍及全国各地。他们走到哪里，就将生意做到哪里，哪里的商业就随之繁荣发达起来，甚至某些城市就是由晋商积聚而逐渐形成的。明清晋商不仅占据中国各大商业贸易城镇市场、主要交通要道，而且远涉印度、俄罗斯、朝鲜、日本、东南亚等国家和地区。明清晋商由此成为堪与威尼斯、犹太商人媲美的国际商人，晋商笑傲天下，令人仰慕。这种重商的使命与风气盛行，使四民之末的“商”一下子跃居四民之首，青年才俊纷纷弃仕途经商，遂使商界、票号很早就成为人才荟萃之所、事业有成之境。当时有民谣说，“生子有才可作商，不羡七品空堂皇”“好好写字打算盘，将来住个茶票庄”“宁站七尺柜台，不去衙门当差”“有儿开商店，强如坐知县”等。经商风气愈煽愈炽烈，导致富商大贾纷纷出现，至咸丰年间，山西成了与苏杭、广东媲美的富裕之地。

在封建社会，中国社会阶层以“士、农、工、商”为序，崇尚“万般皆下品，唯有读书高”的观念，历代政府也实行重农抑商的政策，商人和商业的社会地位都非常低。但是在宋元时期，山西逐渐形成了重商思想。雍正皇帝在《朱批谕旨》中写道：“山右大约商贾居首，其次者尤肯力农，再次者谋入营伍，最下者方令读书。”[①] 太原南郊光绪年间的举人刘大鹏在《退想斋日记》中写道：“近来吾乡风气大坏，视读书甚轻，视为商甚重，才华秀美之子弟，率皆出门为商，而读书者寥寥无几，甚且有既游庠序，竟弃儒而就商者……当此之时，为商者十八九，读书者十一二。余见读书之士，往往羡慕商人。”[②] 尽管经商在外，“必远父母，别妻子，离乡井，淹日月，归来无期”“幸获多资，走马牵牛，捆载而归，不幸则困死于外者往往也。”然而，人心思富，人心向上，商人“走远方，积金钱，夸耀闾里，外出车骑，入则广厦，交接缙绅”，使得人人羡慕。[③] 因此，明清时期的山

①《雍正朱批谕旨》第47册，雍正二年五月十二日。
② 刘大鹏：《退想斋日记》，太原：山西人民出版社，1990年，第17页。
③《怡青堂诗文集》卷一。

西在民间已经形成了一种重商的观念，即“以商致财，用财守本”的立业思想，通过经商获取金钱，购置房产和田地，取得经营利润，再以这些利润发展商业和金融业，从而建立以商业为首的价值循环和增值机制。这种与传统价值观念相悖的人生观是山西商业发达、财富由国外、省外流向山西的思想基础。

随着商品经济的发展，明代的商业资本开始冲破自然经济地方性的樊篱。晋商从此大显身手，从国内长途贩运进而扩大到把全国各地的商品输送到海外。在嘉靖以后，他们贩运丝绸、棉布、瓷器、盐、粮食等往来于内地和东南沿海地区。晋商采用“人弃我取，人无我有”的策略，把外省商人不曾经营或不重视的货物，不论大小，不论贵贱，不论远近，只要有利可图就选择时机及时贩运。他们把江北货物“日夜商贩而南”，又把江南货物“日夜商贩而北”，就这样把商品运销于四方，只以追逐利润为唯一目标。及至明末，晋商已遍布于全国大小城市。

清代的晋商势力更加扩展，南则江汉以至粤桂，北则东北、蒙古，东则京、津、鲁、苏，西则甘、青、新、宁，几乎占领了全国市场。他们把全国各处所产货物，车载船装，牲驮畜运，盈千累万，贩运各地，对当时全国的物资交流、互通有无、活跃市场、促进生产都做出巨大贡献。许多地区竟出现“晋商不至，产无所泄”的依赖局面。与此同时，晋商势力还伸向俄国、日本、朝鲜、印度等国家和南洋各地。

晋商负货远征千万里，致富皆在数千里或万余里外，需要他们具备坚韧不拔的意志和不畏艰险的进取精神。清代学者纳兰常安在《行国风土记》中记载：“塞上商贾，多宣化、大同、朔平三府人，甘劳瘁，耐风寒。以其沿边居处，素习土著故也。其筑城驻兵则建室集货，行营进剿，时亦尾随前进，虽锋刃旁舞，人马沸腾之际，未肯裹足，轻生而重利，其情乎。当大军云集，斗米白银十两，酒面果蔬，虽少售亦需数金，一收十利，意犹未尽。其货小其秤大，银大其戥进，官兵受其愚，恬不为怪，是以收利盈千万亿……至于赤手贫乏之人，伐薪刈草，亦积数百金。”随军进剿，尾随贸易，全然把生死置之度外，其冒险开拓精神，可见一斑。

在中俄恰克图贸易开通后，晋商利用原始的运输工具——驼、马、牛，将数以万担计的各类商品输送到中俄边境，甚至俄国腹地。这些商品大部分从福建、两湖等地采购而来，途中水陆兼运，翻越千山万水，踏遍浩瀚大漠，栉风沐雨，披荆斩棘。这种不畏艰险的创业精神实属罕见，令后世者惊叹不已。如张家口至恰克图约 1 500 千米，地旷人稀，流沙无定；夏季酷热，数日不见水源；冬季气温低至零下36摄氏度。途中次第冻僵冻毙者时而有之；春秋两季，时遇风沙，天昏地暗，填路埋人；间或突遭匪徒，丢命失财，令人触目惊心；每运一次货物，约经数月至半年，若逢不顺，有终年不得达者。至于赴国外经商，一去不还者屡见不鲜。晋商正是以这种“辟开万顷波涛，踏破千里荒漠”的开拓进取精神纵横于国内外商场，并取得了巨大成功。

（二）诚信为本，以义制利

从古至今，商人的经营活动都是为了赚取利润，晋商也不例外。但如果过分重利而忽视了道义，无疑饮鸩止渴。这样不仅不能维持其正常的经营活动，甚至可能会因丧失信誉而将百年字号毁于一旦。基于传统儒家文化的教化与敬仰，晋商把严守信誉作为商业道德，代代相传。他们追求“以义制利”，并将其演变为经商处世的准则：“平则人易近，信则公道著，到处树根基，无往而不利”，凡事一丝不苟，受一事诺一言，终生不渝。晋商始终坚持并严守诚笃与信义的行为准则，绝不蒙虚欺诈、巧取豪夺、以邻为壑、背信弃义。他们在经营中能够非常恰当地处理“义”与“利”的关系，坚持义利统一、义利互惠和义利相促。正是靠着诚信经营，乔致庸成就了祁县乔家的百年辉煌；靠诚信经营，晋商成就了“纵横欧亚九千里、称雄明清五百年”的传奇。可以说，诚信是晋商的精髓和灵魂。晋商不仅讲“钱”，更重“义”，不仅创造物质财富，更有精神财富作为支撑。诚信进取的晋商精神是山西人的品德，也是华商精神的精髓。诚信是晋商发展和兴盛的根脉，已经融入血脉并被传承了下来。

尽管与全国各地百姓一样深受孔孟之道的影响，晋商崇尚信义，但在重商立业的创业思想指导下，他们在“诚”“信”“义”“利”的问题上也有着独特的理解和行为规范。在儒家义利思想的影响下，晋商身入财利场而不污，守信耐劳，淳厚重义，被誉为“轻财尚义，业商而无市井”之气。以诚信、节俭、朴实著称于天下的晋商，坚持儒家伦理思想的内核：先义后利，以义制利。他们重商誉，以诚信取胜，凡事以道德信义为根本。

晋商在经营活动中不仅“重廉耻而惜体面”，并且将其演变成经营处世的准则。他们时时以此准则约束自身，以做“善贾”“良贾”为荣，并将严守信誉作为商业道德，代代相传。晋商推崇“君子爱财，取之有道”，非常重视诚信。明蒲州商人王文显宦海不顺而经商，恪守信义，40年间足迹遍天下，成为富庶大户。他训诫其子弟说：“夫商与士异术而同心，故善商者处财货之场而修高明之行，是故虽利而不污。善士者引先王之经，而绝货利之途，是故必名而有成。故利以义制，名以清修，各守其业，天之鉴也。如此则子孙必昌，自安而家肥富。"①

至清代，随着晋商经济势力的逐步发展，诚信得以进一步弘扬。诚以待人，珍视信誉已成为山西人经商成功的秘诀。有的祖父辈经商遇险破产，若干年后子孙从商发迹，对本来无须承担的陈债仍主动代先人偿还。诸如此类之事，屡见不鲜，在国内外传为美谈。外国人曾评论说："这种品德在世界其他地域从未见闻。"梁启超也评论道："晋商笃守信用。"②

信誉高自会招徕主顾。绝大多数蒙民认准晋商茶庄经营的某一品牌砖茶后，长期购用，一生不易变动。由于晋商出售的砖茶质量可靠，为蒙民依赖，因此，他们平时常以砖茶代替银两货币，以作为物资交换手段。著名晋商范永斗就是因久著信义得到清政府的垂青从而成为皇商。祁县乔氏在包头的复盛油坊，运胡麻油回山西销售，经手职员为图厚利，在油中掺假，掌柜发现后，即另行换装，经济上虽蒙受了损失，但维护了商号信誉，招得近悦远来。

此外，在晋商中洁身自好也成为一种风尚，几乎没有徇私舞弊之事，大部分晋商能够做到"利以义制"。若有人一经失足，遂为同行不齿，乡里所卑，亲人所指，失去营生，再无颜面回归故土。故作弊即自毙，人人戒之。

晋商的成功可以说是建立在商业诚信基础上的，诚信也给他们带来了丰硕的回报，因诚信而成功，因成功而更加诚信，二者相得益彰，而且他们也非常珍惜自己悉心建立起来的诚信和商誉。

（三）结帮而行，同舟共济

晋商做买卖，长途贩运，开拓市场，交通工具主要是马车、牛车、驴车、骆驼和人的双腿。因地理环境不同，形成了使用不同交通工具的商帮，如驼帮、船帮等。他们在长城内外、大江南北开辟了一条条商路，建立了一个个货物集散地，搭建起一座座山西人经营的商铺。在长途跋涉时，他们面临的是炎热、酷寒、风霜、雨雪、崎岖山路和茫茫大漠，甚至还需要抗寇御兽，商旅往返一次耗时数月，有许多山西人一生都颠簸在漫漫商路上。其间的风险、辛劳和酸楚，常人难以想象，更难以忍受，没有长期不懈的艰苦奋斗精神是绝对不行的。因此，他们的信念是：不能退缩，只能知难而进，顽强拼搏。晋商开拓西北地区、蒙古地区以及中俄边贸时，还需要学习少数民族语言，学习蒙语、俄语，克服语言障碍。晋商不仅艰苦奋斗，而且能够相互协作、同舟共济、互帮互助，重交友、讲情

① 李梦阳：《明故王文显墓志铭》出自《空心集》卷44。
② 渠绍淼：《晋商兴盛溯源》出自李希曾：《晋商史料与研究》，1996年，第65页。

分、笃仁义。他们高度重视各方关系的和谐，在与同业的往来中，相互支持与关照。商号的友好合作伙伴，互称“相与”。对已经建立“相与”关系的商号，均给予多方支持和业务方便。如果对方发生经营困难，则及时伸手相助，由此，形成了一个纵横连接、网络贯通的地域性商业集团。内部的团结一致，外部的和气生财、诚信经营，晋商努力创造出整个行业的诚贾、良贾氛围。无论何地经营，都要建立同乡会、行会，建立会馆，并由各商号经理轮流担任执事，定期和不定期地聚会，商量号事，制定行规，处理商务纠纷，协调商务活动。行会还具有维护经济秩序和社会秩序、团结教育商人和举办社会公益事业等职能。晋商会馆遍布全国各地和欧亚诸国。

随着资本主义萌芽的增长，国内外商业竞争力量也在加强。晋商为维护既得利益，巩固已获得的商业阵地和某些行业的垄断地位，彼此连接起来，形成“山西帮”（或称晋帮、西帮）。中俄恰克图贸易一直被晋商垄断，商号最多时达120余家，各商号组成商会，维护共同利益，各店如同一家，一致对外，与同行竞争，使外帮势力无法涉足其间。

（四）应变图存，适时调整

随着商业竞争的日渐加剧，晋商能够根据时势的变化不断改变经营战略战术与经营方式，避免墨守成规、坐井观天。为了在商战中立于不败之地，他们审时度势，根据闽商在海上的优势和徽商在长江流域的实力，在走向全国市场的同时，重点向北和西北突进，垄断对蒙、俄的贸易，深入云贵山区贩卖川盐，闯进青藏高原收购药材，包揽陕西、甘肃、青海、宁夏、新疆五省区和东北地区的全部商贸活动，并在京津冀一带扎下根基，此举为晋商赢得了巨大而久远的发展战略机遇和商业特权。为了发展商业而开办当铺、账局、钱庄，办理融资业务；为了商贸活动和融资业务的安全运行与稳妥发展，广设镖局。又如，到长白山贩人参；到京城筛煤球、开饭馆；到四川贩夏布；到扬州贩淮盐；到湖南、江西、福建、湖北、安徽等地区贩茶叶。晋商生意满天下，商号遍天下。又如，在道光年间，日升昌票号成立，专营汇兑和存放款业务，解决了运送现银的不便，加速了各行各业资金周转，理天下之才，取天下之利，大大促进了商业金融发展。至光绪年间，山西票号已达33家，分号有400处之多，业务辐射东起日本，西至阿拉伯，北起俄罗斯，南到新加坡。当时的山西票号基本垄断了全国的汇兑业务，到了如日中天的地步。

在经商过程中，晋商凸显出一种顺应环境、及时调整的品格。这是一种遇挫折不气馁，对困难不低头，总是想方设法去应对和解决困难与问题的应变图存精神。在清代同治年间，俄商在本国政府的支持下，凭借不平等关税条例的庇护，来中国自行贩运茶叶、土货，赴恰克图贸易。晋商之利为其所夺，立陷困境。但并未因此服输的晋商发扬进取精神，由恰克图假道俄边境行商，进而打入俄国腹地，同俄商争夺利源，一度使晋商反败为胜取得优势。晋商的应变图存也施于细微末事之中，以助其事业成功。旅蒙晋商鉴于当地缺医少药的状况，掌柜和伙友都略懂医术，备有针灸器械，并随身携带简单通用药品，边做生意边医治小病，颇受蒙古牧民的欢迎。他们通过义务医病，代为购销物品等活动，疏通彼此情感，建立友谊，致使有的顾客数十年不变。严于管理、应变图存的精神使晋商始终保持生意兴隆，同时造就了一代代驰骋于国内外市场并具备贤能的人才。

（五）艰苦创业，不断创新

清康熙皇帝曾经评论山西说："晋俗勤劳朴素。勤劳易于进取，朴素易于保守。故晋人之长在于商，车辙马迹遍天下。齐鲁秦晋燕赵诸大市，执商市之牛耳者，咸晋人。故晋人之富，甲于天下。"① 晋商的这些特点与山西地处黄土高原，自然条件差有着直接的关系。有一首《恰克图经商万般难》的商谣唱道："创业难、创业难，要创家业如登山。五更起，半夜眠，不避风雨往前颠。一上坝，变了天，口外刮风雷吼天。四野无村无人烟，犹如走进鬼门关。自己好像阴司鬼，黑夜好像是白天，烧水做饭烧牛粪，牛马尿水和冰餐。"这首商谣又说，"沙篷滚旦姑姑吼，掌柜撵着伙计走，弯倒身子春到秋，一年挣了个光溜溜。"② 明清晋商成功的关键在于它的创新精神以及对文化、管理制度、经营技术等进行的一系列创新和实践。他们积极开拓、敢于冒险：开拓了经营地域，把商业活动范围从内地拓展到边疆甚至国外；创新了经营行业，开创了印子钱、账局、票号三个全新的金融行业，垄断了几乎从平民日常借贷、官员上任费用、工商业资本借贷、远程汇兑等金融领域大小业务；创新了管理手段，从商品经营的赊销制到商号管理的东掌制、顶身股制、学徒制等都是晋商创新的结果。

四、明清晋商精神的历史作用

晋商自明代崛起到20世纪初衰落，纵横商界500余年，对社会经济的发展做出了巨大的贡献，主要表现为以下几个方面。

---

①《康熙南巡秘记》。

② 孔祥毅：《晋商学》，北京：经济科学出版社，2008年，第241页。

（一）开辟了商路，加强了区域经济联系，扩大了国内外贸易市场

在晋商的远距离长途贩运贸易中，晋商逐渐开拓和形成了一些商业路线。其中，以山西、河北为枢纽，北越长城，贯穿蒙古，经西伯利亚，通往欧洲腹地的商路最为著名。通过晋商在漫漫商路上的远足商贸活动，烟、酒、糖、布、茶、驼绒、牛、羊、马等各种商品，南北对流、东西交易，各地区之间的经济联系得到了加强。

（二）市场机制的运行和市场功能的扩大

虽然晋商的商业活动是从自身利益出发，但他们的行为在客观上对市场经济的产生起到了巨大的推动作用。由于他们经常往来于城乡各地，许多荒郊野岭成为商路，穷乡僻壤成为商业重镇。为从地区之间的商品差价中求利，他们不辞辛苦长途贩运，一方面繁荣了各地市场，互通有无，调剂余缺；另一方面也刺激了需求，促进了生产。明清生产关系没有改变，生产工具也无重大革新，但经济却有长足发展，其主要原因就是有效需求上升，拉动了国内市场需求。在经营中，晋商自觉或不自觉地按市场机制的调节活动着，同时其活动也进一步加强了市场机制的这种调节作用。他们利用全国各地物产风格差异较大、商品互补性较强的特点将各地消费者的需求与生产商的供给有机地结合起来，进行商品转运。晋商全国范围的活动打开了各地市场，使封闭的地方市场对外开放，这就利于全国统一市场的形成，而市场的扩大对信息传导的要求也越来越高。

商场如战场，信息是生命，能否及时、准确地了解市场和竞争对手的信息，对商人来说是至关重要的。从宏观角度看，市场是全国经济发展状况的晴雨表，它能综合反映各部门、各地区以及生产与消费之间的经济关系；从微观角度看，市场反映了各商号的经营状况和商号与商号的相互依存、相互制约的关系。各个市场所提供的信息通过人与人、商号与商号之间的传递在客观上能起到调节和支配商人经济活动的职能，同时也能使信息扩散开来。

晋商非常重视通过各种渠道了解市场信息及其他影响经营的因素。他们认为“买卖赔与赚，行情占一半”，因而用各种方式掌握市场信息。如分布于各地的商号在收集当地市场信息后，便通过书函等形式，及时汇报给总号。总号与分号之间一般是五日一函，三日一信，由此掌握地方的政治、军事、工农业生产、市场以及政界人事变动的信息。另外，晋商通过大规模的长途贩运以及在全国各地设立分号把全国城乡市场有机地联系在一起，并依靠这一市场网络捕捉商机，获利颇丰。

晋商的商业活动通过市场机制功能的发挥，优化资源配置，促进了城乡及其内部的分工。任何社会生产客观上都需要按一定比例关系将社会资源配置于社会的各个部门。随着明清时期商品经济的发展，这种按比例配置的要求日益突出：一方面，社会各部门更为复杂多样，其联系更为密切；另一方面，社会资源包括的范围日趋广泛，其分配也更为复杂。与此相适应，由于市场体系和市场机制开始萌芽，市场亦发生了变化：第一，市场的社会性得到加强，即由狭小变为广阔、由分散变为集中、由割裂变为联系、由封闭变为开放；第二，市场由单纯的交换场所日益转化为社会经济的调节者，即市场向社会性扩展的同时，产生了广泛的经济调节功能。

晋商大规模的商品流通联结了各地的经济，全国市场向一体化过渡，"这样就会使原本互不相关的一个个自然条件与发展程度各异的地区相互联系，从而可以在大范围、高层面上形成地区分工，这样有利于发挥各自的优势，取长补短。换言之，商品流通使地区之间重新分工，调整经济布局，优化资源配置成为可能。"[①] 根据各个地区的自然条件和生产状况，晋商组织货源、贩卖商品，并进行商品生产，因地制宜地发展了各地区经济，形成较高收益的经济格局。通过棉花、茶叶、烟草等的商品流通，促进了经济作物的发展和农业结构的调整；通过贩运棉花、丝绸、铁等的商品流通，促进了手工业的发展和产业结构的调整，进而形成一批商品重点产区，促进了地区分工的发展。

（三）四处设庄，推动了城市、集镇的兴起与社会风尚的变化

马克思说："商业依赖于城市的发展，而城市的发展也要以商业为条件。"[②] 晋商不仅进行长途贩运，同时也在各地开设了许多店铺，从而推动了城市、集镇的兴起和繁荣。九边之一的大同原本只是一个军事重镇，但由于晋商的活动，使之"繁华富庶，不下江南"。[③] 仅城内就有大小油坊百余家，所产胡麻油畅销长城内外，内地生产的大黄经此运往蒙古草原和俄罗斯。作为山西政治、经济、文化中心的太原，各种店铺林立，商业繁荣，钱庄、票号云集以致"生齿日繁，有举袂如云，挥汗成雨之盛"。[④]

晋商的长距离贩运贸易促进了城市的进一步发展和新兴集镇的产生。同时，

---

① 徐檀：《明清时期城乡市场网络体系的形成及意义》出自中国人民大学复印资料《经济史》，2000 年，第 5 期。

② 马克思：《资本论》第 3 卷，北京：人民出版社，1975 年，第 371 页。

③ [明] 谢肇淛：《五杂俎》，上海：上海书店出版社，2001 年。

④ [清] 沈树声：乾隆《太原府志》卷 15《物产》，第 3 页。

在艰辛的商贸活动中，他们获得丰厚的利润。在高额利润的刺激下，山西风俗和山西人的价值观念、价值取向产生了根本性的变化，各地从商之人越来越多，子孙相继，绵延不绝。明清时期，山西俊秀之士放弃读书而“弃仕从商”，摆脱传统观念的束缚，放弃儒家思想中“小人喻于利，君子喻于义”的行为准则。尽管山西民俗以商为重，发财致富的社会风俗特别强烈，但从商之人皆具有良贾的职业道德。人们常说商人唯利是图，然“利之所在，趋之若鹜”本是人之常情。晋商的敬业精神往往体现在维护商号信誉，改善商业环境，开拓营销市场上，即要为良贾、善贾，诚实守信，童叟无欺，进行正当的商业经营。

晋商的敬业精神为自己树立了良好的形象，丰厚的利润刺激人们多入贸易一途，长途贩运、四处设庄又进一步促进了城市的发展与一些重镇的产生。由此可见，经济繁荣与晋商活动的关系十分密切。

（四）异地汇兑，转账结算，促进了商品流通，为近代银行培养了大批专业人才

从1823年第一家票号日升昌诞生到1940年大德通、大德恒票号改组为止，在中国历史上存在了近120年的山西票号促进了全国商品物资的流通，加快了商品经济发展的进程，培养和造就了大批理财人才，对山西民族资本主义、近代机械工业的产生也做出了一定的贡献。

鸦片战争前后的中国经济无论手工业、商业，还是农业都发生了很大变化，商品经济也得到发展。但是商品经济能否在全国各地迅速发展，其中一个关键问题是如何解决在与商品流通同步进行的款项流通中的异地拨兑和结算。在票号产生之前，商品交易中的现银运送全依赖镖局，但这种办法费时、费事、代价高、不安全。在票号产生后，晋商就首次将汇兑推向民间，用于专为商业活动中银钱的异地调拨服务。一纸汇票到百万现金立取，使款项“汇通天下”，安全可靠，省时省力。因此，从诞生之日起，票号就显现出旺盛的活力，形成遍及全国的金融网络。“票号调查各地之市况，制定兑换之标准，虽币制之复杂，银色相差，亦可使彼此流转，互为交易”。①金融网络沟通了所有行省和地区间的金融流通，促进了中国商品经济的发展。不仅如此，山西票号还最早进入国际金融市场，设立分支机构。如祁县帮合盛元票号于光绪三十三年（1907年）四月三十日在日本神户设立从事国际汇兑和结算的合盛元银行神户支店，及其以后设立的东京、

① 秦省如：《山西票庄在今昔之经济地位》出自《钱业月报》，第15卷7号，1935年7月，第56页。

大阪和朝鲜仁川出张所等，这些分支机构向外商提供了金融信用，对国际间的经济交流也起了促进作用。

马克思说，信用“是促使资本主义生产方式发展到它能达到最高和最后形式的动力”。[①]清乾隆、嘉庆年间，归化城中数十家山西钱商兴办的宝丰社就已开展各种形式的资金融通业务。当时，大额交易以银两计算，各商号经钱庄往来拨账，以资周转。

在中国金融进入信用制度发展中的票号阶段后，尽管山西票号向近代工业投资或放款较少，但毕竟产生了一些联系，如19世纪90年代在汉口的新泰厚、蔚泰厚票号投资于程祖福拟开办的“清华公司”之水泥和榨油两厂。自洋务运动开展以来，山西票号通过汇解资金与近代企业、交通运输业建立了业务联系，对新式企业的兴办起了一定的间接和直接作用。

作为一种主要从事埠际间专营汇兑的金融机构，山西票号随着商业的发展而发展。从其产生之日起就与商业有着先天的联系，票庄将收存之款项不仅用于汇兑，使金融流通无滞并取得源源不断的汇水，而且还将收存之款贷放给商号。由于旧中国商业利润往往高于工业利润，且见效快，风险小。因此，当19世纪后半叶到20世纪初的洋务运动、爱国救亡运动以及实业救国思潮逐渐兴起之时，票号将其收集的各种公私存款通过钱庄投放于商业活动的金融流通领域之中，起到了借贷资本的职能作用，而商业的繁荣无疑对近代工业和手工业是一个有力的推动，这又成为票号繁荣兴旺的经济基础。

作为首开中国金融汇兑先河的山西票号，它为我国银行业的发展培养了一大批专业人才。在19世纪末20世纪初，中国新式银行迅速发展，人才的收罗遂成为普遍关注的问题。由于“经营金融事业，非见势敏捷不办，此所以人才之养成必要也”，因此，各地教育发达，学校林立。无论何种事业均受专门训练，与此时也，人才之选择自属易事。但自改革之初，中国的金融事业已趋发展，而专门学校尚在初创，彼时之山西票庄营业虽衰退，而供给人才于金融界。“盖山西票庄，规划极严，业务颇繁，非作事确实，性情锐敏之人，恐不堪充其职员。且遇金融紧迫之时，更须富于经营者方可胜任。凡受此训练之人入于其他之金融机关，当能发挥其敏捷之手腕，以调达市面，影响于金融界者，岂浅鲜哉。”[②]

---

① 马克思:《资本论》第3卷，北京：人民出版社，1975年，第685页。

② 秦省如:《山西票庄在今昔之经济地位》出自《钱业月报》，第15卷7号，1935年7月，第56页。

第二节 明清晋商创业精神

明清晋商大多是白手起家，一步一步走向成功的。他们靠的是勤俭吃苦、坚韧不拔的创业精神。尽管恶劣的地理环境威胁着山西人的生存，但也磨砺了山西人吃苦耐劳、不畏艰险的精神品质。

一、明清晋商创业精神产生的历史渊源

所有的创业者都深知创业的艰难和钱财的来之不易，所以他们不仅在创业过程中艰苦奋斗，节省每一文铜钱，起家之后仍然勤俭经营，做到"满而不溢，富而不淫"。晋商的实践表明由第一代到第二代、第三代的创业者一般都非常节俭，即使花费大量银两修建富丽堂皇的深宅大院改善居住环境，但他们仍然坚守信念，不会灯红酒绿、纸醉金迷。同时，他们也明白如果想要家族产业长盛不衰，就必须对后辈严加管教，让后辈知道创业的艰辛，教后辈本本分分做人，踏踏实实做事，不骄傲、不炫耀、不挥霍、不浪费。他们要求后辈必须努力读书、学习文化、学习礼节、懂世事，做有益于社会的人，为此还制定了严格的家规对后辈进行约束。比如，不准纳妾，不准吸食鸦片，不准赌博等。因为纳妾容易产生家庭纠纷，成事不足败事有余；吸食鸦片成瘾毁人，败光家产；沉迷赌博则容易导致倾家荡产。凡对后辈管教得方者，代代勤俭治家，艰苦奋斗，长盛不衰。

（一）山西地处黄土高原，境内山多川少

"天寒地瘠，生物鲜少""岗陵丘草，硗薄难耕"。太谷曹氏在明初由太原迁来，因谋生艰难，遂闯关东，在三座塔（今辽宁朝阳）从事种菜、磨豆腐、卖豆芽等小本买卖，尔后开设酒坊，兼营日杂，昼夜劳作，艰苦创业，遂成为三座塔的商业巨子。明代平阳府蒲州人席铭（1481—1542年）"初时学举子业不成，又不喜农耕，曰：'丈夫苟不能立功名世，仰岂为汗粒之隅，不能树基业于家哉！'于是历吴越、游楚魏、泛江湖，懋迁居积，起家巨万金，而蒲大家必曰南席云"。席铭经商成功之后，又"崇义让，惇宗族，睦邻亲友，赈贫恤乏，解纷讼，成人之美"，其家庭地位和社会威望不断提升益彰。文字记载的席铭发家致富似乎很容易，实则经过多年艰苦奋斗才换来"万金"。

（二）与生俱来的冒险精神

晋商拉着骆驼，千里走沙漠，冒风雪，犯险阻，北走蒙、新边疆；横波万里浪，东渡东瀛，南达南洋，充分表现了他们不畏艰辛、坚韧不拔的精神风貌。如晋商在清代开辟了一条以山西、河北为枢纽，北越长城，贯穿蒙古戈壁沙漠，到库伦，再至恰克图，进而深入俄境西伯利亚，又达欧洲腹地圣彼得堡、莫斯科的国际商路，这是继我国古代丝绸之路衰落之后在清代兴起的又一条陆上国际商路。西北新疆伊犁、塔尔巴哈台等地也是晋商活跃之地，并进而"远贾安息"（今伊朗）。晋商从明代起就已在日本贸易，清代乾隆时晋商范氏是赴日贸易的最大洋铜商，清末晋商又在韩国、日本开办了票号分号。这些事业的成功如果没有晋商非凡的气魄与胆略是不可能实现的。经商犹如打仗，险象环生。他们不仅要经历天气环境之险，而且还常常遇到被盗贼抢掠乃至丧失生命的风险。如榆次人秦必忠自幼经商，胆识异常，清嘉庆时茶行初兴，北人赴南省办茶，舟楫风波视为畏途，秦必忠坦然无疑，屡年往返，均获厚利。有一次南下，值水灾，淹没十余县，不得下船 70 余日。当时航路未通，乃绕道广东省而归，见者无不以重生为贺。清嘉道之后，社会不安定，商人外出经商更加不安全。

晋商到包头经商，杀虎口是必经之路。有民谣称："杀虎口，杀虎口，没有钱财难过口，不是丢钱财，就是刀砍头，过了虎口心还抖。"但是旅蒙晋商并不退缩，反而人数越来越多。为了适应社会不安定的现状，还有一些晋商自己练就武功。如明代泽州人王珂，"服贾远出，一日抵大江，夜，邻被劫，珂奋身往救，盗惊散。"清代忻州人卢英锐，贾于阿克苏，道光六年（1826 年），张格尔叛乱，喀城破，卢氏自绘地图，进谒军门，陈进取形势，旬月间清军依次攻克四城，卢以功赏蓝翎五品衔，补固原提标后营外委将，当上了武官。明代嘉靖时，为防日本海盗入侵，山陕盐商家属善射骁勇者 500 人曾组成商兵守城。苏州是晋商活跃之埠，"有山西客商善射者二三十人"。

（三）无所畏惧的牺牲精神

这种牺牲或因环境恶劣，或因积劳成疾，或因遭盗贼杀害，身葬异乡。另外，不是所有外出经商的商人都能获得成功，沦为乞丐也不乏其人。过去常说，山西人出外经商，没有积蓄就不归里娶亲。在这种倔强的精神支撑下，许多山西人一去几十年不返，在创业中充满了血和泪的苦楚。

在许多史料中记录了子寻父的人物和事，如阳曲张廷楂，其父张瑛，去宣府贸易，二十年不归。其母焦急，着其兄廷材亦去，又是久无音讯。无奈，其母又着廷槮去寻。廷槮到了宣府，仍不得父踪，资尽乞食，遇见一农夫，乃其兄也，始知父在张家口卖菜，才与父兄同至一堂。

交城徐学颜，其父于乾隆初贸易关外，二十余年无音讯。颜至关外寻找，行至吉林极东之北屯地，遇父故友言，父死已七年矣。

临汾县（今临汾市）田树楷，生时父经商在外，久无音讯。待树楷长大成人，遍行秦陇，历时三年，最后才在肃州找见其父。

祁县薛贵，生时父客游辽东，久不归。贵由燕山抵盛京，及至铁岭八宝山，寺内遇一道，是其父也。

沁水张容愉，父服贾二十年不返。容愉遍访秦、豫、湖、湘间，至均州，知父已殁。

忻州侯进璋，父客辽左，二十几年无音讯，家贫乏食，进璋佣贩以事祖父。

宁武冯连，父屾源，贾西域不返。连至迪化州不获，卜于神，西南吉，遂逾天山，由阿克苏至叶尔羌，值膝行泣，询遇父交，指示葬所。①

创业十分艰难，成功需要面临各种牺牲和苦痛，没有一部分人的牺牲，就不可能有整个晋商的成功。晋商经历了各种磨难痛苦，才将经营范围扩展到全国各地。长江以南地区多湿热，北方人去了往往不习惯，有的患湿热病，有的面黄肌瘦。但是晋商的可贵之处就在于他们不怕险恶，明知山有虎，偏向虎山行，去拼搏，创业创业再创业，最终换取生活的富裕，光宗耀祖。

二、明清晋商创业精神的主要表现

明清晋商创业精神的主要表现为盐商从九边向淮扬的市场开拓、边镇互市市场的开拓等。不畏艰险、勇于探索、敢于尝试是其创业精神的具体表现。通过摆脱原有的思想束缚，明清晋商在不同的行业建立起独树一帜的经商风格。

（一）盐商从九边向淮扬开拓市场

山西盐商集团的兴起得益于明代“开中法”与“开中折色”的实行。所谓“开中法”与“开中折色”都与九边重镇的设置有关。明初，北边元蒙势力虽暂时退居漠北，但仍有伺机南侵的实力。明政府为防边患，一方面加修长城防御，另一方面在边镇地区先后设立辽东、大同、宣府、延绥四重镇。继设宁夏、甘肃、蓟州三镇之后，又以山西军镇统驭偏头三关，陕西军镇统驭固原，所以山西、陕西

① 黄鉴晖：《晋商经营之道》，太原：山西经济出版社，2001年，第107页。

为两镇，前后共设九镇，又称九边。九边驻军总计80余万人，形成庞大的边镇消费区。据《万历会典》卷二十八记载，仅辽东、大同、宣府、延绥四镇，年需边饷粮食就有250余万石。解决边饷的办法过去主要依靠军屯，当军兵撤回守城时，就只能靠民运粮食。对民来说，民运粮食是劳役性的负担，运粮数额巨大，怨声载道；对官来说，运粮劳民伤财是一笔巨大的财政开支。当时山西要负担大同和偏关两镇的边饷输送。苦于山路崎岖，输运极不方便，若长此以往，民苦官怨，不堪重负，必生事端。于是，山西行省于洪武三年（1370年）向明政府提出建议，希望变民运为招商运输，凡边饷所需米、麦、豆、粟等，运至大同仓交一石，或运至太原仓交一石三斗，官府即发给“仓钞”，凭仓钞可领取盐引，称为“报中”；商人凭引到盐场支盐，称为“守支”；然后到指定地点行销，称为“市易”。这种方法既解决了边饷运粮的困难，又给予商人运销食盐取利的专利权。这一办法得到朱元璋的同意而推广施行，其他边镇各省也相继仿效，使盐法边计，相辅而行。

为了减免购粮的繁难和减少运输费用，商人干脆在九镇附近“自出财力，自招游民，自垦边地，自艺菽粟，自筑墩台，自立保聚”从而形成一种半军事组织形式的商屯，就地生产粮食，就地交仓。这样在北方边镇地区形成了以商屯为主的粮食市场。晋商以“极临边境”的地理优势，或在边镇屯田，或直接贩运粮食，然后取得运销食盐特权，身兼粮商、盐商于一身。晋商不仅在河东盐池一带凭引运销，还直接插身于淮盐、芦盐、川盐运销，使山西盐商首先成为足迹遍及南北的主要商旅，并出现了数代以盐为业的盐业世家、豪商望族。开中法实行100余年，明政府滥发盐引导致盐商空有盐引而取不到盐。弘治五年（1492年），叶淇变法改变了交纳粮食领取盐引的办法。叶淇变法后，在边镇地区实行交纳银两领取盐引的办法。这种相当于政府直接以盐引卖银，以银济边的方法被称为“开中折色”。晋商因此又解除了组织商屯、守支的繁难，只要交纳银两就可取到盐引，大大节省了商屯、守支的时间。但不到30年，纳银中盐又生弊端。为了维持开中法，明政府承认了盐商有委托他人凭引支盐和越场支盐的权利，继而又准许盐商典当或典卖盐引，也就是承认了盐引的转卖，这是一个具有转折性的变化，由此引出了边商与内商的分化。边商逐渐以纳银取得盐引，然后出售盐引为业。这部分商人不再直接经营盐的运销，而是从盐商中分化出来，成为活跃在北方边镇的引商或粮商。内商则以购买的盐引到指定盐场领盐运销，成为专业盐商。晋商中有以边商起家的，如张四维《条麓堂集》所记蒲州人范世逵“历关陇，度皋兰（今兰州），往来张掖、酒泉、姑藏之境，……资益巨，占良田数百亩，积缗钱以万计”，是在边镇做粮商、引商而积资致富的。如《受祺堂文集》所记洪洞人李映林，“财雄里中，起为边商”。也有以运销食盐起家的商人，如光绪版《临猗县志》所记载，临猗人阎天杰，出应盐务，贩运盐到陕西长安、华阴两县，前后五年时间，盈利数万。据《四川盐法志》记载，四川当地盐商，多不是殷实之家，他们取得盐引后，因无力贩运，往往把盐引“出售与山西、陕西的客商行销”。《福建盐法志》记载，官办盐场的各帮运销商人中，“本地殷富者少，大半皆西客”。“西商”即指山西、陕西商人。张四维《条麓堂集》卷二十三《送展玉泉序》中记载：蒲商中世守一业不变的是盐商，而盐商中多数到淮扬一带经营，那里凭引取盐较为便利。唯展玉泉与众不同，其父就是经营河北沧州（长芦盐产区）青沧盐为业。当沧盐每岁只能兑现引额的十之三四时，商人纷纷离去，唯展玉泉父亲坚守在青沧，并把盐业交与展玉泉经营。边商与内商分化后，沧盐得到梳理，经营沧盐者“往往牟大利”，盐商又从四面八方涌到这里，人数比过去增加了100倍。而展氏却是经营沧盐的世商，自然能牟大利。

总体来说，在明弘治以后，山西盐商的活动范围已从河东池盐扩展到两淮、长芦、四川、福建等主要盐产地，尤其是边商和内商分化后，山西盐商迅速占据扬州，以居全国之冠的盐业集散地扬州为中心，积极扩大经营行销区域，渐与实力雄厚的徽籍盐商一起成为垄断全国盐业运销的两大商业集团。

万历四十五年（1617年），根据户部山东清吏司郎中袁世振的建议，对盐法再次改革，推行“纲册法”，凡编入纲册的盐商可以“年年照册上数派行新引”。从此，盐商成为世袭的包销商人。“纲册法”也一直沿用到清代，“纲册法”随朝代的更换并没有实质性的变化，只是盐商中实力雄厚的富商可以担任总商，代行盐政衙门督征盐课、杜禁私盐等职权，以巩固扬州盐商的地位。

清代，占籍扬州的山西盐商多是明代盐商的后代子孙。在《明经世文编》卷一三六由胡世宁撰写的《备边十策疏》中提及明代弘治末年，由于边商、内商的分化，山西、陕西盐商徙居两淮、两浙，致使边塞防务实力空虚的情况，入清以后，清政府对山西盐商采取鼓励政策，准许山西盐商的子弟在所居州县府学习，并特设“商籍”名额，就地参加科举考试，为盐商子弟提供仕举机会。日本学者寺田隆信在《山西商人研究》中，对占籍扬州的山西大盐商世家做了典型分析，除太原阎氏家族外，还列举了大同盐商薛氏，于明嘉靖至万历年间到扬州业盐；大同李氏，于明成化至弘治年间“中盐于扬州”。入清以后，子弟借商籍入学扬州，由此入仕做官的不在少数，在《江都县续志》中称山西李氏也是“科第历二百年”。

山西盐商的先世不乏以务农为业，其后才弃农经商，以盐为业。他们从边地重镇进军到盐业大都，从粮商、引商到完全意义上的盐商，最终成为晋商中最早兴起、最为成功的商帮。从山西盐商的发展来看，明代实施的开中法及开中折色、纲册法政策，为他们带来了历史的机遇。晋商中入籍内务府的皇商，如介休范氏家族也享有清政府赐予的运销盐引的特权，这就更加强了山西盐商的经济实力。而盐商子弟入仕做官不论其主观意愿如何，在客观上又加强了山西盐商的政治实力，可以说开中法的实行及演变是明清晋商发展的第一个历史机遇。

清代山西盐商中还有一个超级富豪亢氏。清人徐珂在《清稗类钞》中称：“山西富室，多以经商起家。亢氏号称数千万两，实为最巨”。又据邓之诚《骨董琐记全编》卷三称：“康熙时，平阳亢氏、泰兴季氏，皆富可敌国。享用奢靡于王侯”。这个亢氏业盐起家较早，其祖亢嗣鼎在明末清初已是平阳富商，当地人称“亢百万”，其家用于藏粮的仓廪多至数千，故当地流传着“上有老苍天，下有亢百万,三年不下雨，陈粮有万石”之说。很可能亢氏在业盐的同时也经营粮食。到康熙时，亢氏竟已成为两淮盐商中的富可敌国者，称得上是山西盐商由北向南进军中的杰出代表。亢氏在小秦淮建“亢园”，临河造屋100间，长达一里多地，人呼“百间房”，随后亢氏又建“亢家花园”，据说扬州瘦西湖即在此基础上扩建而成，故两淮盐商中传有“南安北亢”之说。安氏曾任两淮盐务总商要职，权倾一方。亢氏能与安氏并称，足见其资雄势强，方能与南商抗衡。

由此看来，与同一时期的徽商及其他地方商人相比较，明清山西盐商已具有相当雄厚的经济实力，其贸贩范围之广，经验之丰富，资本积累之巨，已在商界居于领先地位，在淮扬盐业运销中更与徽商不分高下。不仅如此，晋商在边地贸易中则远远胜过了徽商，更是任何地方商帮不能与之相提并论的。

（二）开拓边镇互市市场

明代在军事上加强边镇防务的同时，也在边镇地区运用经济手段，对蒙古封建领主进行笼络，以牵制其与明政权的对抗，这就是在边镇地区设立以官办的马市与民市为主要形式的互市市场。晋商既从明政府加强防务中得到纳粮中盐、纳银中盐的机会，促成了山西盐帮的崛起，同时在边地的马市、民市贸易中又促进了山西边地商帮的崛起。这为入清后，向蒙古腹地及漠西深入的旅蒙贸易活动奠定了基础，也可以说这是明清晋商发展的第二个历史机遇。

明政府与蒙古封建领主之间既有政治军事的对抗，也有经济上的密切往来。“互市”这种形式是自古以来的传统，但商品经济的发展促使汉蒙之间的贸易往来不断扩大，尤其是蒙古，上至封建领主，下至牧民百姓，都迫切希望以马匹等从汉族地区换取更多的生产、生活必需品。明王朝出于边防安全的考虑既不希望蒙古封建领主借口互市不能满足需要而进犯边镇，也不希望他们在互市中得到更多物资因此而强大，所以在对朝贡贸易以及马市、民市的互市交易管理中，就有交易时间、范围、品种、数量等种种限制。嘉靖二十九年（1550年），蒙古俺答借口互市限制太多，乘明边地战备废弛之机，率军由古北口（今密云区东北部）直攻到北京城下，大肆掳掠而去，这就是历史上的庚戌之变。此后，明王朝禁止马市、民市，双方关系僵持了20年，到隆庆四年（1570年）九月十九日，一个突发事件使这种紧张的僵持关系发生了历史性的转折。

这一突发事件是由俺答的孙子把汉那吉因其内部矛盾愤而出走，前来归降明王朝而引起的。当时担任边镇总指挥要职的是宣大（宣府、大同）总督王崇古和大同巡抚方逢时，如何处理把汉那吉归降一事，这两位身居要职的大臣，敏感地意识到具有特殊身份的把汉那吉“此乃奇货可居”是解决“和市之计”，所以力主通过归还俺答的孙子，促成双方重新议和、通贡，恢复边地互市贸易。这一主张得到当时内阁首辅李春芳、次辅高拱、张居正的支持。最终的结果是在送还把汉那吉后，俺答发誓决不再犯境，但请求明政权准许恢复朝贡贸易，并开通马市。

所谓朝贡贸易就是允许蒙古封建领主以使臣名义结成商队，以马匹及贵重皮张等产品作为贡品，进京贡献明朝廷，朝廷再赐予金银或布帛之类。进京使臣可以在京设市，用朝贡之余的物品与汉民贸易，这被称为贡市。朝贡贸易存在的重要意义在于明王朝与蒙古封建领主政权之间的和平相处，只要允许贡使入京，那么设在边地的马市、民市就能正常进行；如果贡使入京中止，那也就意味着边地互市的中止。对于明王朝来说，朝贡的存在表示蒙古贵族对明朝廷的臣服，而朝贡的马匹可作充军、赏赐等用途。据《明实录》统计，从永乐元年（1403年）至隆庆四年（1570年）的160多年中，蒙古封建领主向明朝廷朝贡达800多次，平均每年5次之多，贡马总额竟达50万匹以上。明朝廷为此也“赏赐”出大量的珍贵物品及巨额赏银，也成为明朝廷一项沉重的负担。但从政治上来说，朝贡贸易毕竟是安定边地的重要形式。

身为宣大总督的王崇古对俺答提出的通市请求早在预料之中，为此，他向朝廷提出进一步解决与俺答关系的八条建议，称为“封贡八议”。“八议”中有四条是关于朝贡和边地互市的具体措施，其余四条是为保障互市的开通而拟定。“封贡八议”提出后，朝廷为之哗然，引发了一场赞成与反对意见的激烈争论。当时，为了取得内阁这一决策机构的支持，王崇古通过他的外甥——吏部张四维沟通与内阁次辅高拱及张居正的关系，终于在隆庆五年（1571年）的三月，在“封贡八议”的基础上，明政权做出了三条决定。

其一，封俺答为顺义王，封俺答的弟弟昆都力哈、长子黄台吉为都督同知，与俺答有亲属关系的都给予官职。

其二，俺答每年朝贡一次，所贡马匹总数不得超过500匹，贡使不超过150人，其中60人允许赴京，其余在长城外待命，明朝廷相应赏给绸、缎、布匹等。

其三，边地互市每年举行一次，互市市场设在大同得胜堡、宣平堡、宣府张家口、山西水泉营。后来增加了陕西、宁夏二镇，并根据俺答要求，每年在长城以西各关口开设互市一次，因距离较远，规模较小，称小市。

这三条决定的实质性内容是互通贸易，以这三条决定为基础，王崇古便以宣大总督的身份，广召商贩，听令贸易。据《明史·王崇古传》记载，当时互市市场上布帛、菽粟、皮革远自江、淮、湖、广，所征收的市税还解决了犒赏支出，除铁锅外，市上交易商品约有500种。据《明实录》所记，开通互市的当年，即隆庆五年（1571年），大同、宣府、山西三镇为期10～15天的互市中，由官府组织的马市，共收买马匹7 030匹，金额达56 475两。

这里所说的“马市”，历来是明政府官方组织的以马匹为主要内容的贸易形式。交易中由官吏主持，军队驻守保护。朝贡贸易时余留在长城外的商队所带的贡外马匹就在马市交易。官府要收买马匹，自然要有本金，对守市的官兵和对方的遣使还要抚赏。马市具体参加交易讨价还价的，仍是有经验、有实力的商人。他们利用官府的资金，也携带自己的资金，卖出各种手工制品和日用生活必需品，买进马匹。马匹优先供应明边军需，余下的即可贩至内地交易。所以马市实际上是朝贡贸易形式的一种延续和补充，而其中重要的是商民被允许参与。互市三镇中有两镇属于山西，而宣府的张家口离山西最近，也是太原通往北京的必经要道。晋商中稍具实力者，可以说都是马市交易的真正主人，由此可知，对于晋商来说，朝贡贸易、马市、民市的互通才是真正的利益攸关的大事，所以通贡互市的最大得益者应该是晋商。

王崇古等之所以全力促成封贡开市，其最根本的原因是王崇古的家族利益。王崇古和他的外甥张四维都出身于晋商家庭，王氏在明初从山西汾阳迁至蒲州（今永济市）。蒲州位于山西省西南端，秦晋豫三省交会地是“居天下之中”的交通要地。这个地方自古以来就是商人治产积居的宝地，所以蒲州历来多商贾，明代更是“十而九”从事贸贩活动。王崇古的祖父王馨是河南邓州学正，父亲王瑶开始经商，由做杂货生意发展到长途贩运，积聚一定资本后，贩盐于淮浙间，其兄王崇义、伯父王文显都是长芦盐商，其长姐所嫁沈廷珍是扬越盐商，所生长子沈红亦继父业为盐商，王崇古的二姐则嫁给了富商张允龄，便是张四维的父亲。

张四维的叔父张遐龄也是贸贩四方的商人，三弟张四教成为长芦盐商并取得极大成功。张四维的配偶王氏以及二弟张四端、五弟张四象、六弟张四隅、七弟张四术的配偶也都是蒲州有名望的商家之女，张四维于嘉靖三十二年（1553 年）中进士，在隆庆和议过程中，正是他以吏部侍郎的身份在王崇古与内阁大臣高拱及张居正之间往来沟通，使他们对封贡开市的认识更趋于一致，具体处置意见也更加成熟，并终于促成和议的实现。

在明代存续的 270 多年中，晋商先得益于开中法及开中折色的实施，继以盐商崛起，取利于淮扬、长芦等各大盐场，在隆庆和议之后至明末的 70 余年间，又托庇于封贡开市的全面实施，使其在马市、民市的边地互市中受益无穷。宣府、大同、山西三镇的边地开市成了晋商又一个取之不竭、用之不尽的利薮。一般的商人通过民市贸易，或者授受官府委托到内地采买马市交易所需的珍奇宝物、木材以及各种手工业产品就可以在短时间内发财致富，集资动辄数万两。若时间稍长，他们便会成为“非数十万不称富”的富商大贾了。从总体上看，边市贸易不仅造就了山西一代富商，同时也带动了全省手工业商品生产的发展，进而促进了边塞地区经济的繁荣。边地各种精致的手工制品皆边塞所无，都是由晋商贩自全国各地。可以说，隆庆和议以后的 70 多年是晋商继明初开中法之后得到的又一个发展机遇。它促成了边商的崛起，为入清以后山西旅蒙商的发展积累了经济实力。

第三节　明清晋商创新精神

晋商成功的重要原因之一是在经商过程中进行了许多创新，有些创新在当时的中国乃至世界都处于比较领先的地位。而晋商成功创新的重要前提便是思想解放，只有思想解放才能有真正的创新。

一、明清晋商创新精神的思想基础

在“万般皆下品，唯有读书高”的封建统治时期，晋商的思想却有了历史性突破。晋商提出的“学而优则贾”超前思想打破了“士农工商”的等级划分。晋商认为不是只有走上仕途才能光大门楣，并提出儒贾相通的看法，他们教导子孙从商致富一样可以功成名就，光宗耀祖。因而，大多数的晋商子弟自幼学习儒家文化，并习得经商知识。众多俊秀子弟被送上经商之路而非仕途，并把经商视作崇高的事业，而不以商人身份为耻。晋商在经商过程中常常以儒家伦理道德作为规范自己行商的准则，因而众人皆不敢以商贾而轻视他们，并把他们赞誉为“儒商”。清朝时期的榆次常家是当时较大的晋商家族，其家族规定一二流的读书子弟去经商，三四流的子弟只能参加科举考试，也就是说只有读书较好的子弟才能进入商海，读书较差的只能走上仕途，这猛烈地冲击了当时固有的封建观念。晋商摒弃“学而优则仕”的传统观念，但又重商而不轻学，并能以商促学，以学保商，开辟出一条商学互补的经商道路。“学而优则贾”的超前思想为晋商解放了思想，这种“创造性的突破”也得以让晋商在创新的道路上越走越远。

二、明清晋商创新精神的主要表现

晋商最早将南方的茶叶、丝绸等贩卖到北方，由此开辟出一条辉煌的商业道路，后来又开创票号，并且一度控制了整个大清国的金融流通，成为金融行业的大亨，富可敌国。晋商成功的重要原因归结于创新的头脑、创意的思维、严格的管理和有效的经营手段。

（一）诚信笃实的经营理念

在明清时期，晋商总结出许多有关诚信经营的谚语，如“售货无诀窍，信誉第一条”“诚招天下客，义纳八方财”“买卖公平天经地义，童叟无欺以信为本”等。晋商认为，诚信是经商之根本，守信誉、重承诺是其经商过程中一贯坚持的经营理念。

晋商诚信笃实的经营理念主要体现在两个方面：一方面，诚信是晋商东家与掌柜合作的纽带。晋商的商号规模不断壮大之后，开始请人专门管理，东家把人的管理权、财物的使用权以及商号的经营权全权委托给专人进行管理，这种专人即“掌柜”。所有权归东家，经营权则为掌柜所有，东家与掌柜相互信任，这便是晋商独创所有权与经营权分离的管理模式，这种模式也可以说是东家对掌柜的无限信任。这种信任是双方的，前有东家对掌柜的信任，后才有掌柜对东家的回报，东家通过尊重和信任的情感因素调动掌柜的积极性为他们实现自己的人生价值提供舞台，这就使得各商号的掌柜更加热爱商号，并把自己的命运与商号的生存紧密联系在一起，为商号发展注入不竭动力。另一方面，晋商以诚信赢得信誉，以信誉赢得顾客。所谓“诚信”是指不欺己亦不欺人，践行诺言，表里如一。晋商认为经商不欺人乃成功关键，诚信正直的商人“童叟无欺”，才能得天助，赢得顾客信任，从而赢得回头客。晋商常以义制利，有记载称，“一日要奸，可以欺市；二曰耍奸，可以愚民。但没有哪一家商号可以数年、数十年靠耍奸混迹于世。”

（二）审时度势的商业眼光

先贤战国大商人白圭论及经商之术时说：“人弃我取，人取我与。”晋商也牢牢把握了这条经商的金科玉律。晋商谚语中有这样一句话：“囤得应时货，自有赚钱时。”晋商在商战中往往善观形势，能够适时把握时机并做出正确的商业判断。不仅如此，晋商对行情信息也十分重视，他们对当时的市场行情、政治军事、工农业生产，甚至社会风波和政界要人变动等信息都在了解范围之内。随着这些变动，晋商往往能够灵活应对，并及时调整经营项目以及经营角度。著名作家余秋雨先生在《抱愧山西》一文中说道：“最能显现出晋商目光的莫过于一系列票号的建立，他们先人一步地看出了金融对于商业的重要，于是就把东南西北的金融命脉梳理畅通，稳稳地把自己放在全国民间钱财流通主宰的地位上。这种种作为都是大手笔，与投机取巧的小打小闹完全不可同日而语”。晋商于明初看到了北方边镇的市场，于是捷足先登，充当边商，此后一发不可收拾。入清之后，他们又看出清政府推行满蒙联盟政策，又最先深入蒙地，成为最大的旅蒙商，并控制了恰克图对俄罗斯的国际贸易，这都体现了晋商有着善于审时度势的商业眼光。

（三）金融创新的经营智谋

创新被认为是企业生存的灵魂，而晋商在金融方面的创新是其长期兴盛的重要原因。

第一，创办票号。山西票号是中国最早的银行，晋商看清异地物流量大的现实问题和动荡不安的社会环境，创办了第一家票号即山西平遥日升昌票号，并带动晋商纷纷投资，很快山西票号遍布全国各地。在光绪年间，山西票号掌握清政府财政部门 1/3 的款项，以致其一度“执中国金融之牛耳”。除票号之外，晋商还开创印子钱，为小民解决燃眉之急；开创账局，为工商业融通资本。由此，晋商几乎垄断了平民日常借贷、官员上任费用、工商业资本借贷和远程汇兑等金融领域的大小业务，并以此获得丰厚利润。

第二，制度创新。晋商创新出一整套员工行为规范准则。诚信经商被晋商视为做人之本，它是经商以及为人的首要准则；以义制利是晋商商业活动的价值观，是指导晋商商业活动的思想原则；修身正己则被晋商视作传承之本，它是一个成功商人所必须具备的基本素质；创新图变是晋商经营商业活动的灵魂所在，商业活动经久不衰的思想保障。除此之外，还有克勤克俭、同舟共济等商业道德和行为准则。这一套成熟的道德规范体系在晋商成功之路上发挥了重要的作用。

第三，体制创新。体制创新表现在以下三个方面：一是经理负责制。经理即商号掌柜，对掌柜的聘用，晋商讲究任人唯贤，唯才是举。掌柜在被聘用之前会经历严格的审核与考验，如可用，便施以重金将商号经营权全权委托。东家与掌柜始终以信任作为纽带来维系他们之间的关系，正所谓“用人不疑，疑人不用”。二是学徒制。晋商对于商号员工选拔与录用更为谨慎严格，要想成为学徒必有人做担保，且担保人须为有声望之人，入号之后更有严格的铺规约束。因此，晋商培养了不少骨干力量。三是人身顶股制。晋商为协调劳资关系，规定凡商号掌柜和伙计虽然没有钱顶银股，但是可用劳动力顶股，参与分红，而且不必承担亏赔责任。这种做法将员工利益与商号利益紧密联系在一起，使劳资关系得以协调发展。

熊彼特认为，企业家精神是经济发展的最主要动力。“企业家精神”的要义是：“首创精神、成功欲、甘冒风险、精明理智和敏捷、事业心。”摩根·威策尔在《管理的历史》一书中将“企业家精神”形容为“一种稀缺商品”。他说：“……真正的企业家精神是冒险、动力和智慧的结合。”从晋商的成长史看，“积极开拓、敢于冒险”的创新精神始终是晋商成功的关键要素。无论是抓住明政府“开中法”的机遇而崛起，北上蒙古、俄罗斯，东渡日本开拓新的商品市场，还是创立票号开中国现代金融业之先河，各种具有现代企业性质雏形的经营制度与组织创新都体现了晋商的创新与冒险精神。晋商对管理制度的制度创新是在人们旧有的生产和生活条件下，通过创新激励人们行为的制度来实现企业的持续发展。所有创新活动都依赖于制度创新的积淀和持续激励，并通过制度创新得以固化，并以制度化的方式持续发挥着自己的作用。制度创新较技术创新带给生产力发展的影响更为长远。晋商之所以能够在十大商帮中脱颖而出，其繁盛历经明清两代，持续数百年之久与其在管理制度上进行的一系列系统、全面、深刻的探索与创新是密不可分的。晋商在制度上的创新具体表现为以下几个方面。

1. 资本运营制度的创新

任何一种制度的产生和变迁都是因市场的扩大和技术的变化，形成制度需求而发生的。在明中叶以后，晋商针对社会生产力提高、商品货币经济发展和市场规模扩大而对制度的需求不断加大的情况，大胆创新，适时推出了贷金制、朋合制和伙计制，从而为股份制的产生、发展奠定了基础，由合伙制到股份制是一个不断创新的过程。

2. 产权制度的创新

晋商的股份制已经具备了现代企业股份制的三个基本特点：第一是股权多元化。大的商号一般都会有多个股东参股。第二是控股管理。商号有一个相对控股的大股东，即大东家。企业重大决策由大股东做出，其他小股东只分红，不参与决策。第三是实现了所有权和经营权完全分离。大股东是所有者，其实只决定两件事：一是选大掌柜，就是总经理，然后由大掌柜组成自己的经营班子；二是参加和决定分红。在交通和通信设施十分落后、经营信息严重不对称、市场竞争十分激烈的背景下，这种建立在完全信任机制上的股份制是一种十分有效的管理方式。另外，晋商还通过一系列的其他约束制度来防范经理人的道德风险，比如类似于现在的企业年金的"顶身股"制，将经理人对企业的忠诚、企业的长远发展与经理人经营业绩的好坏紧密相连，通过使用"本地人战略"以"家族信誉成本"来约束经理人的道德风险。

3. 经营制度的创新

明清晋商实行严格的"东掌制"经营管理方式，这种经营管理方式有着明确的权责机制。财东是资产的所有者，对商号盈亏负无限责任。掌柜是商号的经营者，对商号经营负全责，平时在外代表商号的是掌柜而非东家。根据双方委托代理合同，财东不干涉商号日常事务和经理的业务决策，但财东有询察商号经营状况的监督权力，年底时静候经理年终报告。每到例定账期，财东通过办理决算，处置红利，把握票号全局发展和资本的宏观运用。东掌制给予了经理人最大的经营自主权，使得其在瞬息万变的市场竞争中能够迅速做出决策。

4. 激励制度的创新

"顶身股"由晋商首创，明末清初已广为流行。在这一制度下，掌柜（经理人）及伙计（员工）依其智力或体力分别顶大小不等的"身股"。身股并不实缴股金，也不承担亏损责任，却能同"银股"（财东以货币资本和实物资本的形式投入商号的资本）一起参加会计年度企业利润的分红。尽管顶身股制与股票期权制度产生的时代背景不同，运行机制不同，但二者却具有相似的激励与约束效能。顶身股制是现代企业股份合作制的雏形，是劳动者的劳动和资本家的资本联合创富、公平享利的一种形式。

5. 人才选拔制度的创新

晋商在人才选拔制度上采取"用本地人"战略，用"家族信誉成本"约束经营者的"经营道德风险"，把"用本地人"战略与"选贤任能"结合起来。同时在选用经营者时实行"用乡不用亲"战略，以地域选才取代传统的以血缘取才，这样既能在沟通信息成本巨大的背景下使经营风险降低，又能保证企业经营的独立与优秀人才的获取。

6. 人才培训制度的创新

晋商选用人才十分谨慎，对选拔对象、选拔过程控制得十分严格，录用后又投入巨资对新进员工进行培养，不仅在业务技术上进行严格培训，更注重员工在职业道德方面的教育。驰名中外的旅蒙商大盛魁在外蒙古科布多就设有本企业的训练机构，对从晋中招来的 15 ～ 16 岁的青年男子进行专业知识训练，同时号规严格，如果违反号规，不仅本人将被开除而且永不再用。通过严格的人才选拔，因材施教，量才使用，保证了商号人力资源、人才资源的充足。

第四节　明清晋商“创业·创新”精神的历史作用

晋商对区域文化的创新理解反映了人类对于物质和精神世界认识的不断演进，并通过他们的道德、价值、知识、信仰、风格、习惯、才能等多方面表现出来。区域文化是区域内形成的思想意识的总和，山西是中华文明的主要发源地之一，历史上文化名人辈出。但明清以后的山西文化名人屈指可数，彪炳史册的反而是被传统文化认为居于“末等”的商人，可以说，这与山西自明清以来形成的独特区域文化分不开。

一、开辟国内外贸易市场

地方的小市场（即墟集贸易）是我国封建社会十分发达的一种交易形式，交换的主要是小生产者之间的品种调剂和余缺调剂，属于自然经济的范畴。随着商品经济的发展，晋商通过长距离贩运贸易形成真正意义上的商品交流。在众多的商路中，以山西、河北为枢纽，北越长城，贯穿蒙古，经西伯利亚，通往欧洲腹地的商路最为著名。

在高额利润的驱动下，山西人一反“士、农、工、商”定格，从商之人越来越多，形成了“子孙相继，绵延不绝”的局面，据纪昀说：“山西人多商于外，十余岁辄从人学贸易。”山西祁县有一半以上人家的子弟在外经商。刘大鹏评说家乡太谷时指出：“近来吾乡风气大坏，视读书甚轻，视商业为甚重”，他又无可奈何地说：“才华秀美之子弟，率皆出门为商，而读书者寥寥无几，甚且有既游序竟弃儒商者。”为此，山西巡抚刘于义奏称：“山右积习，重利之念，甚于重名。子弟之俊秀者，多人贸易一途。”由此就可看出，那时的山西青年已完全突破了传统的“士、农、工、商”为序的择业观念。

明朝中叶，中国封建社会已进入末期，随着商品经济的快速发展，中国形成了两大商帮“晋商”和“徽商”，南北辉映。晋商贩绸缎于苏杭，贩茶于汉口，贩葛布于四川，贩棉布于直隶，贩杂货于山东。转而又将其售于蒙古、新疆、奉天、俄罗斯。在晋商的长途运转贸易中，晋商开拓了具有极大影响的商贸通道：以山西、河北为枢纽，北越长城，贯穿蒙古，经西伯利亚，直达欧洲腹地。据史记载，汉民至黑龙江省贸易以山西人为最早；奉天昔日人烟稀少，商贾盖寡。而山西等帮，纷至沓来，反客为主；所有恰克图商民皆为晋人；兰州、西宁布商、杂货商多为晋民开办；在西南打箭炉城内所驻商贾以晋秦两帮为最火，晋商的创业热情不断高涨。

晋商在国际贸易上也有举足轻重的地位。在明代万历年间，山西襄陵人已到海外做生意，在崇祯十四年（1641年），晋商乘船私贩人参至日本。随着恰克图对我国贸易口岸的开辟，在长达200多年的对俄罗斯贸易中，晋商以中国之茶、丝织物品易俄之毛毡、毛织物品。乾隆初年，晋商在恰克图的年交易额为300万卢布，到乾隆五十五年（1790年）达到709万卢布，50年间增加了1倍以上的交易额。不仅如此，晋商还走出国门，深入俄国的莫斯科、托木斯克、赤塔等地设商号经营。特别值得一提的是，山西介休范氏船帮，最先走出国门，进入国际金融市场。祁县合盛元票号在日本神户设立从事汇兑和结算的分号，此后又在东京、大阪及朝鲜的仁川设立了办事处。通过晋商在漫漫商路上的远足商贸活动，烟、酒、糖、布、茶、驼绒、牛、羊、马等各种商品实现了南北对流，东西交易，从而加强了各地区之间的经济联系。

山西最早的近代民族工矿企业是由富商渠本翘创办，他从官商手里接过奄奄一息的火柴厂，从日本引进先进设备，使火柴的生产数量迅速增加，质量不断提高，获利颇丰。渠本翘等还从英国资本家手中赎回煤矿经营开采权，组建保晋矿务有限公司。山西最早的电灯公司由襄汾商人刘笃敬创办。晋商不仅在家乡投资办厂，而且在他省也有开办企业的举措。晋商韩公先是贩运、收购松江棉布，后发展到投资设厂，从事织布染色。在新疆的晋商刘通聚集千数人在此地开设金场，采掘黄金。从中不难看出，晋商在商业贸易活动中既获取了丰厚的财富，又促进了国内外的商品流通，具有非常深远的意义。

二、促进农副产品的商品化

晋商在商品交易中经营的商品种类繁多，“如繁（峙）、浑（源）、应（县）之黄芪；泽（晋城）、绛（新绛）之茧丝；潞（长治）、辽（左权）之党参；河东（晋南）之柿霜；平陆之石膏；口外、大同、交城、绛州之皮张；岢岚之麝香；口外之鹿茸；汾（阳）、潞（安）、浑源之白酒；文水之葡萄；闻喜、猗氏之棉花；安邑、交城之红枣；台山之蘑菇，……台山之桦木盘碗；浑源之毡鞋；潞泽之绸绢；交城之玻璃；凤台之剪刀；凤台、高平之皮金；大同之铜器；宁武、归化之花毯；曲沃之绒毡；太平、蒲州之麻纸；平定、阳城之砂器，……口外之绒毛；潞城之草帽辫；泽州之茧丝”，[①] 其中除食盐为专卖外，主要以粮食、棉布、丝绸、茶叶为大宗。

（一）粮食

粮食是封建社会最重要的商品，不仅因为它的流通量大，而且粮食商品率是测量自然经济结构演变最重要的指标。在封建社会，粮食的交易主要是在地方小市场的品种调剂和在区域市场内供城镇人口的需要。清代的商品粮食基地以号称“天下第一出米之区”的两湖为主，此外，还有新发展起来的商品粮食基地——东北以及有余粮可售的四川、陕西等地。由于北京、天津、南京、汉口、广州、苏州等城市手工业发展较快，云南、四川经济作物种植面积扩大，山西从商人员骤增及地狭人稠等原因均需大量商品粮。晋商贩运的粮食多由大运河至京畿、山西、陕西等地。如在北京资本最多、规模最大的粮店是由山西富商亢百万所开，太原府及寿阳县“得食归化之粮”。

粮食是由农民自己生产，而进入长距离运销的粮食，其中有一部分是小生产者的余粮，大部分来自地主以地租形式收取的租谷。这些余粮、租谷并不是商品，而是由于晋商资本的运营使已生产出来的产品变成了商品。所以晋商的粮食贩运是当时规模最大的商品流通。

（二）棉布

棉花的种植是在明代被推广，但种植还不普遍，其种植区域主要集中在江苏南部一带，纺织业则集中在松江、嘉定、常熟三地。到清代，棉布已经代替盐并且在市场上占据主导地位，产区已由苏松地区扩大到北方和华中一些地方。而关于山西布商的活动情况，在《明实录》“正统四年（1439 年）十二月辛亥条”中便有记载，提督大同军务左副御史年富把“军装”列为山西、河南、真定等处客商运往大同、宣府的物资。据《明实录》“弘治元年（1488 年）四月巳条”记载：“海州卫备御都指挥佥事李杲与布商谋，伪称中官之布，分散军士，约以米

①《山西全省财政说明书》。

偿之，取利倍常。”宣德元年（1426年）十月戊寅条在叙述边塞开平物资供应时的困难时说：“开平极边，天气旱寒，商旅不通，布帛难得。”由此可以看出，明代北部边塞地区军民的棉花、棉布消费大部分依靠山西等地的布商贩运，而且有个别不法商人和边镇中少数贪官污吏勾结，利用内地和边塞棉布的价格差价谋取暴利。

山西布商在棉花和棉布产地的活动史料非常多，叶梦珠在《阅世编》卷7中称：“棉花布，吾邑所产……上阔尖细者曰标布……俱走秦、晋、京边诸路。每匹约值银一钱五、六分……前朝标布盛行，富商巨贾操重资而来市者，白银动以数万计，多或数十万两，少亦以万计。”清人褚华在《木棉谱》中也记述了他的六世祖明末在松江开设布庄，做棉布收购批发业务，“秦晋布商皆主于家，门下客常数十人，为之设肆收买”。钟化民在《救荒图说》中称：“中州沃壤，乃半植木棉，而棉花尽归商贩，民间衣服率从贸易。”[①] 嘉庆《正阳县志》卷9称：“惟陡沟店独盛。家家设机，男女操作，其业较精，商贾至者每挟数千金。东达颍亳，西达山陕，衣被颇广焉，居人号曰陡布。”山西布商经常来往不断，棉布交易非常活跃。

从史料中可以看出，明清时期，棉布和棉花的主要产地皆由山西布商进行交易。其经营方式主要是从棉布产地的牙行（当地收购棉布的商人，又称庄户）成批购进，然后贩运至北部边镇销售。尽管他们拥有巨资，并控制着棉布交易市场，但并不和棉布的生产者发生经济上的关系，即不直接从生产者手中收购棉布。其商业利润主要是从产地和销售地之间的差价中获取，明陈继儒在《布税议》中论及布商时称：“凡数千里外装重资而来贩布者，曰标商。领各商之资收布者，曰庄户，乡人转售于庄，庄转售于标。其沂淮而北走齐鲁之郊，仰给京师，达于九边，以清原为绾毂；出长江之口，经楚、蜀而散于闽、粤、秦、晋、滇、黔诸郡国，以芜关为绾毂，是皆孔道要津，布商麇集，舟车负载，昼夜驰骛不息。”

（三）丝绸

我国的丝织业具有悠久的历史，在明朝中后期有了进一步发展。江南地区的苏杭等许多市镇和山西潞安府都是著名的丝织业中心。潞安府的长治、高平和潞州卫是“潞绸”产地，潞绸的生产原是朱元璋第21个儿子沈王就藩于潞安府和

---

① 钟化民：《赈豫纪略》出自李文海，夏明方：《中国荒政全书》，第一辑，北京：北京古籍出版社，2003年，第282页。

泽州，从外地征集数千机户"住座"，开始织造之绸，故名潞绸。潞绸犹如"捐碎壁于宝山，分零玑于瑶海"，并以其精美，在明清被列为贡品。

随着白银的大量流通使用，明中叶的商品流通主要是通过集市、城镇。广东的佛山，湖北的汉口，河南的洛阳、赊旗，山西的潞安、泽州等地逐渐形成了具有区域性商品经济特征的流通集散市场。潞安府成为与苏杭齐名的北方丝织制造业中心，到万历年间达到高峰，有织机13 000余张，分为6班72号，登机鸣杼者数千家，从业人数近10万，据统计，年产潞绸当在10万匹以上，每年仅销往新疆一带的潞绸就有9 000余匹。明朝政府每10年在潞安派造皇绸3 970匹，机户不以为累，其生产规模和经济效益庞大，史称"彼时物力全盛，海内殷富，贡篚互市外，舟车辐辏者，转输于省直，流衍外夷，号利薮"。潞绸当时不仅畅销全国各地，而且还出口日本、东南亚和欧洲等许多国家。①

（四）茶叶

山西并不是产茶之乡，但茶叶却是晋商与国际贸易之间强有力的纽带，清人衷斡在《崇市杂咏》中说："清初茶叶，均系（山）西客经营，由江西转河南，运销关外。"专门进行对俄蒙贸易的是山西驼帮，其经销商品以茶叶为大宗，故又称山西"茶帮"。清代，山西茶商纷纷深入四川、湖北、安徽、浙江、福建、湖南等著名产茶省份办茶。其最盛时有100多家专营商号，并分为"榆（次）帮""太（谷）帮""祁（县）帮"。西北重镇兰州城茶商分为东、西两柜，东柜茶商皆山陕商人。据《天津海关档案》记载："1861年以前，一向是晋商在湖北、湖南贩卖并包装了砖茶，由陆路一直运往恰克图。"大致从乾隆三十年（1765年）起，在晋商的推动下，逐渐形成了一条以山西、河北为枢纽，北越长城，贯穿蒙古，经西伯利亚，通往欧洲腹地的陆上国际茶叶商路。长于茶道的俄国学者、专家和嗜茶者们一提茶叶都对中国以及山西茶商肃然起敬，并津津乐道茶叶西渐的历史渊源。

三、推动城市与集镇的兴起

晋商从事数百年的长途贩运，设铺零售，对各地城镇的兴起和繁荣起到积极的推动作用。九边之中的大同原只是军事重镇，由于晋商在此经营活动，使大同"繁华富庶，不下江南"。在清代中后期山西财富的中心不在省城太原，而在平遥、

① 高春平：《晋商学》，太原：山西经济出版社，2009年，第122～123页。

太谷、祁县。由于票号的兴起，这三县成为全国票号总号的所在地和著名的金融城市。美国学者罗比·尤恩森在其所著《宋氏三姐妹》一书中称太谷是“中国华尔街”。归化(呼和浩特)由于晋商云集，诸货流通，成为蒙古地区的第一大商城。库伦（乌兰巴托）“康熙年间，有晋商来此经商，共有十二家，当地商会之组织即为十二家各举一商董，称为十二甲首”。到咸丰时，从东营子到西库伦，大多数商号皆为晋商开办，使库伦成为外蒙古的商业重镇。民谣说：“先有复盛公，后有包头城”。包头原本无城，是山西祁县乔家在此首先开办复盛公商号，后又增加复盛西、复盛全等商号，于乾隆时逐渐形成塞外商埠。在天子脚下的北京，因独占鳌头的晋商之逐利而进一步繁荣。整个前门大街里80%是山西人开办的商号。在东北流传着“先有曹家号，后有朝阳县”，在西北流传着“先有晋益老，后有西宁城”的谚语。

（一）明清时期，由于河东池盐运销两旺，加之晋商的活跃和票号的兴盛，山西一批城市应运而生

运城在元末明初本是一个小村庄，在开中法实行后，这里聚集了全国500多家运商行贾，很快使运城一跃而起，成为晋南后起的政治、经济中心城市。平遥、祁县、太谷、介休、汾阳、榆次一度成为全国的商贸、金融中心城市。蒲州因历史悠久和《西厢记》盛传而扬名全国。洪洞由于大槐树移民和戏剧《玉堂春》中苏三起解而闻名海内外。绛州、代州则因文化发达，雁门关蜚声中外，在全国文化界有了“南绛北代”的美名。

（二）晋商的商贸活动促成黄河沿岸一批水运集散码头集镇的兴盛

明清旅蒙商的贩运贸易极大地促进了南北物资流通，特别是山西与陕西、甘肃、宁夏及新疆等地的货物交流。伴随着商业贸易的兴隆，地处黄河沿岸的河曲县文笔镇、兴县黑峪口镇、临县碛口镇、柳林孟门镇、大宁县古镇、吉县壶口镇、永济韩阳镇、芮城风陵渡镇、平陆茅津渡镇的商贸物资交流空前繁荣。

（三）地处交通要道的一批关口、集镇成为晋商商贸活动的舞台

塞北的张家口，晋北的得胜口、阳方口、杀虎口，晋中的子洪口、晋东南的柳树口、晋南的龙门口、代县的阳明堡镇、榆次的鸣谦镇、祁县的东关镇、平遥的古陶镇、太谷的范村镇、介休的张兰镇、灵石的静升镇、离石的大武镇、武乡的洪水镇、高平的米山镇等都因地处交通要道而成为商贸繁盛的重镇和货物集散地。

四、培养近代金融人才

首开中国金融汇兑先河的山西票号不仅一度执全国金融业之牛耳，拥有一批顶尖的理财大师，而且为19世纪末20世纪初的中国新式银行培养了一大批专业人才。日升昌总经理雷履泰，第一副总经理毛鸿翙，两位都是那时堪称全国一流的金融管理专家。像这样的顶尖人才，有数百人之多。在山西票号衰败之日，新式票庄——银行兴起之时，昔日在山西票号任职之能人，以其“见势敏捷”“诚实无欺”之誉，转而供职于新式银行。四川浚川源银行由宝丰隆票号乔世杰为经理，由天成亨票号的经理贾辅臣、霍克谦所承办；湖南裕祥银行由山西票号一位魏氏经理承办；广西银行由日升昌的经理王靖夫和蔚长厚的经理范之茂承办；福建银行则由山西票号宋氏经理承办。继往开来，这些人才在新的岗位为全国经济的发展贡献着聪明才智。特别值得一提的是，山西票号创新地推行了异地汇兑业务。由于商品经济的发展，商品交换规模的日益扩大，人们痛感使用白银为支付手段既笨重又不安全，于是清道光初年由山西平遥商人雷履泰首创“日升昌”票号，承办汇兑业务，此处交款，彼地用钱。这种支付手段的手续既简便，信用又可靠，因此，“日升昌”票号开业后生意兴隆，财源大开。晋商见票号获利颇丰，于是争相仿效，不久就形成了“平遥、祁县、太谷”三帮，他们代支军饷，承汇卖官银两，成为清政府的财政支柱。其资力雄厚，在很大程度上左右了全国金融业。

第五节　明清晋商“创业·创新”精神的时代价值

党的十九大报告指出，推动形成全面开放新格局。开放带来进步，封闭必然落后。习近平总书记在山西考察工作时强调，党中央赋予山西建设国家资源型经济转型综合配套改革试验区的重大任务。山西要用好这一机遇，贯彻新发展理念，着力解决制约发展的结构性、体制性、素质性矛盾和问题，推动经济转型发展，真正走出一条产业优、质量高、效益好、可持续的发展新路。为贯彻落实好习近平总书记的重要指示精神，山西省委提出打造内陆地区对外开放新高地的战略定位，挖掘晋商精神的时代价值对山西不断增强开放意识、提升开放素质和开放能力、在开放中更好地推动经济转型发展具有重要意义。

一、明清晋商“创业·创新”精神的时代特征

500年的晋商辉煌得益于其企业内部制度的开放性。引进人才、引进资金使晋商获得了源源不断的发展动力，这是晋商开放经营的具体体现。

（一）为引进人才实行“经理制”

晋商商号职员的设置历来“因事设人”，从不“因人设职”。在普通员工的选择上，秉持开放的人才选用机制和观念。因为晋商在各地广设分号，机构日趋庞大，所有权和经营权两权合一的经营模式难免出现管理效率低、内部运营成本高的弊病。晋商以开放的经营智慧、创新的人事管理制度，采取了所有权和经营权分离的“经理制”，突破了所有者自身能力的限制，建立起高效、有序的运营机制。在“经理制”中，财东不直接参与经营管理，而是授予掌柜资金运用权、职员调配权、业务经营权，委托掌柜具体管理商号事务。财东充分信任掌柜，令其放手经营。“经理制”打破了传统的以血缘关系为纽带的封闭经营管理模式。经理人的选择突破了家族、宗族的固有限制，这是晋商开放意识在企业管理上的具体体现。

（二）为引进资金实行“股份制”

1.晋商的“股份制”萌芽于明代，大兴于清代

晋商早期实行的独资制、贷金制、朋合制和伙计制，远远不能满足大商业、大流通下的资金需求。晋商适时调整，不拘泥于本家、本族、本地拓展融资渠道，广纳闲资，形成“股份制”这一开放的资本组织形式。开放的股本结构使晋商突破单纯依靠自身资本积累的局限，广泛吸纳社会闲散资金，充实资本，从而形成互利共赢、风险共担、休戚与共的接近于现代股份制的商号。这种制度在一定程度上打破了我国数千年“公财与私财不分”的商业习惯，财东对企业财产控制权与财东个人财产控制权有了一定程度的分离。财东将其个人私有财产作为股本投入商号、票号，与其他出资者的资本融合为一体成为企业资本时，便失去了这部分资金的自由支配处置权。作为一种融资和收益分配制度，晋商股份制已明显不同于独资、一般合伙等传统企业制度，而更多体现了现代企业精神，也体现出晋商开放的经营思路与高超的管理智慧。

2.晋商还开创了“人身顶股制”这一独具特色的人才激励机制

经理的身股和财东的银股一样具有分红权，内部员工也有一定的身股，并据

创造价值的大小酌情增减。这种将员工利己性动机与商号经营效益紧密联系在一起的制度设计蕴含着企业与员工利益共享的开放的大利益观。

（三）不断创新的组织形态

晋商不仅加强了发达商埠与偏远边疆的密切联系，还搭建起连通国内市场与国外市场的桥梁。晋商商号和票号的多元化经营和跨地区经营，催生出类似母子公司式的“联号经营”模式。据1893年俄国人波兹德涅耶夫的记载，归化城的大盛魁商号同蒙古地区的贸易额年900万～1 000万两白银，每年有1 500峰骆驼往来于归化城和乌里雅苏台之间。倘若从寻找交易伙伴、价格谈判、合同订立、执行交易到后期监督等全部活动交由市场完成，商号将面临巨额的交易费用。通过“联号经营”的方式将市场内部化，这种方式有利于应对市场不确定性带来的风险，降低交易费用。正是这种开放意识造就了晋商发展的“大格局观”，才使晋商能够突破区域限制建立起“联号经营”的组织结构形态。尽管商号、票号在内化市场交易的同时也产生一些问题，但是“联号经营”不失为创新企业组织形态的一种有益探索。

晋商在激烈的竞争中逐渐认识到“无论旧识新知，莫不休戚与共，痛痒相关”，扩大商业经营离不开知识与信息的沟通交流。因此，晋商在全国广建会馆，“联乡情、笃乡谊”，聚会议事，沟通商业信息。伴随商品经济的发展，晋商会馆逐步打破狭隘的地域概念发展成为行会、公所，进而发展成为商会，成员间的关系由地缘关系逐渐转变成业缘关系，商业性增强。商会坚持“专以商务为问题”的宗旨，在协调成员商业行为、维护市场秩序方面发挥了巨大作用，为商业决策提供了大量信息，推动商人组织由自发性管理发展到自觉性管理。

纵观晋商漫漫500年商业之路，其成功离不开栉风沐雨、不畏艰险的创业精神，离不开诚信笃实、义孚天下的商业文化，更离不开变中求新、变中求进的经营智慧。无论“独资制—贷金制—朋合制—伙计制—股份制”的企业组织制度变迁，还是“当铺—钱庄—账局—银号—票号”的信用机构变迁，抑或“会馆—行会—公所—商会”的组织形态变迁均是其经营管理制度不断创新的结果。晋商以其开放发展的商业意识，凭借敏锐的商业洞察力、巨大的商业魄力和开拓进取精神，不拘泥于原有制度体系的固定模式，在经营环境尚未发生重大变化前就以开放前瞻的眼光把握制度创新的有利时机。

（四）开放和诚信的经商理念

晋商是走天下的商人，其商业文化必然会吸纳并融合所到之地的文化习俗、价值观念。晋商精神的诞生地不只是山西本土，而是在晋商足迹所至的广袤土地上，在他们开拓出来的茶叶丝绸之路、粮米药材之路、皮毛骡马之路、食盐布帛百货之路上。晋商在黄河之畔的黄土高原上生长，但在长期经营探索中逐渐形成了鲜明强烈的开放发展意识、敏锐的商业洞察力、巨大的商业魄力和信守诚信精神。

晋商的足迹不仅遍及全中国，而且广布欧亚大陆。比如，晋商在康熙年间就开始了对俄贸易活动；雍正五年（1727年）中俄《恰克图条约》签订，此后在恰克图建立了中俄贸易口岸市场。凭借多元性、开放性的文化特征，晋商从18世纪30年代至20世纪20年代在恰克图保持了近200年的贸易垄断地位。从一定意义上说，晋商精神是晋商摆脱区域限制走出国门、融汇多种文化元素而形成的。虽然晋商精神包括多种元素，但最核心的仍是开放和诚信。开放，是要在更大的空间配置资源，实现交易；诚信，是为了赢得信任，做强做大，基业长青。这样就使晋商的诚信不局限于传统道德人格的自我完善，不只是传统仁义礼智信的“信”，而是信用的“信”，是契约精神，晋商的诚信因而成为蕴含现代价值的商业文明。

今天的山西肩负着建设国家资源型经济转型综合配套改革试验区的重大使命。推动转型发展仅仅利用既有资源是不够的，那样会使发展路径、发展空间都受到很大局限。推动转型发展需要引进新的发展元素，如新的技术、人才、理念、市场、资本等资源要素。对资源要素的每一种新的组合都是一种新的发展路径选择和一种新的发展可能，所以今天的山西在推动转型发展、建设国家资源型经济转型综合配套改革试验区时，不能故步自封、闭门造车，而需要弘扬开放和诚信的晋商精神，登高望远，形成开放发展的大氛围、大格局，打造内陆地区对外开放新高地。只有这样，才能顺利实现转型发展。

二、明清晋商“创业·创新”精神的思想启迪

用历史唯物主义的观点和方法可以看出，“晋商精神”体现了儒家伦理思想的精华，而这种晋商的精神和文化理念不仅曾对当时社会经济的发展起到了积极的促进作用，而且对社会主义市场经济及其道德建设等方面也给予了有益的启示。具体来说，针对目前社会主义市场经济建设方面存在的一些问题，可以通过以下几个方面对晋商精神进行有益的传承，找到解决问题的思路和方法。

（一）珍视商誉

诚信是市场经济条件下最基本的原则，良好的信用可以令经济主体获得更多的合作机会与便利条件，从而无限放大市场及其资源配置范围。遗憾的是，目前在我国，企业信用缺失现象较为普遍。从近年来发生的假酒事件、苏丹红事件和假奶粉事件可以清楚地看到，一个行业的信用问题可能导致整个行业的崩溃危机，应当承认的是我国在一段时间里社会信用水平出现了下滑的态势。建立诚信的社会环境已经不只是一种道德诉求，而是关乎人民的健康、经济的发展、企业的兴衰、社会的进步。诚实守信不但是社会主义精神文明的重要体现，而且也是社会主义市场经济健康发展的本质要求。经济主体要获得更大和更长远的利益，只有依靠诚实守信的精神，树立良好的企业信誉和产品信誉，才能与消费者建立一种稳定的供求关系。

（二）勇于探索

晋商因善抓机遇而兴，以敢为人先而富，以勇于创新而铸就辉煌。在当今国际经济日趋全球化、一体化的形势下，要在世界经济发展的大潮中跟上时代步伐，我们就必须善抓机遇，敢为人先，勇于创新，而要做到这些，就必须解放思想，与时俱进，放宽眼界，敢于探索。晋商的这种超前的意识、开阔的眼界、宽广的胸怀、过人的胆魄至今仍是我们值得继承和发扬的宝贵精神财富。

（三）良性竞争

晋商信奉“和为贵”“和气生财”，与同行往来中能够保持平等竞争，协调发展。社会主义市场经济也是竞争经济，只有竞争，才能发展。但竞争不同于斗争，竞争必须遵循一定的规则。脱离了规则的竞争必然是一种不择手段的行为，也不利于市场经济的健康、协调、有序发展。随着时代的前进，晋商在特定意义上讲已经成为一种历史。但是晋商精神则不应成为过去，也不应成为历史。在当前的社会主义市场经济条件下，应当在批判的基础上继承，在继承的基础上创新，从而建构一种适应现代社会的商业伦理，推动经济发展、社会进步、国家繁荣与富强。

（四）吃苦耐劳

与晋商的吃苦耐劳精神紧密相连的是晋商的勤俭，“晋俗勤俭，养殖于外”“商贾隆冬走山谷，布袄之外，袭老羊皮马褂”。晋商的俭约不仅表现在创业阶段，即使事业成功，家累万金后，仍能保持节俭的品质。榆次富商常氏平常仍薄于自奉，其少东家由家赴号，沿途占卦收费，权作盘缠，以省川资，真是俭啬到家。明人沈思孝在《晋录》中记载："晋商百金之家，冬无长衣，万金之家，食无兼味。"晋商还把勤俭精神作为传家宝留给子孙后代，告诫子孙克勤克俭，守业兴业。有个叫寻金材的富商临终时对儿子说："苟有寸进，薄积当体。"许多商家的祠堂供奉着祖先创业时的诸如讨饭篮子、打狗棒、算盘、扁担、货箱、背搭子之类的物品，目的是教育后辈牢记祖先创业的艰难，以保持勤劳节俭之风。

晋商尚俭之风是对中国传统文化的传承和发扬。孔子说："奢则不逊，俭则固，与其不逊也宁固。"墨子说："节俭则昌，淫佚则亡。勤为开源，俭为节流，两者结合，才能肥家守业。"商人祖师爷白圭"能薄饮食，忍嗜欲，节衣服"，是勤俭的榜样。

晋商的俭约之德也深受山西民俗的影响。翻开山西历代县志，有关山西人勤俭的描述随处可见。诸如，"民尚俭而务耕织""事节俭，务蓄藏""俗尚节俭""民性质朴，好尚节俭""淳朴节俭"等。无县不俭可以说是山西社会一种极为普遍的民俗现象。明人张四维说蒲州商人王恩励志经营，"尤慎于出入，终其身，未尝有锱铢滥费，盖天性然也。"节俭已成习惯。

（五）乐业敬业

中国封建统治者推行重农抑商政策，商为"四民"之末。商人虽富却是处于社会底层的市井小人。东汉大臣杨震以不为子治产业为清商而名垂史册。司马迁为商人立传，班固抨击他。述《货殖》则崇势利而羞贫贱，是其蔽也。虽然《颜氏家训》提倡学习农商工贾知识，但目的则是使子弟为官从政时有经世务实的本领。到了宋代，虽商品经济有了发展，但人们仍难从轻商贱商观念中解脱出来。大诗人陆游教诫子孙说，读书、做官，甚至务农都可以，唯独不可为商贾之业，"切不可迫于食，为市井小人之事耳。"在这样的社会环境中也不乏具有创业、乐业、守业精神的商人，如范蠡弃官从商，年老传业子孙。子孙修业而息之，遂至巨万，范氏遂为商业世家。西汉宣曲任氏经商发家后，子孙数世谨守祖训，也以商为业。

经商不过是养家糊口的手段，晋商则不然。虽然山西人走上经商之路的原动力是生存的需要，可他们事业成功后，兴商的动力不仅没有减弱，反而得以强化，而且整个山西社会形成了"人人经商，个个言商"的风尚。对此，清雍正年间，任山西巡抚的刘于义说："山右积习，重利之念甚于重名。子弟俊秀者，多人贸易一途。其次宁为胥吏，至中材以下，方使之读书应试，以故士风卑靡。"雍正皇帝看了后批曰："山右人大约商贾居首，其次者犹力农，再次者入营伍，最下者方令读书，朕所悉知。"及至票号兴起，这种风气更愈演愈烈。在票号的创始地平遥县，曾经流传这样的谚语："人养好儿子，只要有三人，大子雷履泰，次子毛鸿翙，三子无出息，也是程大佩。"雷履泰、毛鸿翙都是商界高手。程大佩即日升昌票号的三掌柜程清泮。在当时，票商被推为"第一商人"，一家人如果有子弟在票号当差，实是无限光荣之事。在晋商看来，商与士虽然是人生所选择的不同职业，但所持做人的原则、道德、良心同根同源，人格尊严上不应有高下之分。正如山西巨商王文显所云："夫商与士，异术而同心。故善商者处财货之场而修高明之行，是故，虽利而不污；善士者引先生之经，而绝货利之径，是故，必名有成，故利以义制，名以清修，各守其业。"商处财货之场，受制于一"义"字；士处官宦之位，受制于一个"廉"字。善商者"利以义制"，善士者"名以清修"，社会分工不同，没有贵贱尊卑之别，故应"各守其业"。晋商的敬业乐业精神既是对传统轻商、贱商思想的彻底否定，也是晋商称雄商界的精神奥秘，具有鲜明的时代进步性。①

① 欧人：《明清晋商商业伦理精神探论》出自《现代财经》，天津财经大学学报，2001年第4期，第62～65页。

第2章

明清晋商经营理念的创新

明清晋商在经营理念上不断创新主要表现为敢为人先、利以义制、以人为本、儒贾相通、政商融通等。他们不再受到传统士、农、工、商思想的影响，勇于突破自我，树立正确的市场经营观念。即使把这些经营理念放到现在的企业管理中也仍然具有很强的理论与实践指导意义，值得我们去深入挖掘，不断学习。

第一节　敢为人先

秦汉以孔子为宗师，中国成为儒家思想的天下。天下四民：士、农、工、商，士为首。在这种传统文化的影响下形成的价值观鄙视商人，称其为奸商，加之统治阶级长期实行重本抑末的政策，导致商品经济发展非常缓慢。明清时期，山西平阳、潞安、汾州等民众摆脱了儒家思想的束缚，功利观念发生转变，也敢于在思想观念上做出改变。

一、敢为人先的精神特质与内涵

随着商品经济的发展，明清两代出现了许多以地缘为纽带，以会馆、公所等为组织机构的商业集团，也就是我们所谓的明清十大商帮。它们在经济贸易舞台上彼此竞力，共逐风流。在商帮之间的竞争中，晋商逐渐崭露头角，在活动区域、管理水平、经营业务等方面都是佼佼者。究其根本原因是晋商拥有一种开拓创新的精神。在这一精神的引导下，他们把握每一次机遇，敢闯敢干，敢为天下先，逐渐缔造了空前的商业帝国。洪武初年，为消除元朝残余势力威胁，虽几次派大军深入蒙古草原，但都没有取得预期的目标，于是为了防止蒙古骑兵南扰，巩固政权和边防，在中国的北部地区沿长城一线设置九边，囤积大量军队，这就在长城沿线区域形成了巨大的军事消费区。起初，军需物资由政府调运，但给明政府带来了巨大财政压力，运输效率不高。为了更好地保障九边供给，明政府遂实行开中法。商人可以将军需物资运到九边，根据价值领取相应的盐引，也就是经营食盐的凭证。然后到指定的盐场支取食盐，并到指定的市场区域进行销售。九边山西境内中就占了三边，且拥有河东盐池之利，具有明显的区位优势，可谓近水楼台。晋商敏锐而迅速地抓住了这一历史机遇，捷足先登，自筹资金，运粮北上，支盐远销山西、河南等地，获得了巨大利润。据《偏关志》记载："明中叶，益兵增将，络绎于道，营帐星罗棋布，饷用既饶，市易繁盛，商贾因此致富者甚多""平阳、泽、潞豪商大贾甲天下，非数十万不称富。"

二、敢为人先的具体表现

（一）弃仕从商

以士为荣的思想在山西成就了许多官宦世家。闻喜县礼元镇裴柏村的裴氏家族公侯一门，冠裳不绝，成为中国独一无二的"宰相村"。从裴度（裴晋公）出任唐宪宗宰相算起，历代出过宰相 59 人、大将军 59 人、中书侍郎 14 人、尚书 55 人、侍郎 44 人、常侍 11 人、御史 11 人、使 25 人、刺史 211 人、太守 77 人、驸马 21 人、荫袭 46 人、进士 68 人、贤良 7 人。这些人读书成才，或文或武，声名显赫，业绩卓著，对于治理国家，发展文化是有功的。但是，他们虽然官高禄厚，积聚大量资财，却只用于建筑祠庙、院宅、坟茔，并没有为一方百姓带来富裕。这样一个宰相村，而所在的闻喜县，至今仍然是山西省的一个贫困县。①

山西辖四府数州，而"所辖四郡，以太原为省会，而平阳为富饶。大同、潞安倚边寒薄，地狭人稠，俗尚勤俭，然多玩好事末。独蒲坂一州，富庶尤甚，商贾争趋"，"太原以南多服贾远方，或数年不归，非自有余而逐什一也。盖其土之所有不能给半，岁之食不能得，不得不贸迁有无，取给他乡"。到了清代，"晋俗以商贾为重，非弃本而逐末。土狭人满，田不足耕也。太原、汾州所称饶沃之大县，及关北之忻州，皆服贾京畿、三江、两湖、岭南、东西北三口，致富在数千里，或万余里外，不资地力。"

---

① 黄鉴晖：《晋商经营之道》，太原：山西经济出版社，2001 年，第 15 ～ 16 页。

平阳、蒲州府和解、绛二州，地处河东，地沃平易，有盐铁之饶，勤俭质朴，忧深思远，为唐尧之风习染，因而“服劳商贾”多，或者“浮食者多，民去本就末”。如绛州，“绛古唐地，旧称土瘠民贫。迄今地狭土燥，民无可耕，俯仰无所资，迫而履险涉遐，负贩贸迁以为谋生之计”。“绛州城临（汾）河，舟楫可达于黄（河），市尘辐辏，商贾云集”，“山右以小苏州呼之”。又如蒲州，“介在河曲，土陋而民伙，田不能以丁授，缘而取得于商计，其挟轻资牵牛车走四方者，则十室九空”。或“民性质朴，好尚节俭，力田绩纺，尤尚商贾”。曲沃县则是“重迁徙，服劳商贾，颇好事神”。山西种烟草就是由曲沃人从福建引种开始的。浮山县“商贾以兴，往口外，糊口于齐鲁、燕赵、宋卫中山间者，十之六七”。

汾州府“左带汾河，右阻金岭，背倚汤泉，南控离石，美哉山河之固”，“府属汾阳、临县两县多商贾”，汾州“民称殷富焉”。汾平两郡，多以贸易为生，出外贸易者，首为“富人携资入都，开设账局”，“其次则设典肆”，从而形成全国典肆，“江以南皆徽人，曰徽商；江以北皆晋人，曰晋商”。

清代，转变观念的山西人越来越多，如太谷县“农力于野，商贾勤贸易，无问城市乡村，无不纺织之家”。徐沟县“农力于野，商营于市，在城在乡有人织纺”。清徐县“地薄差繁，本业不足资本。固牵车服贾贸易远方者恒多焉”。文水县“本非繁富之区，又与交、祁、平、汾接壤，殷实之户悉交易于邻邑”。榆次县“县人耕田作者十之六七，服贾者十之三四”。寿阳县“勤俭质朴，劲悍少文，大率居民务本者众，故耕农之外，别无生理。近代以来，贸易于燕南塞北者亦居其半，故户有盖藏”。

平定州“地出铁矿，穷民皆采铁为主”，而且“州人多业染采”，“人文甲于通商”。《忻州新志·序》云：“乾嘉之间，习于边情者，贸易蒙古各部落及西北口外各城，有无相通，获利倍蓰，以此致富起家者实多”。

山西同其他行省一样，原本都是农业社会，祖辈以耕作为生。当人们认识到“无工商不富”，且价值观念转变之后，读书为仕的家庭去经商，务农的也去经商，改变着家乡的面貌，涌现出许多富有的家庭。经商之所以可以致富，是因为商之利倍农。

平遥县达蒲村李氏是由仕宦之家经商而发展起来的。李氏原籍陕西汉中，在元朝时有李实任官于山西，后落户平遥达蒲村，经营商业。几代相传，肩挑小卖，不算富有。自清乾隆年间在平遥城开设颜料庄，生意渐渐做大，成了平遥颜料行的首户。后来又遇到雷履泰，他是一位出众的掌柜，道光初年把颜料庄改营汇兑和存放款业务，西裕成颜料庄变为日升昌票号，李家迅速发展起来，在道光三十年（1850年）新盖高楼院三处。发家不忘祖业，除日升昌继续兼营颜料生意外，在平遥城开设有日升裕、日升厚、日升达、日升通4个钱铺和日升庆布庄、日升货栈，在天津有东如升、如升大颜料庄，在汉口设有日升裕钱铺、东如升颜料庄。家富之后，娶媳嫁女，适于贵门，与介休县（现为介休市）北辛武村冀家和介休北贾村侯氏豪商大贾做亲。

榆次县车辋村原先土地碱化"走东阳过西阳，德音庞至烂车辋"。为了谋生去种植车辋烂地，常仲林携家带口，于明弘治十三年（1500年），由太谷迁居车辋村刘家寨。由仲林一世传至常威八世，世世为农，过着温饱生活。常威之子万达，康熙五十七年（1718年）生，不甘贫穷，"服贾张城（张家口），苦劳经营"。所营商业开始为摆布摊，由摊到铺，名"常布铺"。后人为纪念这一创始，将"常布铺"招牌存放于家祠之内。随着恰克图中俄通商，常氏做起了中俄贸易，并分化为南常与北常两支，南常号称"世荣堂"，北常号称"世和堂"。南堂设有"十大昌"字号，北常设有"十大玉"字号，从而渐渐有了车辋南街与北街常氏两条街的房院建筑，并发展成清代外贸世家，在恰克图、库伦、张家口、多伦诺尔、兴化镇、奉天、俄罗斯及贝加尔湖一带设有字号。南、北常比较，北常财势为大，设有大昌玉、大德玉、大泉玉、三德玉、保和玉、慎德玉、大升玉、大涌玉、大顺玉、独慎玉、泰和玉、三和源12个字号，这些字号大都将总号设在恰克图、张家口、奉天、太谷，很少设在榆次县。

祁县乔家堡乔氏家族的始祖叫乔贵华，他是一位上失父母，下无弟妹的光棍，生活之艰难可想而知。雍正年间，右玉县杀虎口（号称西口）开放，允许汉民出口种地经商后，贵华为谋生活与姓程的亲戚出走归化城，给人家店铺当伙计、赶骆驼，积累了少许钱财，后来自谋生活做起卖菜的小买卖。日积月累，雍正末年独资开设了一家店铺，经营蔬菜、油、面、杂货生意。到了乾隆初期发展为复盛公、复盛西估衣铺和当铺，一家复盛公粮店和复盛菜园。20多年的辛苦，终于小为富有。乾隆十六年（1751年）乔贵华48岁，才回到乔家堡，与一寡妇成婚，生三子，分别叫全德、全义、全美。后来乔氏商业归三个儿子，长子全德为德星堂，次子全义为保和堂，三子全美为在中堂。其中在中堂资财最为雄厚，当今保留下来的六合大院为在中堂所有。在中堂后来在祁县开设茶庄，在湖北蒲圻设场制茶，设分号于各地，尤以东口（张家口）和西口（归化）为著。在经营大德兴茶庄期间，在中堂就开始兼营汇兑和存放款业务，光绪十年（1884年）大德兴改名为大德通分营票号并经营茶行业务，同时又成立大德恒票号，其分号遍布国内主要工商城镇。大德通和大德恒是山西票号中存续时间最长、声誉较高的两家票号。

（二）弃农就商

农业是人类衣食之源，不论古代，还是现代，都把发展农业放在重要地位。古代把农业视为“本”，现代把农业视作国民经济的基础就是这个道理。任何忽视农业，甚至弃农就商、抛荒土地的做法都是不对的，但是事物都有另一面。如果在既定的生产和技术条件下，即使精耕细作仍然不敷所用，并且有大量剩余劳动力却依旧固守本土农业，不敢外出打工、垦荒种地或经商，那也是不可取的。贫穷而又固守本土农业的人实际是思想守旧、价值观念落后、无所作为的表现，必然难以摆脱贫困。明清两代的山西人稠地狭、对其土所产不能给半岁之食有比较深刻的认识，因而敢于打破传统的只经营农业的模式，走四方，或打工，或经商，或垦殖，取给他方，取得成功。蒲州土地缺少，人们出外贸迁，取给河南、陕西两省。绛州人抱布贸易殆无虚时，土狭而瘠使然也。晋北人大量走西口，开垦归化、丰镇、包头一带的肥沃土地，改善了生活；至于走西北两塞外出经商的人，发家的也很多。泽州在万山之中，虽丰年人食不足，靠贸易拥有富户。凡此说明，只要人们敢于走出去谋生，或垦殖，或做工，或经商，都会丰衣足食的。例如，临县，在明清时期经商之人非常多而且比较富裕。

价值观念的转变和人多地少等因素的作用使得自明以来山西经商的人越来越多，活动地区也更加广泛，既有富有的家族涌现，又形成从商的庞大群体。在古代，商业既包括手工工场和各行商业，又包括长途贩运贸易和设在一城一地的零售商业。在从事商业的群体中，有一定数量的大小掌柜、管账先生，但更多的是店铺的大小伙计。不论当掌柜，还是当伙计只要坚持下去都可以获得丰厚的货币收入。这些货币收入一般都可以改善家庭生活，甚至由此发家成为新的资产者。

正是由于从商利益丰厚，渐渐地经商成为人们敬仰的职业，于是出现了两方面的情况：一方面准备读书做官的，开始弃儒从商；另一方面一些农家有教养的子弟，放弃为仕求功名之路，纷纷随人经商。

1644年，清兵入关。清政府致力于国家的统一，先后平息藩乱，驱逐沙俄，平定噶尔丹，击败廓尔喀，在1792年前后形成了四方疆域安定、民族矛盾缓和的内外稳定局面。与此同时，清政府加速在北方开发农牧业生产，发展边疆地区经济，以此作为巩固边防的重要举措。清前期国内商品经济发展获得了难得的安定环境，晋商依然秉承开拓创新，敢为天下先的理念和精神，不断抢占国内商业发展的先机。他们辗转奔波，乐此不疲，拓展了广阔的商贸市场。太谷曹家在东北地区以朝阳县为发展起点，不断拓展市场和经营业务，最终发展成为“东北三省的商界魁首”。而进入蒙古大草原为西征准噶尔的清军供应军粮的介休范氏，不惧战争凶险，则是“力任挽输，辗转沙漠万里”，同时也实现了范氏家族丰厚的商业利润。由三个山西人开办的“大盛魁”称雄蒙古地区商业领域，其贸易范围还涉及新疆地区和西伯利亚等地。大盛魁每年从内地福建或湖南、湖北等地运往蒙古地区的砖茶达 30 000 余箱，并从蒙古地区换回羊群达百万只。

随着中国商品经济的快速发展，国内的货币需求大增，传统的货币体系已很难满足交易的需要，况且金属货币在交易中随着交易量增大，其弊端越来越明显。运输和携带的不便及不安全，呼唤一种新的信用形式来解决交易的不足。于是具有敏锐眼光的晋商适时创新，创造了具有近代银行功能的山西票号，引领了传统金融的一场革命。晋商作为一个集团，他们相互仿效，纷纷投资票号业务，很快形成了以平遥、祁县、太谷为中心的票号金融网络。相应地，晋商从中也获得巨额金融利润，从而推动山西商帮向鼎盛发展。

第二节　利以义制

商人取利，天经地义，关键要看其如何取利，其所取之利是否合乎道德伦理。晋商普遍受儒学的影响较深，对儒家的义利价值观有深刻的理解。他们在义利关系的处理上以义为上，坚持利以义制的价值取向。

一、利以义制的理论起源与精神特质

商人经商总是要盈利赚钱的，但在怎样赚钱上，不同的伦理观念又表现为不同的方式。所以古代有“诚商”“良商”和“贪商”“奸商”之分。其根本区别在于诚商以信义为重，奸商则不择手段。

中国传统社会和传统思想中有重义轻利之说、重利轻义之说和义利并重之说等。所谓“义”就是指天下的道义、正义、公理以及道德准则、道德规范、精神文明、整体利益等。所谓“利”则是指利益、功利、名利，一般指物质生活、物质利益、物质文明、个体利益等。义与利的关系就是道义与利益的关系。在社会生活和社会活动中，人们始终存在着道义与功利、共同利益和个人利益及其相互关系的问题。如何看待二者的关系，并据此形成不同的义利价值观，这是摆在商人面前必须认真思考的问题。

晋商并不忌讳自己从商的动机和目的，但原则是“不赚昧心钱”。晋商说“君子爱财，生财有道”“爱财而取之有道”“仁中取利真君子，义内求财大丈夫”“义而资益巨”，也就是说晋商强调商业行为应合乎“道义”的原则，倡导“以义求利”，

即把道义制约和伦理规范引入商业活动，创设了“财自义生”“因义取财”的商业经营新理念。

以义制利具体落实到商业活动中则表现为“重信”与“贵诚”。信，即是以义制利、循义经商的一种外在表现。孔子说：“信近于义”；又说：“民无信不立”“人而无信，不知其可也”，可见“信”作为人处世立业基础的重要性。对经商者而言，虽营利是目标，但必须信义服人，凡事以道德信义为根据，“故才能通有无，近悦远来”。和信字相连的是“诚”，信必须建立在诚的基础上，不能诚，便不能信；有了诚，信才能笃实。孟子云：“诚者，天之道也；思诚者，人之道也”；“至诚而不动者，未之有也；不诚，未有能动者也”。衡量商人是否讲信义，一个基本的标准是看他经商是否诚实不欺，是否买卖公平。

中国商人的商业诚信曾被马克斯·韦伯视为中国伦理的一个特质而给予肯定。他说：“那些受到垄断保证的、具有文化知识的外贸商人，出于对自己实际利益的考虑，发展出一种值得称赞的商业诚信。此种诚信与其说是从内部发展出来的，不如说是从外部培植起来的。这一点也适用于中国伦理的特质。”晋商则是中国商人中信义卓著的一个特殊群体，清代外交家、首任驻英公使郭嵩焘说：“中国商贾夙称山陕，山陕人之智术不能望江浙，其推算不能及江西湖广，而世守商贾之业，唯其心朴而实也。”近代著名社会活动家、学者梁启超也说：“晋商笃守信用。”

在晋商中有许多深孚众望的商家“舞弊情事，百年不遇”。一位晋商自称他跑遍大江南北，但坚持“天道”，一生不做亏心事，所以家势得持昌盛。晋商范永斗就是因为“与辽左通货财，久著信义”，受到清政府的垂青而当上了皇商。祁县乔家在包头开设复盛公商号，坚持公平交易，货真量足，童叟无欺。有一次，复盛油坊运大批胡麻油往山西销售，经手伙友为贪图厚利，竟在油中掺假。此事被掌柜发觉后，立即令另行换装，以纯净好油运出。虽说商号暂时受损，但诚实不欺的经营作风则赢得了包头人的肯定和赞誉，人们皆愿购买“复”字号商品：复盛号靠信誉维持了 100 多年，直到抗战爆发，才因战乱歇业。山西票号更是以信用卓著而享誉商界。一位长期与山西票号有着业务往来的上海汇丰银行外籍经理承认：“25 年来汇丰与晋商做了大量的交易，数目达几亿两，但没有遇到一个骗人的中国人。”山西票号之所以能在风雨飘摇、动荡不宁的清代活跃、坚持百余年，其护身法宝便是“信用”。对此，曾任大德恒票号经理的颉尊三自豪地说：“票号较优于普通商业之点，虽亦以盈利为目的，凡事则以道德信望为根据，大有儒学正宗之一派，故力能通有无、济公私，显宦信足，行州里旋蛮貊，近悦远来，开银行先河，创久远之盛誉耳。”经商重信贵诚，人们也“莫不以为诚而任之"，这就招徕更多的顾客，生意也就越做越红火。茶叶是晋商的主要经营项目，蒙古牧民只要看到刻印有"三玉川""长裕川"字样的砖茶就争相购买且长期购用，一生不变。由于晋商出售的砖茶质量可靠、信誉好，竟被代替银两作为货币在交易中使用。

历史唯物主义告诉我们，道德是经济基础的反映，它是在一定经济基础和利益关系上产生和发展的。道德对经济基础又有一定的反作用。义的基础是利，义对于人们的利益关系和利益行为具有规范、协调和导向作用。利，是人之所欲，对商人来讲更是不可缺少的。企业不谈利，就不可能有和谐发展，也就谈不上任何竞争力。但是对利的追求应该有一个准则或规则，如果毫无约束，任由每个人去追逐个人利益，社会秩序就无法维持，社会生活必然混乱。因而，社会就要制定出一些维护社会、大众利益需要的规则，个人对欲利的追求应该遵守这些规则。这个规则就是中国传统文化中强调的"义"，用"义"来制约欲利的追求，即"以义制利"。

在中国传统文化中，"义"可以理解为德之宜（道德的准则）、事之宜（立身处事的依据）、天理之所宜（顺乎天道自然的法则）。由此可知，"义"乃一切道德之根基，也就是利的取舍准则。以义制利是给欲利的追求提出一个标准，也就是说，对个人利益的追求有一个正当与不正当的问题；对私利的追求，凡符合"义"的要求即是正当的，凡不符合"义"的要求就是不正当的，这就是所谓的"取之有道"。在对利的追求上，问题不在于是不是追求私利，而在于对私利的追求是否合理；不是要笼统地反对追求利欲，而是要对利欲的追求提出一个正当与否的标准。只要符合"义"的要求就是合理的；相反，如果所求不符合"义"的要求，那就是不合理的。

义与利是中国古代哲学的一对范畴，古往今来的哲学家、思想家所思辨、争鸣的一个课题，同时也是商人在经营活动中不可回避的一个重要问题。义利之辩或曰义利之争从封建社会发端的春秋时期就已经开始，而以儒家为代表的义利观占据着优势主导地位，并构成了中国传统文化的重要内容。儒家重义并不排斥利，而是要求人们"利不背义"，并且坚决反对"见利忘义"。2 000 多年来，儒家的义利观深刻影响着中华民族的思想和行为，同样也影响着晋商的思想与行为。

晋商的义利观是"利以义制"，重利而不忘义，信义是他们奉行的重要信条。"宁可少赚钱，不能失信；宁可不赚钱，不能失信；宁可赔钱，也不能失信。"这是晋商经商长期坚守的道德准则。因而他们构筑起了无形的财富——信誉。信誉和顾客对经商者来说都是极为重要的，用今天的眼光来看，它是一种无形资产，而信誉必须凭借信义来建树。商号要争取和吸引顾客，就必须对顾客讲信义。在这一基础上才会让顾客盈门，生意才会兴隆，达到“人己两益”。晋商强调信义先于利，很大程度上正是看到了它可以赢得顾客的信赖。

二、利以义制的具体表现

晋商在处理义与利的关系上，讲究利以义制，不发不义之财。“仁中取利真君子，义内求财大丈夫”，晋商恪守“诚信仁义，利以义出，先予后取”的经商原则。显而易见，晋商把先义后利，以义制利作为经商的价值取向，他们创造的显赫业绩皆源于行仁义之道。

对于票号业来说，信义显得更为重要。当时社会几乎没有什么保障机制，晋商能把几乎全国的金融汇兑业务运转起来，凭的就是他们的人格和信誉，凭的就是信义，“甚至深宫之中亦知西号之诚信相符，不欺不昧。”可以说，明清晋商这座大厦，就是建立在信义的基础之上的。

作为一种价值观，义与利几乎渗透到晋商的一切经营活动之中。晋商认同了儒家的义利价值观，多以义为准则，非义不取。明代曲沃的富商李明性“尤善导人于善”，家庭中有人放高利贷，他“召而责之，手裂其券，自是举宗凛凛”。

正所谓“与人交，信义秋霜，能析利于毫末，故人乐取其资斧”。晋商靠“诚信为本，信誉第一”的商业道德和敬业精神，赢得了世人的称赞。

（一）在一般商贸交往中的表现

《续文献通考》在评价晋商诚信时说：“山右钜商，所立票号，法至精密，人尤淳朴，信用最著”。连外国人也十分赞叹晋商在经营过程中坚守的诚信与仁义。《英国领事报告》（1875—1876 年）中称：“（上海）与内地各省的汇兑业务以及中国人对通商口岸的交易所签发的票据，全部都经过山西票号。很多山西票号在上海都设有分号，它们的信用很高。”上海汇丰银行也评介山西票号说：“二十五年来，汇丰与晋商做了交易，数目达几亿两，但没有遇到一个骗人的中国人。”

（二）在追求商品质量上的表现

把质量放在第一位是晋商的不懈追求。他们主张货真价实，诚信不欺。太谷广升远药店，制作名贵中成药龟龄集、定坤丹，参非“高丽”“老山”不选，茸非“黄毛”“青茸”不用，故声名远播，药品上只要见“广升远”三个字，买主就信得过。祁县大德通票号存款户以山西本省最多，放款却多在外省。1930年蒋阎冯中原大战后，晋钞大幅度贬值，约25元才能兑换1元新币。[①]如果大德通对存款户以晋钞付出，票号可以趁晋钞贬值之机发一笔横财，可是大德通并没有这样做，而是不惜动用历年公积金，不让存款户吃晋钞贬值之苦，结果大德通票号信誉益著。

（三）在信用信义上的表现

1900年，“庚子”事变后，京津地区商业一片混乱，很多当铺、钱庄被抢劫一空，山西一部分票号现银也被劫掠，账簿丢失，损失极为惨重。但山西票号没有发生一起赖账行为，只要存款者持有汇券，就可以在全国各地的票号分号取得现银。这极大地提升了山西票号的声誉和信用度，为此后一段时间的业务经营起到了巨大的促进作用。蔚丰厚掌柜李宏龄说：“自庚子之变回京后，独我西号声价大增，京中各行推重。即如官场大员无不敬服，甚至深宫之中亦知西号之诚信相符，不欺不昧，此诚为商务之大局。”又说：“至是之后，信用益彰，即洋行售货，首推票号银券最足可信，分庄遍天通国，名誉著于全球。”

明代晋商王文显（1469—1523年）幼年因家境贫寒而弃儒从商，40余年中足迹曾“西至洮陇，逾张掖、敦煌，穷玉塞、历金城，已转而入巴蜀，沿长江，下吴越，又涉汾晋，践九原、迈九河，翱翔长芦之域”[②]，终至大富。其成功之道：“文显之为商也，善心计，识轻重，能与时低昂，以故饶裕。与人交，信义秋霜，能析利于毫末，故人乐取其资斧。又善审势伸缩，故终身弗陷于井罗。”[③]寥寥数语，即道出王文显经商的诀窍。一是善计算筹较，能析利于毫末；二是能宽诚待人，严守信义，善心计而不行奸诈，取义利而无市井之气。[④]王文显对子孙的教诲是“夫商与士，异术而同心。故善商者处财货之场而修高明之行，是故虽利而不污；善士者引先生之经，而绝货利之径，是故必名有成，故利以义制，名以清修，各守其业，天之鉴也。如此则子孙必昌，自安而家肥富。”[⑤]这些都明确地指出了晋商在经商过程中对“义”和“利”的选择，即“先义后利，以义制利”。

---

① 张正明：《晋商与经营文化》，上海：世界图书出版公司，1998年，第57页。
② 李梦阳：《空同集》卷44《明故王文显墓志铭》。
③ 同②。
④ 葛贤慧：《商路漫漫五百年》，太原：山西经济出版社，2009年，第188～189页。
⑤ 同②。

第三节　以人为本

李宏龄曾在《票庄协同庆始末记》中讲道："统观始末，成败得失，皆系乎人。人存则举，人亡则废，凡事皆然。"晋商领中国商界之风骚，执全国金融之牛耳，其中一个经营法宝就是其坚持了以人为本的原则，达到了知人善任的状态。

一、以人为本的精神特质

中国古代统治者为维护君主专制的统治总是以"君权神授"的理论来迷惑劳动人民，用天意、天命为其统治加上合理的解释。与此同时，古代的先哲提出了"以人为本"的历史命题，尤其是先秦时期的诸子百家从不同角度阐述了"以人为本"的重要意义。"以人为本"最早出现在《管子·霸业》中："夫霸王之所始也，以人为本。本治则国固，本乱则国危。"儒家以人为本的管理思想则强调：政治清明与否、社会风尚的好坏取决于管理者的道德素质；管理者的道德素质表现在用人上，用人得当，便是人君有德，用人不当，便是人君无德；用人要"以德取人"，所取之人重在修身律己。①

许多政治家、思想家深知合理用人对治国安邦的重要性，并提出了独到的用人观点。孟子认为："尊贤使能，俊杰在位，则天下之士大悦，而愿立于其朝矣。"荀子认为："尚贤使能，而等位不遗。""贤"主要是指人的思想境界、道德品质，"能"主要是指人解决问题、完成任务的本领。他认为没有能力的人不能被任命为官吏，每个官吏的等级地位，要与他们的贤能程度相当，这也就是"量能而授官，皆使其人载其事而各得其所宜"。用人必须先知人，知人是合理用人的前提。司马光认真总结了历代王朝更替的经验教训，发现都与用人有关，得出"兴亡在知人"的结论。只有知人，才能做到"任其所长，不任其所短。故事无不成，而功无不主"。

市场竞争的核心是人才的竞争。不论从事商品生产和商品流通，还是从事借贷业务，从业人员都必须掌握专业知识、专业技能。拥有这样的人才，企业才能繁荣昌盛。否则，企业肯定会面临失败。从根本上来说，人才是企业的根本和决定企业生死存亡的关键因素。

关于人的重要性，中国历史上有一句名言："得人心者昌。"晋商深有感悟，

---

① 信德俭：《明清晋商管理思想》，北京：中国社会出版社，2008年，第20页。

“得人者昌，政界固然，商界何独不然！”“得人心者昌”的核心思想体现在企业的用人机制上，力求做到任人唯贤。只有任人唯贤，才可以“得人”，才可以昌盛；也只有任人唯贤，伙计们才干得顺心，心往一处想，形成强大的凝聚力。以事业为重者，必须重视知识、尊重人才和重用人才，不徇情、不嫉贤，不分亲疏远近，甚至内不避亲，外不避仇，贤者用之，不贤者罢之，因此，掌柜与伙计同心同德，企业才能繁荣昌盛。

二、以人为本的具体表现

晋商在以人为本管理上非常重视人才的甄选、培训、考核，使员工在企业的发展过程中也不断提升个人能力，真正意义上体现出了自身价值。

（一）任人唯贤，唯才是举

晋商用人秉承任人唯贤、唯才是举的原则，并坚持“用人不疑，疑人不用”的宗旨。只要商号的伙计有真才实学，可以不拘一格，不受条条框框的限制，破格任用。例如，中日甲午战争爆发后，东北局势动荡混乱，各行各业均受损失，票号业务损失尤为严重。山西祁县合盛元票号在东北的业务也严重受损，在此境况下，票号大掌柜贺洪如认为号内年方 18 岁的申树楷有大才可以担当营口分号经理一职。在申树楷到任之后，他很快将票号在东北的业务做得如火如荼，迅速恢复并不断扩展，并在不久之后，将合盛元票号的分号开到了朝鲜和日本，开创了我国金融业走向国外的新纪元。

任人唯贤，要使贤才得以充分发挥其才能，还必须知人善任，用人所长。人的智力是有区别的，有的善于开拓进取，有的稳健，有的善于交际，有的擅长文书，有的具有领导才能，有的只宜做某一专业，因此，必须用人之所长，各得其所，于事业才有帮助。

晋商各家十分注重大掌柜人才的选拔。“得人则兴，失人则衰，认真察看则得人，不认真察看则失人”，这就是晋商的用人之道。太谷曹家富生峻钱庄在东北开办之初，聘用很有才干的贺洪水担任了总掌柜。但是在开业头几年，贺洪水连续两次将曹家的本钱赔光。不过曹家财东仍然珍惜贺洪水的才干，认为商号亏损乃客观使然，丝毫没有责难贺洪水，反而连续两次拨付资本鼓励贺洪水继续发展，结果终于转败为胜，曹家随之成为东北地区的金融大户，在此基础上又开设了“富盛泉”“富盛成”“富盛义”“富盛长”等几家商号。

在人才培养方面，晋商还制定了一系列严格的人才选拔和培养制度。进入商号之前，要对学徒的智力、人品等进行考察，而且必须有人从中给予担保和举荐，否则不能入号。入号后，在学徒期间，要从业务素质、职业道德等方面对学徒进行全方位的培训。在业务上要规范，熟练掌握商品的鉴别以及相关商业和金融知识，同时为业务沟通便利还要学习满语、蒙语、俄语等多种语言。另外，在职业道德方面还有十不准等规范，还要用儒家的修身立业思想加以熏陶。如大德玉票号掌柜高钰就“命阖号同人皆读《中庸》《大学》，盖取正心、修身而杜邪教之人”“黜华崇实，不为习俗所移，且盖加慎敏，延名师教育青年伙友，讲名著，培养立身基础”。

晋商以人为本的用人理念，不拘一格的选人、用人之道以及严格的培养人才制度为晋商的持续发展提供了大量人才保障。其中包括日升昌票号经理雷履泰、蔚泰厚票号经理毛鸿翙、大德通票号经理高钰、保晋矿务总公司经理渠本翘等一大批成就卓著的杰出人才。正是由于这些人才的鼎力支撑，才铸就了晋商数百年事业的辉煌。

晋商以人为本、知人善任、任人唯贤的培养人、激励人、凝聚人的管理制度与方法是维系商号长期发展的根本。晋商贾而好儒，他们用儒家思想指导其经商实践。在著名的晋商中，一部分人是读书人经商，从小受儒学熏陶，其思想观念带有深厚的儒学色彩。另一部分人则是家境贫寒，凭艰苦奋斗的精神创业，一旦家境稍殷实，便让其子弟读书，使子弟“读书明理”，而后子承父业，进而实现家业大兴。作为商人不计纤细小利，而是从儒学中领悟商号经营的诀窍，进而凝练出取予积贮，审时应变的经营之道。

（二）重视教育，立德树人

晋商很重视员工的培养，学徒入号须经过三年的训育，训育的内容包含各方面，而对品德方面的教育最为重视，“忠诚”“信义”“仁爱”“克己”之类的警句更是口不离心，心不离口。许多商号办号内学校，聘请名师教育员工，讲名誉培养立身基础，要求员工读儒学典籍，目的在于让员工自觉修身正己，提高员工抵制社会不良恶习的能力。经商与儒学融合这是晋商的一个鲜明特点。

晋商怀着谋生“不可责之他人”，经商“不辱其身”的信念，将儒学引入商道，使儒学与经商紧密融合。大多数晋商对于儒家所宣扬的仁、义、礼、智、信等思想十分崇尚，他们把儒家思想作为安身立命之本。为此，他们不仅把儒家的学说当作自己“正心修身而杜邪教之人”的必修课，而且把它作为经营好商号的根本宗旨。在他们看来，只有对儒家文化深入学习，才能明白立身为人、处世办事的道理，也才能在经商活动中伸展自如，进退有据。修儒学，其根本目的在于提高商号的经商品位，赢得社会的认同，获取更多的商业利润。因而，“贾而好儒”成为晋商独具的特色。

在经营实践中，晋商注重人的管理，“借驾驭人理来变幻物理，借调度人性来开发物用，借策动人心来提升物价，借操纵人事来消弥物争。”[①]从而实现商业活动中最大限度地获取利润。他们深深地体会到，“事在人为，得人则兴，失人则衰”[②]；“以留意人才、培养人才、挑选人才、鼓励人才为第一要义。”[③]晋商把人看作商号经营的第一要素，用人来驾驭、调理事物。

晋商把人力资源看作商号的第一资源，他们注重培养和提高员工的素质和技能，使员工的潜能得以发挥，从而最大限度地实现个人价值，为商号创造巨大的经济效益。晋商中的东家、掌柜许多都是从“小相公”做起，而后才一步一步地培养、锤炼、成长起来。“相公”一词，来源于封建社会朝廷中对宰相和他人的称谓。晋商把刚进商号学徒的少年称为“小相公”是取其贬义，专指那些地位卑贱、专门伺候人的练习生。

明清时期，晋商的员工大多是从“小相公”做起，但练习生录用、遴选是非常严格的，“票号收练习生，以为培养人才的根基。”[④]“当练习生，求人说项之时，恐有不良遗传，必先问其以上三代做何事业，出身贵贱，再侦询本人之履历资格，当面测其智力，试其文字，如属合格，择日进号。为郑重人格起见，名曰请进，即明白宣示，个个同人有升任经理之资格，使其得以安心服务，随处发挥智能。果为杰出人才，短期间即可得到相当职务，促其实地工作，造就常识经验。”[⑤]

晋商不仅重视练习生的培养教育，而且也很重视对其他员工们的培养教育。大德通票号在高钰任大掌柜期间，开办号内学校，聘请名师传授儒学，培养伙友的敬业奉献精神，艰苦奋斗的传统美德，简约自律的高尚人格，团结和睦的合作风尚，运筹帷幄的业务能力，还有榆次常家、太平尉家、刘家都延师办学，培养商号伙友，以提高其素养。正如冯骥才先生评价晋商：“他们头脑灵活，审时度势，学养皆佳，视野开阔，行商很有远见和大略。”晋商把儒家思想作为安身立

---

① 贾嘉麟：《商家智谋全书》，郑州：中州古籍出版社，2002 年，第 2 页。
② 李燧，李宏龄：《晋游日记·同舟忠告·山西票商成败记》，太原：山西经济出版社，2003 年，第 122 页。
③ 李燧，李宏龄：《晋游日记·同舟忠告·山西票商成败记》，太原：山西经济出版社，2003 年，第 139 页。
④ 卫聚贤：《山西票号史》，上海：中央银行经济研究处，1944 年，第 57 页。
⑤ 颉尊三：《山西票号之构造》，1936 年，未刊稿。

命之本，意在把阖号同仁培养成为具有儒家思想品德，明白人情事理的人才。只有这样，才能在商贾活动中伸缩自如，进退有据。因为晋商在其经商实践中悟出了儒学真谛，深谙儒学“义”与“利”的辩证关系。因而他们把儒学伦理作为商号经营的根本宗旨，其目的在于提高商号同仁的整体素养，提高商号的经商品位，赢得社会的依赖和赞誉。

（三）强化培训，完善考核

一个企业的兴盛，首先，要拥有一批高素质的员工。晋商开设的店铺遍布全国，既有繁华的大都会，又有众多的荒野和不毛之地；既有舟车可以代步的地方，又有跋山涉水、走草地、过沙漠，人烟稀少的地方。在恶劣的环境下，如果一个人怕苦怕累，那么企业是不可能成功的。其次，不论年轻人还是年长者，不论在总号供职还是在分庄供职，也不论总号设在山西境内还是设在外省都不准带眷属，且都是清一色的男性。这种苦经过磨炼就会遇苦而不苦，形成吃苦耐劳的奉献精神。有了这种吃苦精神，不论被派往何地都会勇往直前，认真工作。为了培养职工的这种精神，晋商就员工的班期进行了规定。班期最初多为四年，四年之内，不准回籍探亲。驻满班期，方准回总号。总号在原籍的当然可以探亲；若总号在外省，探亲不知多少年才会有一次。晋商的企业是用班期，也就是用几年的时间去磨炼职工吃苦耐劳的精神，从而使每个职工都成为适合店铺经营的所需人才。

这种班期还具有考核职工才能的含义。事靠人做，实际才干如何必须有一个过程。时间太短不利于培养人才。只有在一定时间内，使其经营业务的才能，由不懂、不熟到精通和熟练，考核其应变和不同情况下交易的能力，从而决定职工的升迁。评价一个职工的才能与业绩，不能就一事一时而论，而要放在一定的历史时期，观察其全部过程，这也是班期的一个本意。

（四）塑造人格，廉洁奉公

晋商兴盛于清代，自嘉庆年间外国鸦片贩子将鸦片输入中国以来，吸食鸦片、赌博等横行社会，社会风气败坏。在这样的环境下，晋商却能够出淤泥而不染，把企业办好、办成功，这与他们对员工人格的塑造密不可分。晋商为拥有适合自己经营需要的人才，并使好人不至于变坏，对人格的塑造方面投入甚大。这种塑造或培养用条规形式固定下来。这样既使职工有了明确的锻炼目标和行为约束的条款，又使总经理考核职工有了制度规范，实现了规范化的管理，从而使所有从业人员明白，合格者留下，不合格者离开，从而做到号规面前人人平等。所谓人格既指人的道德品质，又是人的气质、能力、性格的总和。人格的存在确立了人的本体存在，而人格的优劣则决定着自我的回归和失落。做事先要做人，做人先要端正人格，确立自我，使自己具有合乎道德规范的品行，合乎大众准则和社会需要的气质、能力和性格。关于人格的塑造，晋商主要从以下四个方面加以推进。

第一，招聘没有社会恶习的职工，开除吸食鸦片、赌博的职工。吸食鸦片，耗资伤身消磨人的意志，严重者甚至骗人钱财、偷盗、卖妻卖子，成事不足，败事有余。赌博、嫖娼同样使人失节乱行，贻误号事。所以晋商的号规规定，凡有吸食鸦片、赌博、嫖娼者，号规规定一经发现，一律辞退出号。在鸦片、赌博、嫖娼横行的时代，晋商能够通过号规杜绝恶习、造就不染恶习的职工。号规既保证了事业的成功，也防止职工沾染恶习，弘扬了中华民族艰苦朴素的传统美德。

第二，招聘廉洁奉公的职工，开除假公济私的职工。一切从事商业和金融业的企业，职工既与商品、货币打交道，又与各商家往来，私心重的职工必然会贪污受贿，或者向商家浮挪暂借、故意拖欠款项。如果发生这些不良行为，对内将会造成企业利益受损，对外则破坏企业的声誉，影响与往来商家的关系，甚至商家不再愿意与本企业交易。因此，每个企业都要制定严格的号规，对职工的不良行为进行约束和规范，锤炼职工廉洁奉公、不谋私利的品行。如果职工故意冒犯号规，轻则教育降薪罚款，重则辞退出号，永不录用。由于晋商非常重视塑造职工的人格，很少发生职工贪污的事件。

俗话说：“吃人嘴软，拿人手短。”不论做买卖还是放账，如果职工凭借自己掌握的业务权利向往来商家借钱或买物不付钱，那么往来的商家有次货、积压货要销售，或者商家经营不善发生亏损时，必然会形成内外勾结，使企业蒙受巨大的损失。所以在号规中有这样的规定：“各码头人位，不准向号中相与之家浮挪暂借，街面置买货物亦不准拖欠账目。如有此事，轻者降罚，重者出铺。”

为防派往各地分号的职工在外贪污，在其出外时所带的衣物和下班后回总号所带的衣物，总号要求留底和清点，而且要先回总号，不准先回家后到总号。有的号规规定：“各码头伙友外出之时，将己身衣物零星等件，就祁（祁县总庄）点明留底，随己往外带一底折。如在外逐年买过衣物零星等件，就外留一底鉴，以便逐宗划价。下班之日，除将原带出衣物零星等件不划价值外，所逐年新置之衣物等件，逐宗开一新折，就外划价，一同带回，以便祁铺查核。如货物与价值不符，祁铺另结。”除此之外，如为家庭购置的衣物，向家庭邮寄之前，必须先寄到总庄，由总庄转送职工家，不准直接向家庭邮寄。通过这些号规的约束，每个职工都不敢有私念，杜绝了违法乱纪之事，都能堂堂正正做人、本本分分做事。作为银行业的职工，或者自己有积蓄，或者亲朋好友有托管的银钱，不论从家向外汇兑还是从外向家汇兑，都必须由职工所在企业汇兑，不准拿自己的钱借企业之名放账生利。

第三，招聘和睦团结的职工，开除蛮横无理的职工。经营企业以和为贵，和气才能生财。企业需要职工同舟共济、共克难关，才能解决面临的诸项困难。如果上不爱下，不关心职工难处；下不尊上，不听从指挥，相互不团结，形不成合力，企业是不可能发展好的。所以晋商开设店铺，不论规模大小，都非常重视职工的团结和睦，反对不团结的人和事，用各种号规规范职工的行为。如“各处其位，皆取和衷为贵，在上位者固宜宽容爱护，慎勿偏袒；在下位者亦当体量自重，无得放肆。倘有不公不法之徒，不可朦胧含糊，外请者就便开销；由祁铺请用者，即早着令下班回祁出号”。为确保和衷共济，防止相互诬陷和挑拨离间，进一步规定，除“各处首领赶冬月内与祁铺首领写一保荐人位贤愚封口信，务要秉公实呈，以凭赏罚”外，“其内外伙友，不准致函总号。万一有不通之事，只可写开口信，俟后报祁。若有一字隐瞒，即以号规论处”。

第四，招聘公私分明的职工，开除占企业便宜的职工。晋商所谓的公私分明就是企业的物不能据为己有，该自己花的钱不能让企业开销，井水不犯河水，做一清二白的好职工。自我国有了民信局及清末的国家邮政开始，在外地的职工给家里寄送物品变得更加方便，但有些职工将自己的私人物品与字号的公用物品一起打包寄送，增加了企业的费用支出。为此，有的企业规定，职工物品少许不加限制，若重量在“二十斤以上，脚价自出，记入支使账，由薪金内扣除”。

晋商开设的企业为把职工造就为企业需要的人，从多方面去规范职工的行为，使其人格升华，赢得社会赞誉，为其发展和成功奠定了精神和物质的基础。就塑造职工人格这一点来讲，对当今各类企业也都有普遍意义。

第四节　儒贾相通

在中国古代社会，最受尊敬的莫过于士儒阶层，他们修儒学，塑造优秀的“士德”，以修身、齐家、治国、平天下为己任。晋商在经商过程中，非常重视塑造自己的商德，将优秀的商德作为商号和做人之本。

一、儒贾相通的精神特质

中华民族的传统文化一般被认为由儒、释、道三大板块组成。中国文化观念繁复纷纭包罗万象的大宇宙大世界概括为天、地、人三大要素，佛教以“空色观”对天，有自己建构严密、恢宏博大的宇宙观、人生观及理想目标；道家以“有无论”对地，以滋养万物的大地为载体，追求养生长寿、成仙得道的乐趣；儒者以“仁爱说”对人，弘扬“仁者爱人”主张，意在建构一个运行有序、友爱大同的社会。

儒家以经世济民、修身治国、齐家平天下为己任，行“大义”而鄙“小利”，故“君子喻于义，小人喻于利”的观念在儒教治国的中国封建社会长期流传，重“义”的儒和重“利”的贾似乎彼此隔绝，不可相通。可是到了明、清两代，商品经济迅速发展，资本主义开始萌芽，一向“重农抑商”的封建统治者对商人的依赖逐渐加强，对商人的禁锢渐趋放松。晋商抓住机遇提出了“儒贾相通”的主张，意在理论上获得重大突破，使“义”与“利”、“儒”与“贾”不再对立而相互融通，为经商牟利正名和提供理论依据。晋商明确提出儒可贾，贾可仕，二者并不排斥，且可兼而得之。

晋商贾而好儒，被称为“儒商”。所谓儒商就是在从事商品经济活动中，以儒学伦理为指导思想，讲诚信，履中和，利以义制，受到广泛尊重的商人。商业活动同其他活动一样既需要敬业精神，又需要敬德精神。儒商在经商活动中体现了儒家的价值理想，“德业并重”“诚信仁和”“先义后利”等是儒商所遵循的重要原则，这些原则正是民族精神的所在。儒商以诚信为本，重视商业道德，文明经商，不取不义之财，取之于社会，用之于社会，他们具有超越功利的道德追求和历史责任感。儒商在更广泛的含义上说则是泛指有文化、有知识、有道德的商人。儒商的特征可以概括为以下八个方面。

第一，以德经商。经商者应具备人君之德，亦可成为圣贤之人，将儒学的伦理作为行商的指导思想；用儒学教育员工，以儒德统御员工思想。

第二，诚信笃实。经商以诚信取信于社会，以至诚服务于顾客；不自欺，更不欺人。

第三，以义为上。取利以道德信义为依据，坚持“仁中取利，义内纳财”“利以义制。”

第四，履和蹈中。经商中和，不偏激；“使无事不达和谐的境界”，为自己经商创造和谐的人际环境。

第五，善待相与。对合作伙伴，以诚相待，当合作者遇到困难时，主动帮衬，共渡难关。

第六，爱国恤民。国家有难，慷慨解囊，致富不忘国家；赢利致富与善举结合，民众有难，乐善好施，广结善缘。

第七，精打细算。在经营上，善于捕捉商机，薄利多销，精于核算。

第八，宽严相济。对待员工，既关怀体恤，又铁面无私，功过厘清，赏罚分明。

明清的晋商是显赫一时的“儒商”，他们曾为国计民生，为资本的原始积累，做出了巨大的贡献。在经商过程中，明清晋商修儒学、明人伦，塑造了诚信笃实、义孚天下的商人形象。

明代蒲州（今永济）商人杨光溥，“生而秀慧，有立志，幼治《周易》，日夜思考，用心甚苦，以家累不获卒业，久久成帙，题之曰《日用录》。”①

展玉泉是明代山西蒲州人，聪敏而豪爽。从小跟随其父经营盐业，长期的耳濡目染，精通经商之道。他办事讲究效率，精打细算，但不斤斤计较。在做生意时，别的商人和他销售的货物相同，往往盈利比他人多。尽管如此，他毫不吝啬，为乡里筑桥修路，捐资兴学，乐善好施。明朝政府为了补充财政收入，按入资多少授予一定的官职，展玉泉经商致富后，便入资数百银两，得授河南商丘驿丞。展玉泉虽然入资做了官，但蒲籍商人却很器重他的为人，并称赞他“荣其贾而能仕，仕而不失其世业。”②

河曲商人常怀礼“始而业儒，孝友成性；继而服贾，信义孚人。纵鲍叔之宏通，慕弦高之豁达，贸易中罕有其人”。③

渠本翘以儒入仕，以官经商，最终走上继承祖业的道路。渠本翘自幼天资聪颖，勤学不怠，精通经史。光绪十八年（1892 年）中进士，任内阁中书，实现了科举时代“琼林赐宴”“春风得志”的愿望。光绪二十九年（1903 年）以外部司员派往日本横滨领事。他吸取了儒学治人、治事、治国的道理，多谋善断而应变自如，以信义诚厚而深孚众望，特别是在 1906 年清政府将山西煤矿开采权卖给英国英福公司时，他团结商界，出面筹措白银 150 万两，赎回矿权，挫败了英福公司掠夺山西煤矿资源的阴谋，彰显了晋商的爱国反帝精神。在西方银行与票号争夺汇兑业务时，山西票号遇到了前所未有的危机，渠本翘与李宏龄力主改革票号，组建晋商汇丰银行，因遭到晋商保守势力的阻挠，改革计划未能实现，因

① 张四维：《条麓堂集》卷 27。

② 张四维：《条麓堂集》卷 28。

③ 王家屏：《复宿山房集》。

而使晋商失去了发展机遇。渠本翘在开创民族资本工业、挫败英福公司掠夺山西煤矿阴谋、票号改革方面都做出了卓越的贡献。

儒家本身并不是为商人而创造的经商理论，但是晋商把儒学作为商人的必修课，如乔家大德通票号的大掌柜高钰要求全号员工都读《中庸》《大学》，襄汾刘家、榆次常家等商家创办号内学校，聘名师讲儒学，目的在于培养员工的道德素养，盖取正心、修身。商号招收的学徒必须经过三年的培养历练，三年中以修身养性的品德教育为主要内容，"忠诚""仁爱""信义"的教诲可谓是铸魂塑心的教育。美国管理学家德鲁克曾说过，管理越能利用社会传统、价值与信念，则管理的成就也越大。晋商崇尚儒学就是发扬儒家道德教化传统，把儒学的伦理思想转化为以德经商的价值观，进而内化为员工的坚定信念。

商号的管理与运作主要依赖于员工的"内在控制"（德治），即通过提高全体员工的道德素养达到自我控制、自我管理的目的。明清时期的山西票号遍布全国各地，由于当时的交通条件、通信条件限制，总号的掌柜或东家不可能具体管理各地分号及其员工。如果有贪图私利之念，暗自胡作非为的员工就很难监管，因而员工的自我控制就显得非常重要。自我控制就需要道德自律，儒家德治思想的核心是倡导人的道德修养，重自律、轻他律；重教育、轻监督。因而，晋商培养员工以儒经商的价值观就是要把儒学的德治精神转化为员工自我控制的内部动力，使品德修养与经商水乳交融。

儒家从"人性本善"出发，执着地追求"内圣外王"，通过修身教化和儒学的学习，可以"致良知"，可以做到"非礼勿视，非礼勿听，非礼勿言，非礼勿动"。晋商相信通过德治学说熏陶教化出来的员工能够做到"富贵不能淫，贫贱不能移，威武不能屈"，能够"杀身成仁，舍生而取义"，更能做到"先义后利，临财不苟得，临利不苟取"。通过"吾日三省吾身"，做到克己奉公，知荣辱，明廉耻。

晋商还认为经商活动实际上是人与人的交往活动。凡是人际交往就有一个形象问题，人的形象有时决定着人际交往的成败，进而影响着商品交换。晋商修儒学就是要把自己打造成具有儒学修养的商人，处理人际关系以儒学的伦理道德为行为准则，善待人与事。因而，晋商把儒学与经商很好地融合起来，把儒学的伦理品格纳入商人的职业道德之中。晋商通过对儒学伦理的继承、弘扬、开发、筛选、利用，使其成为指导自己经商的思想武器。

"学而优则贾"是晋商的一大特征，似乎与儒家的"学而优则仕"背道而驰，但晋商却将二者进行有机融合，塑造了"儒商"形象。晋商学而优则贾，造就了一个个豪商巨贾，也造就了精明、诚信的晋商群体，晋商之所以能雄霸商界数百年，无疑是“学而优则贾”之功。在成功的晋商中，一部分人从小读私塾，受儒学熏陶，思想带有浓厚的儒学色彩，经商之后，其行为自觉不自觉地受儒学思想的约束和支配。另一部分人则是其父辈凭着艰苦奋斗的创业精神，奠定了殷实的家业，为其子弟创造了读书的条件，读书明理，而后继承父业，进而实现家业大兴。在以商为末的社会里，晋商敢于学而优则贾，将儒学引入商道，“舍儒就商，用儒意以通积贮之理”是他们对儒学的大彻大悟。《山西通志》和一些县志记载了清代一些弃儒经商的人物，如临汾县刘珍，字宝光，太学生，为人长厚，少以家计，弃儒就商。刘先觉，庠生，弃儒就商，每有盈余，与诸父兄分之。曲沃县仇云，太学生，幼习儒，后弃儒就贾，客陕西凤翔，建三晋会馆。平遥县郝文明，幼业儒，以父命，辍读习贾。……稷山县监生段景芳，聪敏嗜读，为境遇所迫，托业服贾，而持身处世有文士风。① 在明代，山西大同府天城卫有薛氏三兄弟，他们分别务农、做官和经商，各尽其业，最后成为当地著名的大户。薛纶在长兄自我牺牲精神的鼓舞下，发愤读书，在隆庆二年（1568年）登进士第，进入仕途。万历十年（1582年），任陕西按察司复使。不久，辞官回乡。有人很惋惜他的离职，他却说：“我有幸继承先辈之产业，兄耕弟贾，助我求学，才有今日之位，我愿已足矣！”

“生子有才可作商，不羡七品空堂皇”，反映了明清晋商学而优则贾的价值取向。到了清代，这种轻学重商的倾向更加明显，以致山西无一状元。

二、儒贾相通的具体表现

晋商将中华民族传统的儒家文化与经商有机地结合起来，实现了文化与商业的无缝对接，并创新地提出了“儒贾”这一称呼。

（一）习儒经商

晋商常怀礼是始而业儒，继而服贾的弃儒经商者。明朝曾任礼部尚书的王家屏在《复宿山房集》中是这样评价常怀礼的：“始而业儒，孝友成性；继而服贾，信义孚人。纵鲍叔之宏通，慕弦高之豁达，贸易中罕有其人。”

明代的蒲州富商王瑶以诚信取利，虽然本人弃儒经商，却殚精竭虑培养子孙通过科举考试入仕，同时将自己所学儒理用于经商，获益匪浅，得利至巨。同是蒲州富商的展玉泉，以贩盐为业，走儒贾兼得之路，发财之后便花钱捐官，做了

① 黄鉴晖：《晋商经营之道》，太原：山西经济出版社，2001年，第24页。

河南商丘的驿丞，实现了“贾而能仕，仕而不失其业”。商人王文显训诫子弟时所言，所谓商与士，虽然职业不同，但机理却相通。真正善于经商者在商海搏击中同样应当讲求高尚的道德，获取正当利益而不致不仁不义，身处金山银海而不污高洁心性；真正善于为士者须遵循先哲之教诲，不图货利之财而应争取认同。在儒、贾、义、利相通观的影响下，多数晋商以诚信为本，视信誉为生命，讲究重名修德，并使之成为晋商群体人人遵循的商业道德规范。《杨氏家谱》中记载：“侧身士林，则学为本业；寄迹田畴，则农为本业；置身曲艺，则工为本业，他如市尘贸易、鱼盐负贩，与挑担生理些买卖，皆为商贾，则商贾即其本业。此其为业，虽云不一，然无不可资以养生，资以送死，资以嫁女娶妻。”清世宗雍正二年（1724 年）有奏折称：“山右（今山西）积习，重利之念甚于重名。子弟之俊秀者，多入贸易一途，其次宁为胥吏，至中材以下，方使之读书应试。”因此，晋商在明、清两代经商已成风俗。山西人重商，但是并不排斥读书，读书不只有入仕为官的唯一选择，还可以借商弘德，增加以商为业者的文化色彩和成就感。

大多数晋商从小习儒，儒家的伦理道德在其脑海里留下了深刻的烙印。晋商认为，经商如同为士，同样要做到“内圣”，也就是要求经商者必须具备高尚的道德修养，才能经营好自己的商号，“经国济民”达到“外王”的目的。晋商还从儒学中吸取有益于经商的伦理道德，依据儒家的“己所不欲，勿施于人”“己欲立而立人，己欲达而达人”的“仁爱”思想，关心职工，以顾客为上，推行“爱的管理”和“人情味管理”，以激发员工爱商号如家的热情，充分调动员工的主动性和积极性，这是晋商崇尚儒学的根本所在。

晋商崇尚儒学，并且对儒学的深刻内涵有独到的理解。儒学以“仁”“义”为核心，强调重义轻利，这种思想有利于培养员工正确的人生观、价值观、世界观，塑造商号良好的形象。孔子提出“仁者爱人”，强调人的伦理精神，要求建立以人为本的社会理念和道德责任，体现人本精神的深层内涵。晋商以“仁爱”之心激发员工对真、善、美的追求，使他们珍惜自己、热爱商号，把自己的命运与商号的生存发展紧密结合，形成强大的凝聚力，以达到经济价值与实现个人人生价值的高度统一。儒学还强调得人心者得天下，所以要想使商号在经济和政治风浪中渡过困难，获得更大的发展空间，重要的是获得员工的人心，进而使他们在商战中立于不败之地。

在经商发财后，晋商又以家族资财投资于教育，以培养习文弄墨、知书识礼、有文化高素质的经商人才，以便为商业这一载体注入文化的灵魂。祁县大德通票号规定：“各处其位，皆取和衷为贵。在上位者固宜宽容爱护，慎勿偏袒；

在下位者亦当休量自重，无得放肆。”此类规定是儒家以和为贵、宽厚、仁爱、谦恭、尊卑有序等观念的具体反映和体现。儒贾相通在晋商群体中已成为普世价值观及行为规范，并发挥到极致。晋商作为一个群体有极强的凝聚力、亲和力、向心力，以血缘、亲情、宗法为纽带联结在一起，以兴建在外乡的会馆为载体加强互通信息和彼此的聚会，沟通、交谊、协调关系，化解矛盾，消除摩擦。晋商或以籍贯或以行业形成不同商帮，以联号制和股份制形成商业集团和劳资利益共同体。他们以学儒所得知识武装头脑，因而博学、多识、机敏、睿智，能够审时度势，抓住机遇，随时应变，调整方略，做到薄利多销、诚信专一、慎待相与、节俭自律。晋商的群体团队精神、超强的竞争能力、高超的经商之道与经商艺术，是其长盛不衰、称雄商界若干个世纪的重要原因。①

（二）以儒治企

“用儒意以通积贮之理”，儒家的信用观、义利观影响着晋商的伦理素质和商号价值观的确立。晋商把深邃的儒学与丰富的经商实践有机结合起来，领悟了儒学的真谛，自觉自如地将其运用于经商实践中。

除自己培养人才外，晋商还不惜重金从同业人员中聘用人才。任用贤才，必须给贤才以合理的报酬，贤才才乐意将自己的才华奉献给商号。如果只是使用贤才，而不考虑贤才的物质利益，或者论资排辈压制贤才，人才则可能跳槽。晋商商号之间重金聘用和拉走人才并不少见，而每一位被拉走的人才都给所聘用的商号创造了极大的效益。这里说的重金主要体现在顶身股的份额上。

第五节　政商融通

晋商的发端、崛起乃至兴盛与封建官府存在着千丝万缕的联系，这种联系可谓普遍而深入。

一、政商融通的经济动因

晋商与封建官府之间之所以会出现融通，更多地源自商人的寻租以及当时的社会经济发展大背景。双方各取所需实现了经济上的双赢和利益的共享。

① 王宝库，王鹏：《晋商文化之旅》，北京：中国建筑工业出版社，2004 年，第 34 页。

（一）无法取得法人地位

商品交换是行为人之间交换劳动的过程，也是“双方共同一致的意志行为”。[①] 黄宗羲说：“世儒不察，以工商为末，妄议抑之，夫工固圣王之所欲来，商又使其愿出于途者，盖皆本也。”[②] 尽管商业是一个社会不可缺少的独立部门，但在我国古代，“士、农、工、商”的社会序列使商人始终无法取得与其他阶层平等的社会地位。它常常作为“末业”为社会上层所抑制。“商人不仅因为他们的寄生本性遭到蔑视，而且因为他们威胁到既存的政治权威和支撑该权威的价值体系而被猜疑。”[③] 无论中国、埃及、巴比伦、罗马、希腊还是中世纪的欧洲，都存在着鄙视商人并限制商人的司法和政治权利的历史记载，中国尤为突出。在传统社会，由于“商人的定义几乎就是说引起了社会的不安”，[④] 封建国家和政府总是试图通过禁榷、专卖、官工等制度将商业部门纳入宗法专制政体内进行管理。发源于宋，兴盛于明的边疆互市贸易，明代前期所执行的“开中”采办制度以及清廷所控制的“十三行”贸易均为政府特定政策或军事行动的直接产物。晋商在很大程度上是借助封建政府对边境用兵或其他政策而迅速崛起的，他们对封建政府存在着先天的依附性。

时至明清，随着商品经济的发展，作为流通经济支配者的商人角色已为社会所接受和必需。当时的政府为了维护自身的统治，需要商人予以配合。而商人在无法取得法人地位的情况下，也必须获取一定的政治权利来进行垄断经营。在很多时候，官僚依靠商人的财务支持而诞生；商人凭恃官僚的权力去不断追求财富，并通过“官商”“皇商”的形态实现两者的一体化。作为官商不仅可以经营国家所控制的特殊产品，而且可以惠及宗族、亲戚，从商业活动中获取高额利润。封建国家和政府正是通过一个“人情化”的市场，运用简单的财政原则来取代商品交换原则；通过“官商”“皇商”方式将商人直接纳入官僚体系。许多晋商因受封为皇商、官商而“赀益大起”，甚至获取功名，出任中央或地方官吏，他们上通朝廷、下连市廛，成为半官半商的豪门商人。明代蒲州人展玉泉经商于山东，因多次捐输百金，而出任归德府商丘驿丞。代州人杨继美也因经营两淮盐业而出任祭酒（从四品）之职。蒲州商人韩某通过向边仓交纳粮食，而受封为义官。平阳府襄阳县高瓒也因经商“有功”而出任指挥同知。

---

① 《马克思恩格斯全集》第 23 卷，北京：人民出版社，1972 年，第 102 页。

② 黄宗羲：《明夷待访录·财计三》，北京：中华书局，1981 年，第 41 页。

③ 陈锦江：《清末现代企业与官商关系》，北京：中国社会科学出版社，1997 年，第 20 页。

④ 同③。

明清晋商之所以同官府紧密联系是由于其无法取得正常的法人地位。法人地位的核心在于法人财产权的取得，即行为人对自己的财产拥有独立的占有、支配、使用、转让等权利，这是一种通过社会强制而实现的对某种经济物品的多种用途进行选择的权利。在我国古代，商业始终被国家的行政部门及各级官吏所控制，商人自身则是宗族、家族血缘关系网络中不可缺少的一环。尽管商品经济不断发展，商人的社会角色日益突出，但它对政权的依附性却有增无减，始终作为宗法专制制度的基础而存在。虽然我国早在先秦时期就确立了土地等财产的私人占有权，但由于在封建社会"普天之下，莫非王土；率土之滨，莫非王臣"，劳动人民都是封建国家的子民，"天子者，天下之父母也""臣之于君也……若子之事父"。皇帝即国家、即政府，作为"中华大家庭"之家长具有绝对的权威。在人的方面，"视天下人民为人君囊中之私物"；在物的关系方面，"视天下之莫大之产业，传之子孙，受享无穷。"

晋商在经商活动中从来就没有得到国家法律的认可而享有同其他社会阶层同等的地位，山西票号从19世纪20年代诞生起，直到1910年前后一直就没能在政府部门注册备案，其权利义务也没有任何法律保障。虽然其他商号在开业时必须进行"挂幌"仪式，并按律例进行纳税，但却时常因与政府官员的亲疏程度不同而具有很大伸缩性，其权利与义务也很不对称。与政府和官吏相比，商人是处于社会下层的一个弱小群体。我国传统的法律不可谓不详备，但却始终是以刑法、行政法来代替民法和商法，缺少必要的对经济责任的明确界定，交易主体之间的关系从来就没有得到过很好的规范。"在一个政治支配经济的社会中，衡量经济效率的标准在于经济制度结构在多大程度上保证了政治权力无限的统治地位。"在一个权利本位的社会中，弱者的生存策略便是依附于强者。除上述直接受封为"官商""皇商"而进入官僚体系外，晋商也常常通过其他各种方式积极地结托政府官吏，其手段一般有以下三种。

一是帮助穷儒寒士入都应试，直到走马上任，或通过家族内部分工，支持其子弟跻身仕途。山西票号产生之后，"各省士（试）子入都应试，沿途川资，概由票庄汇兑。川资不足，可向票号借款。对于有衔无职的官员，如果有相当希望，靠得住的人，票号也喜欢垫款，替他运动差事……寒儒穷士感激票庄济急，一旦发达，则公私款项必皆存于票庄。"[①] 据查阅《山西票号资料集·书简篇》可知，蔚泰厚票号在致苏州分号的信中称："所有李北春兄等之功名，均已递捐，伊用过咱平足银一百四十七两零八分。黄伟、司霭云二位各用银一百四十五两零八

① 陈其田：《山西票庄考略》，台北：华世出版社，1937年，第153～154页。

分。周学浩、郑锡周二位各用银一百一十八两四钱”。晋商不仅通过为穷儒寒士垫付银两获取功名的办法事先结交官吏，而且还常常在家族内部进行官商分工。

二是代办捐纳和印结，输银加封，购得虚衔。早在明代，许多富商大贾就通过捐输银两而获取职衔。蒲州大盐商张四教和其叔父张遐龄就是通过捐纳而获得了龙虎卫佥事和太医院吏目。时至清代中后期政府为筹措经费，大开捐纳，按虚实官衔等级定价，输银加封，即所谓“文官可至道台，武职可待为游击、京堂二品，鬻实官并卖虚衔，加花翎而宽封典”。[①]山西票号的财东和其主要经理人员都捐纳银两，买有各级职衔，可谓人人风光，个个堂皇。由于社会地位的不平等，商人们不仅通过支持其子弟入仕做官，自捐官衔以满足自身的社会效用，达到光宗耀祖、风光门庭之目的，他们甚至还通过“报效”“进贡”朝廷以赢得皇帝和官员们的嘉许和认可。

三是通过各种方式“行媚权贵”，加强与达官贵人的私人交谊。明代蒲州出身的许多商人，都同张四维等官僚存在密切联系，如王海峰、韩玻、徐昂等。清季山西票号同官僚们的私交甚笃：大德通票号与赵尔丰、马玉琨、岑春煊、丁宝铨等政府官员往来密切；蔚泰厚票号与江苏地方官吏王锡九等“交结甚厚”；合盛元票号汉口经理史锦刚是两湖总督瑞徵的干儿子；百川通、协同庆同张之洞关系较为密切；蔚盛长交好庆亲王；三晋源交好岑春煊；日升昌则交结历任粤海关监督、庆亲王、伦贝子和赵舒翘等达官贵人等。“票庄与官僚私下的交结，更多趣闻……在京的几个大的票庄拉拢王公大臣，在外省的码头，不啻为督抚的司库”。[②]

商业作为一个独立的经济部门有其自身的发展规律和运行机制，商人作为商品交换的主体应当具有起码的人格。但在小农经济占支配地位的社会中，在传统伦理道德约束下的商人很难自行结合起来以争取独立人格和合法地位，更何况，历来个人反抗国家强制力的惨痛教训，导致他们对国家规章制度的冷漠与顺从，而不管这些规章制度是多么不堪忍受，这使得他们在长期的经营实践中逐渐养成了“是官当敬，凡长宜尊”的卑微性格。因此，无法取得法人地位是晋商结托封建政府和各级官吏的根本原因。

（二）特定的产权结构

封建国家和政府总是通过政治强制力来控制市场、价格进而控制商人。战国时期的“平籴法”，汉唐时期的“均输平准”“常平仓”，宋代的“市易法”等实

① 张正明：《晋商与经营文化》，北京：世界图书出版公司，1998 年，第 93 页。
② 陈其田：《山西票庄考略》，台北：华世出版社，1937 年，第 152 页。

质上都是国家控制商人的实现形式。时至明清，商品经济的发展已经突破了封建国家完全控制市场价格的能力，但政府仍然采取“召商”贸易，通过部分商人官商化等替代形式严格控制着商人的数量。尽管商品经济的发展和商人数量的增加，能够给统治者带来更多的税收或者特许费，但对他们来说保持现行权利体制的稳定和长期在位本身就是一笔巨大财富。封建国家事实上像一个带有歧视性的垄断者那样在活动，统治者在“租金”和“效用”最大化的前提下，根据社会各个阶层的竞争力和讨价能力而赋予其不同的产权形式。“士、农、工、商”的分工序列本身就代表着不同的产权划分。“晋升为士”不仅是求得官位步入仕途的问题，而且也是人们获取更高一级产权的关键。明万历时耿橘观察了当时的社会分工状况和获利情况后曾说：“农事之获利倍而劳最，愚懦之民为之；工之获利二而劳多，雕巧之民为之；商贾之获利三而劳轻，心计之民为之；贩盐之获利四而无劳，豪猾之民为之。”[①] 事实上，当时并不存在经济意义上的垄断或进入障碍，获利之不同在于经营产业之不同，经营产业之不同在于经营者所拥有的产权不同，而产权的不同安排则同其与政府（官吏）的关系直接相关。晋商之所以积极地依附于政府，结托各级官吏，在很大程度上就在于当时社会的特定产权规定。官商结合不仅是他们获取经商资格的起码条件，也是他们直接或间接挤入仕途成为具有一定国家代理人色彩的商人，进而增强其在经商活动中有形或无形竞争力的有效途径。

晋商通过官商关系不仅在既定的政府政策中获得了更多权利，经营着特权商品和义务，而且由于“一种产权制度下的行为不同于另一种产权制度下的行为，”[②] 晋商从自身利益出发还在一定程度上影响着政府规则的制定与变迁。道格拉斯·C. 诺思指出：“产权的出现是国家统治者的欲望与交换当事人努力降低交易费用的企图彼此合作的结果”“对交换当事人来说需要花费一定资源去影响政治决策者改变规则”。在传统社会政府行为的软约束机制下，这种产权结构更能刺激晋商去改变政府规则的动机。

（三）节约交易成本

商品交换是行为人相互交易自己产权的过程，交易成本概念与产权概念密切相关。晋商在经商活动中所产生的交易成本主要包括三个部分：一是为收集、整理市场信息以确定交易而支付的成本；二是在交易过程中必须支付给政府的税收；三是为洽谈、监督、执行交易所支付的成本。获得关于交易机会的信息是进

① 顾炎武：《天下郡国利病书》出自《四库全书存目丛书》，济南：齐鲁书社，1996年，第190页。
② 道格拉斯·C. 诺思：《经济史上的结构和变革》，上海：上海人民出版社，1994年，第89页。

行交易的前提。尽管市场上存在对某一商品的供给和需求，但由于信息不通所造成的时间和地点的错位却常常使交易难以发生。这种情况下的需求将成为无效需求，供给也成为无效供给。得到关于交易机会的信息总是需要花费一定的时间、金钱和努力，许多信息成本高得足以使交易无法进行。如果获取信息所需要的费用能够降低，额外的交易机会就能够得到利用。而在传统社会市场严重不完全的条件下，信息的获取效率不仅比较低下，而且不同的人在复杂的市场关系中常常处于不同的地位，这无疑阻碍着信息的正常流动。明清时期的各地方小市场的普遍存在和隔离在很大程度上反映了远距离地区交易的获利机会的信息缺乏。在封建社会，各级政府及其所供养的军队无疑是最大的消费者，并且相对于下层贫苦人民来说，各级官吏及其上层阶级理所当然的是各种名贵货物最有支付能力的需求者。晋商在北方所掌握的恰克图毛皮贸易也主要是供大贵族、大官僚所享用，而国内市场上的政府消费则进一步刺激着晋商的长足发展。

晋商在明初抓住"开中制"的良好契机，经营盐业贸易，由此发展起来。在明朝初期，蒙古人不断侵犯北部边疆，明政府就在北部边疆建立军区。其中，最重要的军区就在山西大同一带，当年驻兵的人数有80多万，战马就有30多万匹，如此庞大的军队，最需要的就是粮草。明代初年，交通不便，粮食运输非常困难。山西官员上书给朱元璋，提出了一个建议：让政府以盐业经营权为奖励，让民间商人把粮草运到北部边疆，解决北部军队的粮草问题。其具体方案是：让民间商人把粮草运到北部边疆的军区，然后，按照交粮草的数量发给商人"盐引"。盐引是当时进行盐业贸易的凭证，用盐引就可以到采盐地去换成盐，再拿着盐到指定的地区进行零售。盐一直是由政府垄断经营的，而盐赋之利，约占天下流动财富的一半，利润丰厚。

由于山西南部有盐池，卖盐、取盐都非常方便。同时，那里也是主要的粮食产区。晋商早就有做粮食贸易的传统，因此，山西人借着明政府奖励盐引的机会，迅速地壮大起来，形成了晋商。到了明代中期，晋商的盐业经营遇到了困难。因为盐业制度由"开中制"改为了"折色制"。"开中制"是把粮食运到北部去换成盐引才能做盐的买卖；而"折色制"又将盐业经营权给了另一批商人，商人在内地就可以拿钱买盐，然后运到各地去卖。这时候，盐商就分为内商和边商，留在边疆运粮食换盐引的叫边商，在内地用钱换盐的叫内商。这时候的内商其实就是徽商，徽商就是这个时期兴起的。明政府之所以把盐业制度由"开中制"改为了"折色制"，是因为当时的徽商长袖善舞，在吟诗作对、歌舞游戏之时，得了官府的欢心。政府就把盐业贸易的经营权交给了徽商，徽商通过官商结合迅速致富。徽商的一斤盐卖到三钱银子，相当于160斤大米的价格。内地的盐业贸易被徽商垄断，渐渐超越了晋商。然而，由于后来得到王崇古和张四维这两个大官的支持，晋商又慢慢找到了新的机会。这两个朝廷官员积极支持朝廷开放贸易，允许中国人和蒙古、俄国等其他国家做贸易。晋商的盐业贸易受困之后，逐渐转向对外贸易，也有了长足发展。

事实上，王家和张家就是明代有名的山西商业望族。王崇古中了进士以后，做过兵部侍郎，还做过大同总督，王崇古的弟弟就是做盐业生意的。张家的张四维是在张居正当内阁首辅的时候进入内阁的，是大学士。他弟弟的生意做得也很大。张王两家又有亲戚关系，王崇古的姐姐嫁给了张家，王崇古是张四维的舅舅。当晋商遇到困难的时候，张、王两家都是晋商的强大后盾。成也官商，败也官商，清代初期的时候，晋商也是借了官府的“东风”。明末晋商就和满洲商人进行交易，据说在做买卖的过程中还给满清人提供一些情报，所以在满清入关后，清朝政府就把八家与满清人做买卖的晋商封为皇商，专门替皇家采买物品。在康熙年间（1662—1722年），康熙皇帝镇压蒙古叛乱，山西的范家负责运送粮草到前线，帮清政府节省了600万两白银。作为报酬，范家就向清政府要了对日贸易权。当年这项贸易利润最高，1 000两银子的瓷器、丝绸在日本可以卖到1万两银子。然后，再用这1万两银子从日本买回铜运回国内，这样就可以赚到5万两银子，一趟日本贸易的利润就是50倍。经过皇帝批准，范家做起了对日贸易。但是到了乾隆年间，范家经营亏空，被抄了家，皇商的势力衰弱了。后来崛起的是乔家、曹家，这些人在创业的时候没有官方背景。乔家、曹家的创业者都有两个特点：第一是穷，第二是没有文化。乔贵发是“走西口”去内蒙古闯荡，而曹家是闯东北。他们靠着辛苦闯荡有了一些经济基础。但是在封建社会，要把买卖真正做大还要靠官方的关系。官商结合就不是靠亲戚关系了，而是用行贿等卑劣手法。

张之洞在做山西巡抚时，晋商就觉得他前途无量，想讨好他。于是晋商们调查了张之洞的爱好，就给张之洞送去了他所需要的。后来，张之洞想离开山西，去做两广总督，可是当官是要花钱的。晋商了解到这一信息后，当下就给了张之洞10万两银子。结果，张之洞顺利成为两广总督。他不忘晋商的恩惠，让晋商的票号在广东开分号，让两广财政的银子都通过晋商的票号来汇兑。清末，晋商很想结交慈禧太后，但是一直没办法接近她。最后靠着大德通票号的大掌柜高钰，才得以成功。高钰是一个公关高手，善搞官场关系，他与许多在山西做过官的大臣私交都很好，经常鞍前马后地侍奉他们，其中就包括编写清史稿的赵尔巽。同时，他与很多王爷、贝勒、贝子关系也非同一般。当时，八国联军进了北京，慈禧太后要逃跑，由内务府大臣桂春安排路线，而高钰和桂春私交甚笃。桂春把路线安排好之后就写了一封信告诉高钰说慈禧太后几月几号到山西，准备住在祁县，让他们做好准备。高钰知道这是结交慈禧太后的绝好机会。到了那天，慈禧太后就住在乔家，乔家给了慈禧太后非常好的招待。乔家又送了她 20 万两银子，从这以后，慈禧太后改变了对晋商的印象。回到北京后，慈禧太后做了一个决定，根据《辛丑条约》的规定，中国给西方国家赔款 10 亿两白银，清政府将这 10 亿两银子的业务交由山西票号经管。

事实上，当年赔款的操作是由清政府分配到各省的，慈禧太后回去后规定，每个省交赔款的时候不直接交给清政府，而是交给当地山西票号的分号。然后，由票号把这笔钱汇到英国的汇丰银行，再由汇丰银行交给各国政府，10 亿两银子的汇费就相当可观了，而且有的省没钱，交不上来，晋商就借钱给省政府完成朝廷的任务。实际上，晋商通过这笔买卖挣了两笔钱：一笔钱是汇费，另一笔是借款利息。1900—1910 年，晋商达到辉煌的顶点是因为慈禧太后给了他们赚钱的机会。慈禧太后对晋商一直念念不忘，还想成立大清银行准备让晋商来办，可惜晋商并没有理解慈禧太后的好意，因而错过了这次机会。

晋商的衰落实际上也归究于官商结合。晋商当年借给各地方政府很多钱，但是清政府垮台以后，这笔钱就没有人还了。晋商各地的票号一共借出了 700 万两白银，绝大多数都损失了，这对晋商是一个致命的打击，晋商在成功的同时就埋下了失败的种子。因为在封建社会，政府掌管着一切资源和政策，对整个国家有绝对的支配权，可以呼风唤雨，政府想资助谁，谁就可以发达。比如，茶叶贸易，当年要领取龙票，也就是贸易许可证。晋商能够一直垄断茶叶贸易是因为他们很容易从政府那里领到龙票。政府要谁垮台，同样是很容易的事。又如，范家曾经很辉煌，但政府想整他，在乾隆年间抄了范家，之后范家一败涂地。商人的命运是掌握在政府手里的，不走官商结合之路，晋商就不可能成功。然而，晋商只看到了官商结合的正面效应，却没想到官商结合也存在巨大的风险，而这种风险是非常致命的。

（四）特殊的合约锁定关系

产权本质上是一种权利，而通过合同治理产权的交易，则是这种权利研究的核心。当理性的个人察觉到某种行动能增加其权利的价值时，就会采取行动，无论是国家、官吏，还是商人，都是如此。尽管商人作为弱者，其行为和活动受其地位的严重制约，同政府、官吏之间很多时候并不存在自愿性的协议，但他们基于共同利益而结合在一起的行为仍具有很强的合约性质，特别是商人同官吏之间的交往，这一特性更为明显。因此，把晋商同政府、官吏之间的关系纳入合约框架，将有助于突出重点。

由于特定的法律制度和市场的不完善，明清时期的商业经营具有很大的不确定性，加之传统的文化观念和社会心理的沉积，商人们易形成较为保守的经营理念，对风险的害怕和担心使得他们总是千方百计地规避或分散风险。著名经济学家张五常指出："在规避风险的假定下，如果合约当事人规避风险的费用低于从所规避的风险中获得的收益，那么这个人就会试图规避风险。""人们选择不同的合约安排是为了在交易成本的约束下，从分散风险中获得最大收益。"[①]也就是说，在相同的成本约束下，人们总是倾向于选择最小风险的合约安排；而在既定风险条件下，人们则倾向于使其成本最小化。官商之间的合约锁定关系主要就是基于双方共同利益的选择。

首先，由于政府官员的腐败行为和纯政府行为的低效率，明清政府常常需要引入商人来完成某些项目，而商人为了获得垄断特权，也常常钻营于政府政策。官商、皇商现象实际上也是政府与商人之间在特定条件下的一个"合约"关系。清王朝对边境用兵，在粮草"多不能继，公私苦之"的情况下，皇商范氏"不劳官吏，不扰闾阎，克期必至，省国费以亿万计，将帅上其功"。[②]清政府在无款无饷的困境下得到了晋商的大力支持，筹到了战备物资与军饷，从而取得了西征大捷。当然，晋商为此也换取了许多利益保障，克服和分散了许多商业风险。"数年以来，归化城商人糊口裕如，家赀殷富，全赖军营贸易生理"，[③]每逢战时，"米价加昂，各物亦贵，凡有田地及贸易之人获利甚厚。"[④]晋商还常常利用同官府的密切关系，代理政府购买物资。乾隆二十四年（1759年）亲王桑斋多尔济就曾秘密动员商人"支官银购买仍不露官办形迹，已交易后，派员送张家口……"[⑤]使政府与商人两相得利。皇商范氏获得专利采办洋铜期间，将中国丝绸、瓷器、药材、书籍等贩往日本，购回洋铜，既解决了政府铜源之急，又使得自己获得丰厚利润。当然，以官商、皇商及其他形式与政府结合在一起的合约关系，在降低商业风险的同时也承担了政治风险，而且随着社会环境的变迁，这种风险变得越来越大。范氏皇商虽于乾隆四十八年（1783年）破产而被查封，但其家族历经顺康雍乾四朝，兴盛长达上百年，大大长于一般商人家族鼎盛的生命周期，其实力更使其他商人家族无法抗衡。

其次，晋商通过与官吏们的私人利益锁定关系来进行转嫁、分散和克服风险

---

① 张五常：《佃农理论》，上海：商务印书馆，2000年，第92页。

② 陆元鏸：《介休县志》卷9《人物》，中国台北：成文出版社，1976年，第697页。

③《清高宗实录》卷20，北京：中华书局，1985年版，第487页。

④《宫中档乾隆奏折》第42辑，中国台北：国立故宫博物院，1986年，第335页。

⑤《清高宗实录》卷580，北京：中华书局，1986年，第401页。

的色彩更为明显。商人为了顺利经商常常需要借助官僚的威慑力量，而官吏们为了极为便利地取得经济利益，也乐意接近商人。在很多时候，他们的升迁也必须依赖富商大贾的金钱支持才能顺利实现。

在无法取得法人地位和传统社会特定制度安排下，晋商通过结托政府获得了特殊的经营资格，继而走上了一条独特的官商结合之路，最大限度地节约了经商活动的交易成本，并转嫁、分散和克服了经营风险。他们凭借明清政府的边疆用兵和开发政策，利用开中法而崛起，在边商向内商转化中继续经营政府的特权商品，并不失时机地转向多业经营。他们以北部边镇为基础积极向全国各地乃至东南亚和欧洲拓展，足迹"遍天下"，由此，晋商成为明清时期最有影响力的一支地方商旅。

二、政商融通对晋商发展的影响

尽管晋商从政商融通中获得了巨额收益，但也极大地束缚了其长远发展，同时给后人以无限的警示。

（一）经济收益逐渐降低

社会的变迁与政府财政上的压力迫使晋商所面临的产权结构发生了根本改变。近代的清政府内忧外患，为了弥补巨额的财政亏空，不得不转让部分产权以换取税收。赋税和强制征收已经在很大程度上改变了社会产权结构，而外国势力的介入和政府权力的下移则进一步削弱了官商关系能够给商人带来的收益。随着清朝国势日下、财政拮据，清政府开始劝商捐输报效。晋商因同政府之间的密切联系常常成为被劝输摊派和勒索的主要对象，商人们的捐输越来越多，而获得的收益却不断减少，可见捐输报效也越来越具有强行摊派的性质。为了解决财政困难，清政府进一步将捐纳制度化，进行赤裸裸的卖官。仅捐监一项嘉庆二十一年（1816年）至道光十年（1830年），便有监生20余万人。捐纳和捐输开始只限于京城，太平天国运动之后，各省均派员设局自行办理，价格也一再折减以相招徕。

随着社会环境的变迁与产权结构的变化，官商结合发展商业的经济绩效在递减。晋商在商业发展战略上存在很强的"路径依赖性"，在近代化过程中沿着这一路径不断自我强化，最终被锁定在一种低效率状态下逐渐走向衰落。

（二）交易成本不断增加

交易成本概念与产权概念密切相关，产权结构的不断变迁影响着交易成本的持续变化。国家最终对产权的效率负责，而国家“仅仅在那些统治国家的人的福利最大化目标的范围内促成和界定有效率的产权”“国家往往确定规则以使统治者及其集团的收入最大化，然后在一定的约束下设计出降低交易费用的规则。”[①]因此，政府的财政压力总使其不得不千方百计地寻找新的资源，而很少顾及这样做对生产效率的影响。

封建国家的“税收”是影响晋商商业活动的关键，也是其交易成本的核心。虽然“我国旧习，轩士轻商”，[②]重农抑商的观念在古代社会占有支配地位。从唐朝开始，商人所缴纳的捐税比农民轻；清前期“摊丁入亩”的赋役改革，也充分体现了国家重征农而轻征商的税赋原则。商业税收的下降极大地刺激了明清时期经济的发展和商人数量的增加。

许多新型商人通过独立发展商业的形式节约了大量捐输、捐纳和报效支出，他们甚至还依附于外国商人以避免厘金盘剥，将工商企业设在通商口岸或租界内以避免官吏们的强征豪夺与战乱的影响。尽管这些商人没有完全摆脱传统文化观念的影响，在商业经营中也离不开实力官僚的支持。但他们在发展外向型经济和同外商接触中接受了许多近代商业知识和其他专业知识的教育，受到了西方商业经营管理模式的较大影响，眼界为之开阔。

（三）风险递增

近代社会环境的变迁和官商合约的不完全性使晋商承担了过多的政治风险，在这种官与商的合约关系中，双方从一开始就存在着严重的不平衡性。政府的权力基本不会受到任何限制，他们可以根据自身的需要随时变更合约内容，而商人却不得不遵守他们根本就没有相约，甚至事前一无所知的义务。虽然作为官商、皇商能够获得一定的职衔，但他们也必须划归特殊的户籍管理，一旦编入商籍，子孙便相继不允许自由退出。实际上，官商合约是将经济风险与政治风险捆绑在一起的一种合约关系。当社会比较安定、政府财政比较充裕时，商人可以依托政府进行垄断经营，规避经济风险。而一旦政府所面临的政治风险增加时，商人便不可避免地深受其害。近代社会的变迁必然使封建专制主义的清政府走向灭亡，从而也使晋商的潜在风险大为增加。

① 道格拉斯·C.诺思：《经济史上的结构和变革》，上海：上海人民出版社，1994年，第35页、第45页。

② 王国平，唐力行：《明清以来苏州社会史碑刻集》，苏州：苏州大学出版社，1998年，第116页。

第3章

明清晋商主营业务的开拓与创新

明清晋商在主营业务上不断创新，尤其在盐业、茶业、票号业、工矿业等领域取得了举世瞩目的惊人成绩，不仅如此，他们还将经营范围扩展到丝绸、粮食、棉布、瓷器等行业，几乎占领了全国市场。

第一节　盐业

盐是人类生存所必需的消费品，关系着国计民生，而晋商的兴起与盐密不可分。东汉经学家、文字学家许慎编著的《说文解字》释盐曰："盐，卤也。天生曰卤，人生曰盐。"[①] 按照许慎的说法，自然形成的是卤，人力加工而成的称为"盐"。司马迁在《史记·货殖列传》中曾说："夫天下物所鲜所多，人民谣俗，'山东食海盐，山西食盐卤'，岭南、沙北固往往出盐，大体如此矣。"虞舜所作的《南风歌》中对山西河东盐池描述为"南风起，盐始生"，指出池盐不假人力、自然结晶的生产方式，赞颂池盐既能满足部落民众的生存需要，又能增加国民财富。

一、晋商盐业创业史

河东盐池位于山西境内中条山北麓，东起安邑，西至今运城，长50余里，宽约7里，周回约120里。池居中央，四周皆高，形如釜底。距今有4 000多年

① 高春平：《晋商学》，太原：山西经济出版社，2009年，第13页。

的生产历史，在《山海经》里它被称为“盐贩之泽也”。[①] 早期的人类围绕着盐池聚集生活，黄帝和蚩尤为了争夺盐池连年进行战争，夏、商、周都定都于此。盐造就了中国第一批商人，而这些商人指的就是晋商。他们在几千年的历史中不断革新制盐方法，勇于突破。

先秦两汉时期，河东盐池属于自然生成，日晒风吹，盐颗自结，不需煎煮，人工利用天日晒盐法在世界范围内属于首创，早于通过煎熬“煮海为盐”的古代制造海盐法，并且河东池盐在硝板上进行晒制也属于世界独创。而且早在西周时就用池盐祭祀并设盐官管理。据《周礼》卷二记载：“盐人，掌盐之政令，以供百事之盐。祭祀，共其苦盐、散盐。”苦盐，即河东池盐，因盐内含硫及芒硝，故味苦。在西汉初期，盐池自由开采，到汉武帝时接受桑弘羊的建议实行盐铁专卖，由政府控制河东盐的生产、运输、批发与零售，盐商的活动受到严格限制。

唐代，人们通过长期的探索与改进，终于在生产方式上进行了大的改革，尤其南北朝以来的实践到唐代时形成了垦畦浇晒法，这是造福人类的伟大创举。盐池不再集工捞采，收自然之力。唐代张守节对蒲州一带产盐的描述为：“河东盐池是畦盐，作畦若种韭一畦。天雨下，池中咸淡得均，即畎池中水上畔中，深一尺许，日曝之，五六日则成，盐若白矾石，大小如双陆，及暮则呼为畦盐……其盐四分入官，一分入百姓也。池中又凿得盐块，阔一丈余，高二尺，白色光明洞彻，年贡之也。”

河东盐池的垦畦浇晒法经过宋、元、明、清各代的生产实践与不断改革，日趋完善，形成了独特的生产系统：一是硝板上晒盐，通过硝板发生化学变化，起到吸热保温、助长晶析的作用。二是在晒制过程中给卤水加入淡水，其作用是增加盐的结晶。三是借助南风成盐，南风在河东盐池晒盐过程中是不可或缺的关键因素，起加速卤水蒸发的作用。但是如果出现西南风或东北风，则会影响盐的生成，形成盐衣不浮，结晶里出现“粥发”现象。

宋代，解盐生产由国家经营，与民争利，政府实行雇佣劳动制。整个制盐过程都属于封建官营手工业，这是汉朝“盐铁官营”的延续。宋太祖建隆二年（961年）正月，国家设立提举制置解盐司，由解州刺史周训兼任两池榷盐制置使，负责管理河东盐务，提举制置解盐司，奉朝廷之命，在盐池附近各州、县征集盐场劳动力，编为固定的畦户，这些劳动力被称为“畦夫”，他们受到盐衙差遣使用，完全没有行动自由。畦夫的生产程序是：首先于开春入池，垦土为畦。盐田被分

① 高春平：《晋商学》，太原：山西经济出版社，2009年，第14页。

为众多小块，四面筑起小土埝，被称作“畦地”。然后通过盐田中的沟汊将东南部的黑河卤水引入畦内，进行浇灌，并利用季候风（东南风）吹拂和烈日暴晒，蒸发水分，浓缩盐质。最后，待结晶成盐后，起畦收盐，搬运到盐庵储积。

元代，蒙古贵族建立的蒙汉地主阶级实行联合专政。由于蒙古游牧贵族缺乏经营工商业的经验，因此，元朝在公元1231年占领运城盐池后，废弃了唐宋时期广泛采用的垦畦浇晒法，重新恢复比较落后的天日暴晒、自然结晶、集工捞采、民制官收的生产方式，最终导致解盐的产量大减。“河东之盐，出解州盐池，池方一百二十里，每岁五月，场官伺池盐生结，令夫搬摊盐花。其法必值亢阳，池盐方就，或遇阴雨，则不能成矣。”[①] 后元世祖忽必烈统一全国，为了尽快巩固自己的统治，在政治上“遵用汉法”，在经济上采取一系列恢复和发展生产的措施。另外，元朝创建了盐务专城——运城，对河东盐业的生产管理尤其稽私方面起到了非常积极的作用。据张正明先生研究，运城的发展不同于西欧中世纪的城市，它以自己的盐业经济形成独有特色，带动了整个河东地区的政治、经济、文化等领域的快速发展。

明代继续采取征集民工服役的民制官收政策，但采取的是“且种且摊”的方法，即一方面仍然依靠自然结晶、集工捞采，另一方面在破坏不太严重的畦采用垦畦浇晒法。两者并用，因地制宜。

在《河东盐池之图》的左方刻有吴楷的《南岸采盐图说》，它生动描绘了解盐采取垦畦浇晒法产盐的具体场景：“盐池南北七里，东西五十余里。其近南岸者，水颇澹，盐花罕结，下多黑泥，俗名黑河。云蕤宾之月，忽报盐生于黑河，采者苦之，余不任耳，而任目也。诘朝往视，有司者以地险辞。乃易衣乘肩舆，肩者、持者、拽者、导者计二十余人。日中始登彼岸。黑河阔一里许，洵无驻脚处，亦无所谓盐床也者。而乃风来水面，花聚池心，始疑浅红映白，俄警飘璚堆琼，开金镜于琉璃，挂玉绳于云汉，使所谓尘世佳境，恍然近之矣。于是，叹造物之无尽，惜关利之见遗，瞩南征之匪易，酌北岸之可移，驱万夫于水上，垒垒乎若银河之连珠，载筐载莒，是任是负，持掖以趋盖，将不遗余力焉。乃冒暑日之薰，盐水之虢，僵仆之灾，饥渴之害，吁可胜言哉！”[②]

为了解决北部边镇的粮饷问题，明代朱元璋推行屯田制，屯田制规定边镇军士由政府划拨空闲荒地，配给耕牛、农具、种子等生产资料进行垦殖。但是由于北部边镇地处高寒地带，产粮较少，难以供给几十万兵马所需的大量粮饷、布

①《元史》卷94《食货二》。

② 此图刻石上，高1.03米、宽1.07米，下有基座，今存运城市博物馆。

匹、草料等军用物资，因而明政府每年还得拨运粮饷供应边防。其办法有民运粮、纳粮中盐、京运年例银等数种。民运粮多由北直隶、山东、河南、山西、陕西等省农民输纳。这对农民来说是一项沉重的负担，它不仅妨碍农民耕作，而且转运费用常常超过正粮的1倍以上，贫苦农民往往因之倾家荡产。为了节省民力与运费，洪武三年（1370年）始创食盐“开中法”，开中法是明朝政府利用国家控制的食盐专卖权，让商人运粮九边，以解决北部边镇粮饷供应的一种办法。谁能把军用物资送抵边关，政府便会根据其价值发给“盐引”，商人可持盐引到指定盐场领盐出售，实际上这是一个官卖食盐民营化的过程。明代最活跃的晋商是晋南商人，晋南地处山西主要产粮区，又是著名的潞盐产区，距离边关比其他商帮近，输粮换引成本最低，就近输送军用物资于绥德、大同等边关，在这些优势的助力下晋南商人迅速获得巨额财富。后来政府改纳粮领引为纳银领引，晋商进入天津长芦盐场和扬州两淮盐场，取得扬州淮盐、天津长芦盐经营权，逐渐走向全国。

由于盐是人们生活中的日用必需品，卖盐可获取高额利润，而盐引的获得又以北部边镇交纳粮食为条件，因此，在北部边镇出现了规模较大的粮食市场，纳粮中盐成为商人获取厚利的主要途径。地临边境的晋商便借助纳粮中盐政策的实施大显身手。他们或往边镇贩运粮草、铁器、茶叶以换盐引，或于边地雇人垦荒种地（即商屯），把收获的粮食就地纳仓以换取盐引，迅速获取厚利。此外，在长芦、河东盐区，晋商也有很大势力。“明初，分商之纲领者五：曰浙直之纲，曰宣大之纲，曰泽潞之纲，曰平阳之纲，曰蒲州之纲。”[①]纲就是行帮，可见，早在明初，长芦就已有晋商的行帮。

要保证开中法的正常推行，就必须把每年仓钞上所列记的盐引总额控制在各盐场每年产量的总额以内。但是这一原则并未得到严格的遵守，仓钞所载的盐引总数，经常超过各盐场每年产盐总量。滥发盐引的现象早在明初就已经出现。

所谓存积、常股之法就是指各盐运司把每年的正盐总额，按一定的比例分为两种：按原来通行的方法支给商人的盐称常股盐，行贮存、备紧急需要粮草时开中之用的盐称为存积盐。存积盐与常股盐不同，只要商人持有仓钞，不必等候，立即予以支给。为支领存积盐而入中的粮草，要比支领常股盐多。但是常股盐与存积盐的比例是经常变化的，当常股盐的份额遭到削减时，则商人的守支期间也必须相应延长。而且对存积盐所发的盐引数额也经常超过实际存积盐的数量，因而本来应该立即支给的存积盐，到后来也要长期守支了。按照开中法的规定，本来应把粮草交到指定的边仓，天顺、成化年间，在推行纳粮开中的同时，又准予

①《长芦盐法志》卷2《沿革》。

纳银开中。此后，盐运司纳银制逐渐成为主要形式。这些纳于盐运司的银两被运到户部的仓库，作为京运年例银的一部分去支付边境的需要。由于民运粮的纳银及京运年例银的支付，北部边塞地区的银货流通量在逐渐增加，以银货为中心的边饷筹集体制也逐渐建立起来。与此同时，开中法也适应这种时代的变化，开始采用以纳银代替纳粮、纳草的办法来发给仓钞。在原来以边境为其活动区域的商人中便有一部分向内地，特别是向淮、浙地方移动。在各运司纳银领取盐引的商人便成为所谓的内商，继续留在边境地方纳粟报中的沿边土著商人便成为边商，两者的经营业务终于分化为二。

在开中制度下，任何人都可以报中，不需要资格。任何人只要把粮草输纳到边仓，就可以领取仓钞，凭仓钞即可到盐场支盐。不过，禁止官员、权势之家、公、侯、伯及四品以上文武百官本人及其家人、奴仆从事盐商业务。但这仅是原则上的禁令，早在宣德、正统年间这项禁令就变成了一纸空文。成化年间，原来理应在禁止之列的官僚显贵直接奏请皇帝取得盐引，然后转售给商人以牟取巨额利益。到弘治年间，各边中盐的特权大部分为这些人所垄断，奏请开中的权限完全为官僚所侵夺，出现了所谓的"引窝、窝根、根窝、窝底"等现象，严重影响了开中法的推行。明政府规定生产盐的灶户要将超额生产的余盐全部交官，不许个人私贩。从景泰经天顺至成化年间，余盐开禁，官卖制度逐渐取消，商人与灶户之间建立了直接的贸易往来关系。余盐的私卖本来是为了弥补正盐的缺额才加以承认，后来余盐也被准予低价在市场中进行销售。

二、晋商盐业的市场创新

晋商中有许多商人由小商贩发展成为大粮商和大盐商。如李因笃的祖先原是山西平阳府洪洞县人，最初种田兼做小买卖，开中法实施后，其曾祖父贩运粮食到延安柳树涧上，纳谷数千万石，供养塞边军数万人，可见其经营粮食之多。平阳府商人王玺往辽东贩运商品，仅十余年就成了巨富。商人王一鹤开始经商时，靠贷款在里邑卖布，后来到江浙一带贩棉布到九边去卖，资日厚。以后又于淮浙、扬州经营盐业，资大起，成了大盐商。

当时，山西盐商大多出自平阳、泽州、潞安、汾州、太原、大同等地。据史料记载："蒲多豪贾""蒲介在河曲，土陋而民伙，田不能以丁授，缘而取于商计……其挟轻资车牛走四方者，则十室九空……"[①]"长治潞浩穰邑也，俗善

① 张四维：《条麓堂集》卷20《海峰王公七十二荣归序》，山西大学图书馆藏，明万历二十三年张泰徽刻本。

商贾。”[①]

山西盐商经营规模的扩大还表现在势力范围，亦即活动地域的拓展。在运司纳银制实行之前，他们的活动范围主要为黄河流域的北方地区，到明中叶，在开中法改为折色制后，山西盐商大量地向淮浙地区移居，逐步进入了全国范围的流通领域，南北各地都有其足迹。平阳府商人席铭“历吴越，游楚魏，泛江湖，懋迁居积，起家巨万金，而蒲称大家，必曰南席云……”[②]可以说，西至西域，东到辽东，南至岭南，北迄漠北的广袤土地上都有晋商的足迹。同时晋商还把势力伸展到海外，向日本贩运人参。“崇祯壬午冬，有贾舶私贩日本，携人参值十万金……其贾多晋人。”

山西盐商势力向全国各地辐射，特别是进入两淮后的活动甚为引人注目。他们不仅在当地从事盐业，还积极办理迁居、入籍手续，扎下大营，成为两淮盐商和扬州盐商的一部分。其子孙在家庭财力的支持下攻读学业成为官僚或学者而声名卓著。例如，清初学者阎若璩始祖仲宝，于元朝初期由太原府祁县移居太原府太原县西寨村，到第七世时，“业盐策迁淮，而后世称素封，皆代有隐德，多文学士。”[③]山西盐商之所以能在财力上压倒其他商人是和他们在盐商界占据垄断地位分不开的，而垄断是当时获取最大利润的条件。

在明清时期，山西盐商的经营规模在不断扩大，活动范围遍及全国。他们在开中法实施的过程中招民垦种、输运粮草、贩卖铁农具等军需产品，对巩固边防、开发边疆做出了贡献。在长期的贩运贸易过程中，他们不仅积聚了大量资本，而且促进了地区间的经济联系，扩大了市场，对中国资本主义萌芽起了积极的推动作用。如九边之一的大同，原是风沙遍地，人烟稀少的边镇，由于以晋商为主体的商人大量前往，很快货物汇聚，“繁华富庶，不下江南”。晋南运城本是一个小镇，在开中法实行后，由于是河东盐的产地，不久便成为商旅辐辏的城市。再如，蒲州，因商人辈出，使得“蒲坂一州，富庶尤其，商贾争趋”。当时的盐业中心扬州在得到晋商和新安商人财力、物力的支撑后更加繁荣。在苏州，仅据乾隆四十一年（1776 年）建立的《山西会馆钱行众商捐款人姓名碑》所载，建设全晋会馆时在当地经营钱行捐赠银两的晋商字号名称，计有李日升、程日升等 81 家。他们在当地十分活跃，并促进了经济的繁荣。

---

① 赵南星：《味檗斋文集》卷 11《明正人兵部职方司郎中张公墓志铭》出自《丛书集成初编》，北京：商务印书馆，1936 年。

② 韩邦奇：《苑洛集》卷 6《席君墓志铭》。

③ 张穆：《张侃先生顾阎年谱》出自《阎潜邱先生年谱》，道光二十年寿阳祁氏刊本，第 5 页。

第二节　茶业

明清时期，在人数众多的山西商业大军中活跃着一支专门进行对俄蒙贸易的商队，这就是山西茶商。他们北上西向，东渐南下，在半个中国范围内采购茶叶、丝绸、土布、瓷器、手工艺品及本省烟叶、米谷、酿造品、铜铁制品等运往中俄边境的恰克图市场，以换取俄国皮毛、呢绒、五金、家畜、玻璃器皿。为适应巨量商品运输的需要，他们在没有现代化交通工具的情况下，自备大批马匹、骆驼、牛车，活跃在广袤的塞外运输线上。他们把在塞外的骆驼编为队、房，每15驼编为1队，集10队为1房，每房计驼150只，乘马赶驼之人20余名。驼行常数房相随，以致队列之驼累百达千，牛马车辆数百结队，首尾难以相望，长可里计，蔚为壮观。

事实上，名茶并不是产于山西，而盛产于江南。但明清晋商凭借自身勤俭节约、吃苦耐劳的创业创新精神成为经营茶叶的主要商帮。山西茶商自清康雍时期开始与俄商进行易货交易近两个世纪，到19世纪末衰落。山西茶商对中国商品经济的发展、国内市场的扩大、中俄贸易的加强以及两国文化交流做出了积极的贡献，谱写了一曲茶商之歌。

一、山西茶商的创业史

中国是茶的故乡。早在汉代的四川，就被人们当作饮料，到唐代饮茶已遍及全国。"茶圣"陆羽把茶的起源、种植、采摘、鉴别、泡制等都详细记载于世界第一部茶叶专著——《茶经》里，中国茶叶以色、香、味俱佳而誉满天下。

在清代，晋商同俄国人的贸易接触起自康熙二十八年（1689年）两国订立《尼布楚条约》之后。该条约第5条规定："嗣后往来行旅，如有路票，听其交易"。凡持有护照的两国商人可过界互市。清政府根据这一规定于1693年宣布"俄罗斯国贸易，人不得过二百名，隔三年来京一次，在路自备马驼盘费，一应货物不令纳税，犯禁之物不准交易。"[①] 从此，俄国商队源源来华。1698—1718年的20年间，商队共来华10次，每次人数常超过规定的200人限额，最多时甚至有800人。[②] 当时，由于俄国出口的大宗商品——毛皮受到北美洲皮货的激烈竞

① 何秋涛：《朔方备乘》第12卷《俄罗斯馆考》，光绪七年刊本。

② 王之相，刘泽荣：《故宫俄文史料》，《历史研究》编辑部编印，1964年，第7号，第279页、第281页。

争而在传统的欧洲市场出现滞销，急需扩大对华贸易以货畅其流，所以彼得一世于1697年发布命令，禁止西伯利亚各地督军阻挠商队赴华贸易，否则将处以巨额罚金，翌年又下令允许赴华俄商不必远道去莫斯科领取贸易证书，遂使俄货年输华总值达24万卢布，超过俄国对整个中亚地区的贸易总值。[①]据不完全统计，1716年，输华的毛皮总值比1698年增长了7倍多，[②]以致我国"京城商贾云集，毛皮堆积如山，作坊充实"。这一时期，俄国商队主要赴北京贸易，但也有少量贸易在库伦（今蒙古国首都乌兰巴托）、归化（今内蒙古自治区呼和浩特市）、张家口等地进行。在库伦，"康熙年间有晋商来此经商，共有十二家，当时商会之组织，即为十二家各举一商董，称为十二甲首，在东营子造屋办公。"[③]"现有二十多万卢布的皮货待售。"张家口为山西"八大家"皇商封地。"凡内地之牛马驼羊，多取给于此。贾多山右，率出口，以茶布兑换而归。"[④]因此，中俄商品交易大多由晋商进行。

1725年1月，彼得一世去世，其妻叶卡特林娜一世决定借祝贺雍正登基的机会任萨瓦·务拉的思拉维赤为特命全权大使率120人的使团及1 500人的卫队来华，要求划界并扩大通商。雍正先后派皇舅隆科多、散秩大臣四格、吏部尚书察毕纳、理藩院尚书特古忒、兵部侍郎图理琛、郡王额驸（驸马）策凌等与之谈判30余次。

1728年6月25日，中俄双方在《布连斯奇条约》和以前双方达成的初步协议的基础上，在恰克图签署了涉及两国全面关系的《恰克图条约》，共11条。在边界方面，《恰克图条约》规定以恰克图和鄂尔怀图山之间的第一鄂博（石堆标记）为起点，由此向东至额尔古纳河，向西至沙毕纳伊岭（即沙宾达巴哈），北部归俄国，南部归中国。在贸易方面，《恰克图条约》规定俄商来华人数仍照原定不得超过200人，每三年来北京一次，贸易均免税，并在两国交界处各设一贸易市场（两市毗邻，即恰克图）。从8月1日起，中俄开始了恰克图的边界贸易，并取得迅速发展。俄国私商参加边贸人数逐渐增加，最终超过官方商队而成为对

① 马克·曼考尔：《俄国与中国：1728年以前的两国外交关系》，1971年哈佛版，第169页、第186页。

② 斯拉德科夫斯基：《苏中经济关系史》，1957年莫斯科版，第43页。

③《内蒙地志》转引自渠绍森、庞义才：《山西外贸志》，山西省地方志编纂委员会办公室，1984年，第35页。

④ 镐甫：《闻见瓣香录》出自张正明，薛慧林：《明清晋商资料选编》，太原：山西人民出版社，1989年，第65页。

华贸易的主体，并随之在俄国境内出现了大批生产输华商品的工厂。[①]

恰克图被辟为商埠不仅对俄商有利，而且也刺激着晋商北上西下。勘边定界使中俄边界地区相对稳定，为双方商人过界贸易创造了条件，特别是恰克图距晋商所驻足贸易的库伦最为近便，所以在辟埠伊始，晋商得近水楼台之便，捷足先登，参与了市场的创建，并占为己有，始终加以垄断，继而深入俄国腹地，四处设庄，开展商贸活动。

在《恰克图条约》签订后，中俄两国皆不征收入口税，只对各自出口商品征税，从而使交易商品的价格较低，贸易额直线上升。到乾隆四十二年（1777 年），"俄国输入者一百四十八万四千七百十二卢布，输出者为一百三十八万三千六百二十一卢布，合计二百八十六万八千三百三十三卢布。"[②] 嘉庆二十三年（1818 年）运往恰克图的中国商品为 3 450 驼和 1 420 车，合计为 157 万斤。道光九年（1829 年）跃增为 9 670 驼和 2 705 车，合计为 377 万斤。中国的丝绸已受到俄国各阶层人士广泛的喜爱，尤其上流社会人士以身着丝绸为荣，不惜以重金相购。"妇女穿的是半丝织品衬衫，用中国平纹棉布做的裙子和背心以及大衣。姑娘们头包各种色彩的方巾。媳妇们头戴半丝织品三角巾"。[③] 中国的手纺棉布也改变了西伯利亚一些土著民族的衣着。"祖鲁海图段的边防哥萨克夏天穿褡裢布，这是一种中国棉布做的长袍，多数长袍的颜色为蓝色，还有用半丝织品做衬衫，用大布做裤子，这两种布都是用牲畜从蒙古换来的"。山西的山大黄，特别是五台所产的"台黄"由于药性甚烈，西伯利亚的居民非常喜欢。另外，牧民特别喜好中国烟叶，俄国又在西伯利亚设立制烟工厂，遂使中国烟叶成为大宗进口品。其他手工艺品、瓷器等也在俄国有着广泛市场。

在中俄恰克图贸易中，中国茶叶最受欢迎。随着茶叶进入俄国市场，俄国各阶层嗜茶者与日俱增，风行各地。尤其是西伯利亚一带以肉食为主的游牧民族，饮茶之风日炽，以致达到"宁可一日无食，不可一日无茶"的地步。"涅尔琴斯克边区的所有居民不论贫富、年长或年幼，都嗜饮砖茶。茶是不可缺少的主要饮料。午饭后必须有茶。每天喝茶可达五次之多。爱好喝茶的人能喝十至十五杯。不论你什么时候走到哪家去，必定用茶款待你"。由于茶叶需求日增，市场广阔，使之成为恰克图交易的专宠物，中俄商人也从中大获其利。据记载，"1839 年在恰克图以七百万元购买的茶叶，在下哥罗德市场上卖一千八百万元"。[④] 有些品

① 诺斯科夫：《最近八年间的恰克图贸易》，1870 年彼得堡版，第 3 页。
② 刘选民：《中俄早期贸易考》出自《燕京学报》，1939（25）。
③ 渠绍淼，庞义才：《山西外贸志》，山西省地方志编纂委员会办公室，1984 年。
④ 姚贤镐：《中国近代对外贸易史资料》，北京：中华书局，1962 年，第 2 册，第 128 页。

种转运至西欧则获利更丰。嘉庆二十四年（1819年），仅输俄茶叶一项，即高达67 000箱，约合500万磅。当时恰克图市场茶叶售价是："上品茶每磅售二卢布，中品一卢布，下品四十七戈比。若输出之茶折中皆按中品计算，中国人收入可达五百万卢布至六百万卢布。"①

晋商经营茶叶的途径是从江南贩运回茶叶，在当地销售一部分，其余大量运往中亚、俄国进行交易。晋商采购茶叶的主要地点是福建、江西和两湖。他们先是在福建的武夷山、下梅、星村，后来到湖南的安化、羊楼司，湖北蒲圻羊楼峒等地的茶市上采购茶叶。这是因为黄山毛峰茶为徽商把持，龙井茶有浙江宁波商人经营，而武夷山的茶叶既适合蒙古牧民食肉多、易上火、难消化的饮食习惯，又是茶中名品，"凡茶他郡产者性微寒，武夷九十九岩产者性独温。其茶分岩茶、洲茶，附山为岩，沿溪为洲。岩为上品，洲为次品。九十九岩皆特拔挺起，凡风日雨露无一息之背。水泉之甘洁之胜，他山草且芳烈，何况茗柯。其茶分山南山北，山北尤佳，受东南晨日之光也。"② 后来晋商干脆就地取材，包买茶山，开设制茶作坊，雇用当地茶农加工，实行产、运、销一条龙，贸、工、农一体化的农业产业化生产经营模式。清人衷干《武夷茶市杂咏》中说："清初茶叶均系西客经营，由江西转河南运销关外。西客者，晋商也，每家资本约二三十万元至百万元，货物往返络绎不绝。首春客至，由行东赴河口欢迎，到地将款及所购茶单，点交行东，恣所为不问，茶事毕，始结算别去。"这充分说明了晋商经营茶叶的人成群结队，蜂拥而至，几乎垄断了对俄国和蒙古地区的茶叶贸易。晋商经营茶叶的字号极多，如著名的旅蒙商大盛魁，祁县乔家的大德兴茶庄，榆次常家的大德玉、大升玉、大泉玉等。

二、山西茶商的创新精神

茶叶广阔的市场、丰厚的利润对晋商有着巨大的吸引力。他们中的一些人分赴福建武夷山，湖南安化，湖北崇阳、蒲圻、通城等地办茶，并用牛驮、马运、驼载经水陆辗转抵晋，再经东西两口（东口为张家口，西口为杀虎口）奔波千里进行远足贸易，由此形成历史上著名的"茶商"。

清代茶叶之路，由产茶地始，经水陆辗转，贯穿数省，翻越千山万水才能抵晋，然后分别通过三条商路进入蒙古部落和西北地区。这三条商道是：经多伦

① 佐伯富：《清代的晋商与内蒙古》出自［日］《纪念藤原弘道先生史学佛学论集》，1973年11月。
② 郭柏苍：《闽产录异》卷一。

诺尔，通往漠南锡林郭勒、察哈尔、昭乌达、呼伦贝尔、漠北喀尔喀蒙古车臣汗土谢图汗部；经张家口通往乌兰察布、锡林郭勒、察哈尔、昭乌达、库伦、恰克图、科布多、乌鲁木齐、伊犁、塔尔巴吉克；杀虎口经归化通往乌兰察布、伊克昭、阿拉善、额济纳、库伦、恰克图、乌里雅苏台、唐努乌梁海、科布多、伊犁、塔尔巴哈台。这三条商路均经溯漠大荒、戈壁流沙，地广人稀，旅途漫漫。由于旅途险恶，一般商人皆裹足不前，视之为畏途。在这样的情况下，时势降大任于敢于冒险、勇于创业、不畏千里荒漠，敢为天下先的晋商。

为了鼓励晋商北上西向，担当对俄贸易重任，并便于政府管理，清政府制定了"信票"制度——凡行商贸易于大青山后、西营一带及恰克图之商人必须持有理藩部颁发的"信票"（也称"部票""龙票""票证"）。凡持此信票贸易才"蒙户如有拖欠，札萨克有代为催还之责，且旗长对于此等商户，纯以礼客遇之"。[①] 凡无票运输之货物，皆视为走私，一经查出，其货一半入官，一半奖赏稽查人员。嘉庆时期，清政府放宽限制允许一些小本铺户附搭大铺票内。作为"朋票""朋户"，相携赴恰克图进行交易。为了不误商人交易，甚至允许货物先行，留人候领信票。

由于晋商具有不畏艰险、敢于冒险、勇于开拓的良好素质而得到清政府的青睐并给其垄断权力。"信票"制度一直被沿用到清末，且领取信票一般须以旧换新，从而保持了对俄贸易商户的相对稳定性与延续性。由于"朋票"商户的增加，又使得贸易规模进一步扩大。

茶叶贸易为山西茶商带来丰厚的利润。为此，他们深入闽、赣、湘、鄂等产茶地区收购茶叶，并在当地投资设厂，用木架平压机和铁质轮旋手摇压制机加工成砖茶，运到湖北襄樊，然后用沙漠之舟——骆驼载运，经河南入晋，北上大同。或经右玉杀虎口走归化。或经天镇、张家口抵商贸重镇恰克图以至欧洲腹地。那里商队称帮，一帮有数十到上百只骆驼，往往数帮结队而行，绵绵数里。正是由于这种坚韧不拔、艰苦创业的"晋商精神"，晋商才被冠以"国际性商人"的桂冠，为自己铸就了利润的"金砖"。山西许多人家经常教育子弟："好好写字打算盘，将来长大住上茶票庄""坐官居的入了阁，不如在茶票庄当客"。当时，山西各大商号与茶叶贸易都有千丝万缕的联系，有的直接贩茶到恰克图，有的则深入产茶地区组织货源，零整批发或就地售于外国洋行，或北上返晋转售于旅俄晋商。仅祁县一地就有永聚祥、恒中恒、大德兴、大德诚、大玉川、巨盛川、天恒川、宝巨川、长裕川等十余家茶庄。成千上万的祁县人供职其中。在旅蒙东口——

①《绥远通志》卷49，民国年间抄本，内蒙古图书馆藏。

张家口，山西茶商就有百余家。其中在砖茶上以“川”字为商号标记的“两大”“两长”字号，即长裕川、长盛川、大玉川、大昌川等最负盛名。这四大茶庄均为清政府特允皇商，持有天子赐予的“红色龙票”，从收购、运输，直到俄蒙贸易皆通行无阻，受到各方保护。俄蒙商人只要见此“龙票”，就争相易货，认为这是货真价实的凭证。在堡子里鼓楼西街茶庄故址中，至今保存着乾隆皇帝赐给“大玉川”的一块双龙石碑，在上面镌刻着它在发展中俄、汉蒙贸易中做出的贡献。

在众多山西茶商中，经营对俄茶叶贸易历史最长、规模最大者，首推榆次车辋村常家。常氏一门自常万达于乾隆时从事该项贸易始，子孙相承，及至晚清在恰克图十余个较大的山西商号中，常氏一门独占其四，堪称清代晋省巨商和外贸世家。

祁县渠家“长裕川”茶庄也毫不逊色。它以专营茶叶发达，继而兴学堂、办实业，特别是渠家后人——山西近代实业家渠本翘见义勇为，捐巨资向英商争赎山西矿权，造福桑梓的壮举更为万民称颂。

茶叶的广阔市场使其发生媒介效用把晋商和国际贸易维系起来，它不仅吸引了晋商入蒙古地区、到俄国，而且也刺激着与之相关的服务行业。在“茶叶之路”上为茶商服务的山西客栈、饭铺也随之应运而生。

在新疆，晋商不仅有固定的商庄、银号、运输业，而且他们经营的酒、醋、油作坊及饭庄也随处可见。其中，“三成元”饭庄最为显赫。道光年间，祁县杨森林之父随军做些军需买卖，当他看到晋商吃不到可口饭菜、思乡之情日甚的状况，便投资五千两白银，在乌鲁木齐街购置一宅大院，开设了拥有十五间客房、五间铺面的“三成元”饭庄，经营具有山西风味的拉面、刀削面，并附设专供本庄之用的醋、酱、酒等作坊。由于味道可口、经济实惠，山西茶商多愿在此食宿，品尝家乡面食。

1840年，帝国主义用大炮打开了中国的大门，随着《南京条约》《虎门条约》《望厦条约》《北京条约》《天津条约》等一系列不平等条约的签订，列强逼迫清政府开放的通商口岸不断增加，租界日益扩大，内地航行权、内地开矿权、内地收购权、铁路修筑权以及贸易、关税自主权相继丧失，大片国土被掠夺。在甲午战争后，列强又掠夺了在中国的口岸设厂权、税收控制权和对中国政府的贷款优先权等。国家主权丧失，中国越来越深地陷入半殖民地半封建社会。在这种情况下，晋商纵是有千般解数，也难以施展，在与外商的商贸活动中，已无平等而言。清政府为避免因商衅而引起争端，又往往对晋商进行压制。晋商在这内外双重压迫下，其商贸活动锐减。

《马关条约》签订后，俄商先后在汉口、九江、福州等地建立制砖茶厂，使用蒸汽机代替手压机，所制砖茶成本低、质量高、产量大，而晋商制造砖茶仍是依靠手工作坊，其产品显然不能与机器产品相比，晋商在砖茶制作上又受到了俄商的排挤。

宣统元年（1909 年），俄国政府又突然违背两国条约规定，对在俄的华商征以重税，以排挤在俄经商的中国商人。遭此种种打击，晋商在对俄的茶叶商战中终于败下阵来。

第三节　票号业

票号的出现是晋商发展的巅峰阶段，也是晋商商业贸易活动发展的必然结果。以埠际汇兑为主营业务，兼营存、放款等业务的信用机构票号的产生是中国金融史上的一件大事。它标志着近代金融业的三大基本业务——存款、贷款、汇兑已在中国传统社会孕育并且初步显现。票号的产生与发展是晋商经营需要与中国金融业发展的双重产物。

一、山西票号的创业史

票号的产生是商品经济发展的必然结果，也是信用服务发展的要求。据中国货币史料记载，中国早期的信用机构——典当业出现在南北朝时期。在明代嘉靖年间出现了钱庄、银号这类货币兑换机构，到了 18 世纪初出现了账局。19 世纪初，由于民信局的出现使异地汇兑成为可能。明清时期的工商业发展迅速，一方面，自有资本的不足急需借贷业务的展开；而另一方面，账局、民政局的创办又为票号的产生奠定了基础。于是大约在 1823 年，晋商针对其商业运营的特点创立了一种异地划拨款项的信用机构，即票号。

山西票号主要经营异地汇兑，兼营存放款业务。到了后期，晋商的存放款业务主要和官府有着密切的联系。存款以官款为主，放款一般只对钱庄或官吏，不办理小额现金业务。票号收入来源主要包括汇费收入和利差收入。山西票号在当时是一种新生的制度形式和更有效益的制度安排。它的问世一方面是晋商追逐利润，降低交易成本的内在需求，另一方面是外部制度环境给予了其发展的空间。影响制度变迁的外部制度环境中有两个重要基础性因素：一是市场规模，二是技术水平。在明清时期，商品经济得到了充分发展，这就对资金形成了客观需求。根据斯密的分析，分工是市场规模的函数，市场规模越大，分工越细致。明清时期，各地出现了以商品交换为目的的生产活动。地域分工进一步发展，不仅有众多地方性市场兴起，而且全国性大市场也逐步形成。山西票号的产生是商品经济发展与货币金融运行的产物。商品经济的发展是票号产生的前提，拥有雄厚的商业资本是票号产生的基础与保障，而遍布各地的商业机构、良好的商业信誉和熟悉金融业务的专业人才是山西票号产生的基本条件。

（一）商品经济的发展

在明中叶之后，传统社会的经济得到了很大发展，并达到了高峰。农业生产稳步发展，商业资本空前活跃，全国性的大市场逐步形成，国外市场也得到了很大拓展，粮食、棉花、生丝、蔗糖、绸缎、棉布、铁器等成为重要的交易商品，出现了晋商、徽商、陕商、江右商等地方大商帮，形成了30多个大型商业城市。商品经济的发展对金融货币提出了新的要求。商品流通频繁、货币流通量增大，依赖运送现银进行货款清算已远远满足不了市场的要求，而靠镖局担任现银运输又极不安全，风险很大。埠际贸易的开展也使得商品流通幅度扩大，并且出现了不同地区债务清算和现金平衡问题，这就迫切要求具备汇兑和存放款业务的金融机构。

与此同时，晋商的商业活动也得到了很大扩展，从明代的“半天下”发展为清代的“遍天下”，其商业网络已遍布国内大江南北，长城内外，并延伸到整个北亚地区。南起加尔各达，北到伊尔库茨克、西伯利亚、莫斯科、彼得堡，东到大阪、神户、横滨、仁川，西达塔尔巴哈台、喀什噶尔等城市和阿拉伯国家都有晋商的商业机构。在商业组织形式上，晋商也出现了“分号制”与“联号制”的运行方式。所谓“分号制”，即财东独立投资或合伙投资办商号，总商号又分设若干分号于全国各大商埠，而且商号与分号又可投资办小商号，类似于近代资本主义国家通过控制股权形成的母子公司。所谓“联号制”，即由财东投资办若干不同行业的各自独立经营核算的商号，在业务上相互联系、相互服务、相互支持，形成类似于现代企业集团的网络体系，从而为晋商创立金融汇兑业务的票号奠定了基础。

（二）雄厚资本

经营金融业比经营商业更需要雄厚的资本，经过二三百年的经营，晋商已经逐渐具备了这一条件。到清代，晋商“百十万家资者，不一而足”，仅介休、太谷、祁县、榆次等地多则700万～800万资产、中则300万～400万资产，少则30

万～40万资产的财东就有14家。[①]据记载：“山西太谷县孙姓，富约二十万，曹姓、贾姓富各四五百万，平遥侯姓、介休县百万之家以十计、祁县百万之家以数十计”[②]“向来山西、徽歙富人之商于淮者百数十户，蓄资以七八千万计”[③]“山西富户，百十万家资者，不一而足”。[④]马国翰在《竹如意》中说：“山西亢某、家巨富、仓庚多至数千，人以‘百千’呼之。”钮琇在《觚滕续编》中说“江南泰兴李氏与山西平阳亢氏，俱以富闻于天下”。在《野议·盐政议》中也有“商之有本者，大抵属秦、晋与徽郡三方之人……资本在广陵者不啻三千万两，每年子息可生九百万两……”的记载。[⑤]长期经商积累起来的大量资本为晋商开创票号奠定了雄厚的资金保障。

（三）良好信誉

在长期经营过程中，晋商建立了良好的信誉，其经商“虽以营利为目的，凡事则以道德信义为根据……才能通有无……近悦远来”，[⑥]其处身立世之说与士无异。山西旅蒙商人为适应草地牧民缺医少药及其生活习惯，从业人员学习针灸，在内蒙古如有牧民患一般疾病可帮助其治疗，取信于牧民。牧民便不问其价格，争相购货，没钱可以赊销，或以羊牛马交换。由于晋商在经营中“重信义，除虚伪”“贵忠诚，鄙利己，奉博爱，薄嫉恨”，反对以卑劣手段骗取钱财，使其得到长足发展。

（四）金融经验的积累

晋商早期经营的典当、银号、钱庄、账局等金融组织不仅为经营票号积累了丰富的金融经验，而且培养了大批专业人才。典当业是晋商经营较早的行业，至康熙三年（1664年）全国有当铺2万多家，其中晋商开办的就有4 695家。清朝人李隧在《晋游日记》卷三中称，全国“曲肆，江以南皆徽人，曰徽商。江以北皆晋人，曰晋商”“凡是中国的典当业，大半系山西人经理。”陆国香在《山西之质当业》一文中曾记述：“清代天津、北平、山东、河南、张北等地，其典当几

① 徐珂：《清稗类钞》第5册《山西多富商》，北京：中华书局，1984年。

②《军机处录副》，咸丰三年十月十三日，“广西道监察御使章嗣衡奏折”，中国第一历史档案馆藏。

③ 汪喜孙：《从政录》卷2《姚司马德政图答叙》，重印江都汪氏丛书，据江氏丛书本影印，上海：中国书店影印本，1925年。

④《清实录》卷1257。

⑤ 叶显恩：《徽商利润的封建化与资本主义萌芽》出自《中山大学学报》，1983年，第1期。

⑥ 张正明：《山西工商业史拾掇》，太原：山西人民出版社，1987年，第189页。

乎全系晋商经营……在前清末叶，上述各地之典当亦有他省人投资而转让者，惟掌铺伙友等，仍以晋人充当，其中以灵石、介休人居多。”① 从乾隆时期开始出现了经营兑换银钱的钱庄，钱庄与银号也是晋商经营的主要行当。到道光时期，由民间钱铺所签发的钱票在山西的许多地方已经广泛使用与流通。山西巡抚申启贤谈道：“晋省行用钱票有凭贴、兑贴、上贴名目。凭贴系本铺所出之票，对贴素此铺兑与彼铺，上贴有当铺上给钱铺者。此三项均系票到付钱，与现钱无异。”② 作为商业借贷关系的金融组织，账局早在雍正时期就已经在我国北方出现，并且经营者多为晋人。晋商设立的账局主要分布在太原、汾州、张家口、库伦等地，以京师与张家口两地最多。

总之，商品经济的发展与晋商自身商业经营规模的扩大对金融业提出了新的要求。而晋商商业分支机构遍布，雄厚的资本、良好的信誉以及金融经验的积累均为其兴办专营汇兑与存放款业务的票号创造了条件。

二、山西票号的发展

票号起源于晋商的发展，它与山西商品经济，特别是平遥县颜料商的发展关系极为密切。山西的池盐、煤铁、丝绸、造纸、制烟、棉织等许多生产都比较发达。在经营颜料买卖过程中，西裕成的大掌柜雷履泰深感平遥、京师间货款靠起镖运现既费时费资又担风险，一旦路途银两有失就会给经营带来难以估量的严重后果。于是借鉴京师商号和商人兼营会票的经验，萌生了在京晋的晋商之间用拨兑代替运现的思路。在刚开始兼营拨汇业务时，先是为自身及亲朋好友的货款和利润进行拨兑，后来一些商人为货款调拨也找雷履泰拨兑，这样就渐渐兼营起会票来。随着利润的增长，商界都看到了拨兑的好处，于是要求拨兑者越来越多，西裕成兼营会票已不能适应客观需求。雷履泰与财东商量，决定增加资本，将颜料庄改营会票，字号取名“日升昌”。之所以取名“日升昌”，一来标志着新盈利途径的开辟，二来寓意会票业务的繁荣昌盛。

“日升昌”票号的创办标志着在中国这个东方古老国度里产生了起源于经营埠际间汇兑业的中国旧式银行业——山西票号。“日升昌”票号的创立对中国社会，特别是对商品经济的发展起着积极的推动作用。“日升昌”和“蔚”字五联号在激烈的竞争中得到发展，且盈利颇丰。巨额利润吸引大批拥有雄厚资财的晋商纷

① 陈国香：《山西之质当业》出自《民族》，1936年，第4卷，第6期。

②《军机处录副》，道光十八年六月二十五日，“山西巡抚申启贤奏折”，中国第一历史档案馆藏。

纷效仿，从而使山西票号迅速发展起来。1823—1852年，山西票号由一家发展到多家，由平遥一县发展到三县，开始形成祁、太、平三帮票号的雏形。

随着票号家数增多和业务发展，其活动地区也逐渐扩大。早年设立的"日升昌""蔚泰厚"和"日新中"三家票号到19世纪40年代末已经在各地设立了35处分号，分布在23个不同商业城市里，北京、张家口、苏州、汉口、广州、长沙、常德、济南、西安、成都、重庆、扬州、河口、三源、天津、周家口、南京、沙市、沈阳等地均有山西票号的分支机构。设立这些分号给南北各地商业交往带来了空前的便利。当时便有人指出："今山西钱贾，一家辄分十数铺，散布各省，会票出入，处处可通。"①

中俄边境贸易在《恰克图互市界约》签订之后也得到大力拓展。在大的商业城市与交通枢纽形成的背景下，商品经济蓬勃发展必然会对资金产生大量的需求。一方面因为商品流通速度加快，必然要求货币流通速度加快，同时跨地区间的贸易日益频繁都要求汇兑的专业化；另一方面商品市场中的经营者的资金周转对货币提出了新要求，原来当铺等高利贷性质的金融形式不能满足人们的需求。

同时，在人们适应生活环境，满足个人需求的过程中，生产技术也得到充分发展，这就为民信事业的发展提供了技术支撑。随着城镇工商业的发展，民间通信越来越频繁，民信局应运而生。民信局由浙江宁波商人创办，采取总分号制，总分号之间实行委托代理，构成了覆盖全国主要工商业城镇的邮递网络，这为票号的产生创造了技术条件。通信系统的出现是票号在全国范围内开展汇兑业务必要的物质条件。有了这样的制度需求，晋商作为制度的供给者发挥了其长期从事商业贸易所形成的资本、机构、信誉等方面的优势，率先创立了票号。山西票号发展总体来说可分为以下四个时期。

（一）1823年前后至1861年是山西票号的产生与发展阶段

在1823年左右，平遥人雷履泰将其颜料庄改组为"日升昌"票号，并使其成为全国第一家统营存、放、汇兑业务的金融商号。在1827年左右，介休县北贾村侯家将在平遥城经营多年的5个商号改营为票号，组成了著名的"蔚"字五联号。它们初步形成了中国票号中最早的"平遥帮"票号。1827年，祁县合盛元茶庄改为票号，继有"大德通"票号，为"祁县帮"票号。1827年，太谷志成信绸缎杂货庄改成票号，再加上协诚乾等构成了"太谷帮"票号。发展至19世纪60年代，三帮共有票号14家，分号27家，票号以京师为中心，以内陆

① 冯桂芬：《显志堂稿》卷11《用钱不用银议》，上海：上海古籍出版社，2002年。

商埠为重心，业务重心集中于北方。

（二）1862—1893年是山西票号发展的兴盛期

国内外贸易量迅速增加，各个港口根据各自区位优势和产业特色形成了各具风格的港口业务，中国的贸易中心也由广州移至上海。在这样的背景下，票号的业务量不断增加，分号除了迅速向上海、杭州、厦门等东南沿海辐射外，还向黑河、四平、昆明、乌鲁木齐等东北、西南、西北等许多边远地区发展，以顺应日益扩大的贸易需求，此时在全国主要贸易重镇都有山西票号的足迹。山西票号在全国形成了一个四通八达的汇兑网，同时山西票号所从事的金融业务既有国内其他各商帮的竞争合作，也有来自外商银行的挑战。1865年，以英国汇丰银行在上海设立分行为代表，19世纪60年代外行在华开设了40多个机构，19世纪70—90年代，外行又增设了45个机构形成了广泛的金融网。外商银行采用新技术和近代金融组织方式，并与票号形成竞争关系。

（三）1894—1911年是山西票号发展的极盛和危机期

这个时期的山西票号开始了在国外设庄的历程：1901年成立的永泰裕票号率先在印度的加尔各答设庄；1906年成立的平遥宝丰隆也在加尔各答和拉萨等地设了庄。此阶段的山西票号在国内的总号数和分号设立基本定型，由于甲午战争和八国联军进京等战争影响，山西票号业务遭受到沉重打击。但同时山西票号通过汇兑“庚子赔款”也大获其利。在这一时期，借助坚船利炮，外商银行在中国设立的分行逐渐增多。较大的外行有英国汇丰银行、美国花旗银行、德国德华银行、俄国华俄道胜银行和法国东方汇理银行等。

（四）1912年以后为山西票号的衰亡期

由于清政府对货币制度进行改革，官办银行相继成立。官办银行的成立对山西票号业务造成了沉重打击。在这一时期，山西票号的经营环境之中已经隐藏着危机。1911年10月到1921年为山西票号的衰败期。这一时期影响山西票号的主要因素是辛亥革命带来的政权更迭而产生的信用危机，山西票号历来靠信用所放公私款项皆难以收回，同时各地票号又遭遇挤兑风潮，再加上由于战争，各地治安环境日益恶化，土匪蜂起，山西票号的金银财物损失惨重，山西票号遭受打击，纷纷宣告倒闭破产。之后，虽有有识之士试图将山西票号改组为银行，但由于种种原因未能成行。至此，山西票号逐渐退出了历史舞台。

三、山西票号的营业范围创新

（一）汇兑业务

山西票号的营业内容主要体现在经营汇兑和存放款业务上的创新。汇兑有六种情况：①同业对交，各凭各信，不立字据，汇水随市面松紧，临时酌定。②迟票。除以兑期另加汇水外，所占之期，按月估算递加。③兑条。手续于定汇之后，立一对条，齐中剪为二纸，汇款者持上半页，承汇者将下半页寄往所汇之地验兑，交条付银，即不找保立收据也可。④信汇。各凭各信，字号对字号，下付人堂名，须得保付给，汇水随行市。⑤汇票。凭票给付，汇水随行市。⑥电汇。如用明电，见电后讨殷实承保用款，错则退款，如系各家之密电，用款手续亦与明电同，电费皆由汇款者出。

所谓票汇，关键在一纸"票"上。从目前留存的会（汇）票可知会票基本上是折纸型，大多为四个折面，规格呈长方形，高约为 23 厘米，宽约为 10 厘米。在第一个折面印有"券"字和其他内藏匠心的图样，各票号的会（汇）票都盖有各自的印章，而且随着当时造纸业与印刷术的进步，会（汇）票的纸质与印制质量越来越高。会（汇）票的夹纸里都印着各票号字号名。对会（汇）票的印制和各分号的使用都有严格的数量控制。票号的兑付实行"认票不认人"制度，票号对防伪很重视。首先，要专人书写会（汇）票，其笔迹通报各分号，使各分号均能熟辨。若更换书写人，须通报各分号。使用中国毛笔书法，使伪造比较困难。其次，创造了汉字为数字的密码法。这种汉字代替数字的办法由各个票号各自编设，并经常变换，以防伪造。具体而言，汇票在书写和填制时必须注意以下内容。

第一，只能使用专用纸，即在总号统一印制的空白"会票"，纸质为麻纸，上印红格绿线，绘有复杂的图案或者周边雕刻蝇头小楷的四书五经的某些段落。

第二，会票内加水印，如日升昌票号会票的水印为"昌"字，后来为"日升昌记"四字，蔚泰厚票号会票的水印为"蔚泰厚"三字。

第三，各号书写会票，责定专人，用毛笔书写，其字迹在总号及各分号预留备案。各号收到会票，与预留字迹核对无误，方能付款。

第四，会票书写完成，须加盖印鉴。现在看到的会票盖有抬头章、押款章、落地章、骑缝章、套字章、防伪章等多枚印章。

第五，会票金额、汇款时间均设有暗号，这些暗号包括银数暗号、时间暗号，汇款人、持票人无法知道，只有票号内部专人才能辨认会票真假。暗号编成歌诀，以便记忆。如月暗号："谨防假票冒取，勿忘细视书章"十二字为一至十二月代号；日暗号："堪笑世情薄，天道最公平，昧必图自利，阴谋害他人，善恶终有报，到头必分明"三十个字为初一到三十日代号；银数暗号："赵氏连城璧，由来天下传"分别代表壹贰叁肆伍陆柒捌玖拾；"国宝流通"分别代表万仟佰十。为了万无一失，在暗号之外再加上一道锁，叫自暗号："盘查奸诈智，庶几保安宁"。①

在具体办理款项支付时，山西票号还规定了安全措施，主要有三种办法。

第一，讨保交付。票号为了保证款项安全支付，应商家要求采取"讨保交付"和"面生讨保"的办法。凡商家要求票号必须保证其汇款不遗失时，票号即在其汇票上盖有"讨保交付"的戳记。此种汇款，在交付时必须取得商保。"面生讨保"则是在取款人生疏的情况下才要保人。

第二，汇票挂失。对于遗失的汇票，视各地具体情况采取不同的应对办法。京师、保定多为"登报声明"，曰"日后此票复出，俱作废纸，不得为凭……特此布知""望中外绅商，切勿使用。"汉口、重庆则通知当地分号料理，并报告当地政府、商会总会，同时照会驻当地各国领事。

第三，出具甘结。在办理公款的汇兑上，尽管晋商一般相信官场不会有诈，但也不敢掉以轻心。为防万一，采取了领汇票要出具甘结的措施，即除立汇票外，还要以票号名义与汇款人写下有汇款性质、数量、汇费等内容的字据。②

（二）存放款业务

存款分为往来存款和定期存款两种：前者系商家浮存，随市面之疲快，临时定日利，但存款利率较市面利率略小；后者则有定期一年者，亦有定期一个月、两个月、三个月、四个月、五个月、六个月者，如存户在存款未到期提取利息，须立一借据。

放款分为信用放款和抵押放款两种：前者于放款时须立一字据，也有随市面习惯办理者。其日利随市面而定，活期者较小。后者抵押货物须订立合同，执其凭单，押品如系不动产，则须执其红契，并立字据，由承保者垫还。

四、山西票号信用制度的创新

山西票号信用制度是指票号为维持其经营发展在近百年的实践中所信守的信

① 中国人民银行山西省分行、山西财经学院《山西票号史料》编写组：《山西票号史料》，太原：山西人民出版社，1990年，第694～695页。

② 孔祥毅：《晋商学》，北京：经济科学出版社，2008年，第69页。

用观念、信用规则、管理制度的集合和对信用行为及信用关系和保证的各种制度的总称。这些制度既有用以规范票号内部股东与经理、经理与伙计之间信用关系的制度，也有用以规范存贷方客户关系之间信用关系的制度，还有维系票号与清政府、商号及其他金融机构之间的信用关系的制度。

山西票号的信用制度作为其经营实践中形成的一种稳定的行为规则，一方面会内化为市场交易准则和秩序，另一方面则外化为规章制度。山西票号的信用制度是由各种正式制度与非正式制度构成的，这些制度大多是在晋商几百年的经营实践中逐渐演化形成的。其中有一些制度是从其他商业组织中学习借鉴而来，另有一些制度是晋商为适应内外部环境的变化而进行的制度创新。

第一，信用放款制。在经营票号之前，晋商各地商号之间往来频繁的资金周转、调拨业务，有的尚有契约可循，有的则全凭不成文的规矩运作，后者基本上是靠道德习惯约束下的"商业信用"来维系。如太谷曹家商号广布各地，与之往来的商家很多，各商家之间的货款结算与归还，主要遵循标期还款的原则，其标期是各商家代表共同商定后，依次通知。凡往来商户，均需在标期以前结账，近者函兑，远者电汇，商号方面并不派人催讨。如果到了期、顶了标，即被认为无信用，各商号便不与之来往。票号放款主要是信用放款，即放款全凭借者信用，无须实物抵押，这与当时国外银行的做法大相径庭，国外银行放款主要是抵押放款。据时人计算，当时晋商 182 家票号放款总额为 12 902 651 元，其中信用放款占 96%，抵押放款仅占 4%。在无成法可依、少法律制裁的商业环境中，这种信用放款实际上是靠着商人的人格信用来承载商业正常运转的。

第二，股份募集制。起初，晋商经营方式都是以家族集团为主的独资，但是这种方式显然约束了经营的规模。为了适应商品经济的发展以及满足票号这一不同于普通商品买卖的组织对资本金的需求，山西票号的资本募集均采用股份制度，合资经营。即使为某一家族独办，也往往由家族内不同门户共同出资。票号的资本，被称为"银股"。银股计量单位分为两级，一级为"俸"，俸下为"厘"，1 俸银股可分为 10 厘。每俸银股的具体印数由各票号创办者商定。从保存的资料记载来看，各票号每俸纳银高低不等，有的高达 10 000 两白银，有的只有 2 000 两白银。每俸股的纳银数确定之后，便由出资者根据自身财力认纳，或多少俸，或多少厘。每家票号的投资个体往往会达 10 ～ 20 个之多，其所投资金的数量占有的股份都要明确记载于合约之中。合约所载投资者排列顺序，十分随意，没有规律可循。这部分资金被称为"正本"，享受红利，股东负无限责任。

第三，经营风险管理制。票号资本中还有另一部分，被称为"副本"。在结算时，这部分资金不参与分红，而是享受利息。它的来源有两部分：一是股东、经理人从分红中提取部分资金，存入票号，二是票号股东的存款。因此，票号的实际资本运营一般都大于名义资本。在结算分红时，票号采取多种形式，如“倍本银”“护本银”追加资本，采取“厚成”“预提护本”等办法来提取公积金，以预防经营风险。

第四，簿记制度。簿记制度主要用于反映经营活动，提供经济信息、进行内部监督以及防范和控制风险。票号的账簿设置颇为复杂，晋商首创了中国本土的复式簿记制度，后经改进，创造出称为“龙门账”的会计核算方法。山西票号的各类账簿多达16种，功用各异。在票号中实行管库和管账分开，即出纳、会计分设，相互监督。

第五，业务报告制。信息对于金融性企业而言是至关重要的，业务报告制就是确保位于总号的掌柜能够“眼观六路，耳听八方”。这项制度在总分号制的结构下能够保证信息以较低的成本流动。票号总号非常重视全国各地市场动态以及各分号的业务进行状况，以便能够把总号决策层的决策变成所有分支机构的实际行动。各分号之间能够及时通报业务，协调配合，调度资金，实现“酌盈济虚，抽疲转快”，这主要依赖各分号与总号之间不断的业务报告制度。

分号的业务报告分为“月清”与“年总结”，同时还要对营业状况随时进行报告。这种业务报告分为口头和书面两种，它们主要是对具体交易的直接说明和对当地经营及市场情况的通报。除此之外，票号总号大掌柜在年终还要做年度总结，必须汇总各路业务数字，将本年经营状况做一总结，写出书面报告，这份报告要呈送票号股东。在四年一个账期后，大掌柜要提出利润分配方案，提供东家决策。

（一）信用保障制度的创新

1. 委托代理制

在山西票号的治理结构中，存在着明显的委托代理关系。东家作为票号出资人（所有者）将票号的经营管理权全权委托给大掌柜，形成初级委托代理关系。大掌柜在票号中拥有特殊地位。大掌柜在票号内“有无上之权力，凡用人之标准，事业之进行，各伙友皆须听命”。一旦将票号交付经理人管理，票号股东便随之退出，任由经理人进行操作。而万一经营失败，其损失却又完全由股东承担，经理人并不负有赔偿责任。股东与经理人之间这种特殊的责任关系迫使经理人的选任不得不慎之又慎。当股东决意创办票号时，必先留意可用的经理人员，或经人介绍，或自己采访。之后通过面谈加以考察，从被聘者陈述的经营主张，用人方略等方面来判定其能力高下以及能否承担经理之责。如果“认定此人有谋有为，能守能攻，足以担任票号经理之职责，则以礼招聘，委以全权”。一旦双方达成一致，遂邀请中证人若干，书立合同，写明股东投资数量，经理人员报酬标准以及对结算的年限做出具体规定。合同签订完毕，票号事务便全归经理人处置，先是组建机构，然后向官方呈请批准，之后正式开业，票号股东则不再过问。

作为财东的初级代理人，大掌柜与财东的职责和义务比较清晰。大掌柜全面负责票号的经营与业务，包括资本、人事和经营方针等。大掌柜可以在实践中发挥自己的才能，但是不对非人力所能制止而造成的经济损失负赔偿责任。按规定大掌柜在号内也不能独裁，同仁们在小事上有建议权且可以就便行事，大事都由掌柜裁决，如有更大的事情，则须向财东汇报。财东子弟就业，不得进入本号，而且财东不得举荐人选。平时不得在号内食宿、借钱或指使号内人员为自己办事。财东将资本、人事全权委托经理负责，不干预日常经营，只是等每个账期（一个账期，通常为四年）大掌柜向其汇报。当然财东并非真的是“甩手掌柜”，因为他要对票号负无限责任，而且有对扩充业务，赏罚号内人员和红利分配的裁定权。总体看来，初级委托代理关系中代理人拥有较大权力，相对而言，委托人的权力较小。

由于大掌柜还拥有机构设置权、总号与分号之间的资金调度权、人事任免权等多项重大权力。大掌柜通常会设有二掌柜（即副经理，又称协理）1人，协助大掌柜处理全号事务。各分号经理级成员也由总号大掌柜选派，这样大掌柜与分号经理之间形成了次级委托代理关系，而在经营管理权相对集中的基础上，分号经理根据不同的分工协作原则为分号中的伙友安排了职能迥异的业务工作，形成了第三级委托代理关系。分号的组织结构和总号的类似，大致为分号经理（俗称老帮）1人，全权负责分号一切事务；分号副经理（俗称副帮）1人，负责联系业务；管账1人，负责银钱出纳等会计工作；司信若干，办理号中往来文书。

2. 顶身股制

制度经济学理论认为，委托人和代理人的信息不对称会导致代理人的机会主义行为，为此需要制定一定的激励机制来减少代理人的机会主义行为。激励机制的核心是代理人能够使自身利益最大化选择的最终结果与委托人给出的标准或目标一致。在激励机制中最有效的措施是制定报酬激励机制。

票号经理人的报酬方式就实行着一种特殊的激励制度，即不仅支付薪金，而且占有股份。在结算时参与分红，其所占股份，在与股东订立合约时确定，称为“身股”或“人力股”。经理人身股也是以俸计算，开始时一般每人以1俸为限，其次为9厘、8厘不等，随着票号的发展可以逐渐增加。在票号结算时，身股与等量银股同样分红。与银股的区别只是人在则股在，人去则股无，不像银股可世代继承。也有票号对贡献卓著的经理人，允许其在去世后的一段时期继续分红，分红账上成为“故股”。由于票号结算一般四年一次，经理人的日常开销便先从票号支取，称为“应支”，待结算时再从分红中扣除。每年应支的数量，依占股份的多少支取，但各号并无一定之规。有的票号，“每股多则五百两，少则三四百两不等，分四季支用。”有的票号，每年应支银每股120两，“分为春冬两标之使”。每股只分盈利，不负亏损，如果结算时无赢可分，经理人应支其顶薪金，不必退还。

票号的“身股”制度是一种特殊而行之有效的报酬激励制度，也被认为是山西票号能成功运营近百年的重要原因之一。这种制度在传统体制下有效地解决了委托人与代理人之间的信息不对称，把委托人外部监督问题转化为代理人基于成本收益的自我选择，实现了委托人和代理人的效用函数一致，达到了对经理人的最优激励。

在山西票号中，可以成为顶身股者不仅包括主要经理人员，也包括银股股东兼顶身股、普通员工顶身股者。允许普通员工顶身股是山西票号的特殊制度。按山西票号的惯例，员工初入票号，仅享受薪金、衣资、号中伙食等待遇，但随着年资的增长，便会具有顶身股的资格。一般而言，待服务一二十年，无甚过错，薪金增至一定程度，“可得七八十两时，则有资格‘顶身股’一二厘了”。顶身股资格的获得既无特殊要求，也无名额比例，只要忠实敬业，不犯错，待服务至一定年限，人人都有获得顶身股的机会。顶身股制度的实施有利于调动票号员工的积极性，也大大减少了因员工失职而造成的损失。

3. 学徒制

人才的吸纳和培养是山西票号长盛不衰的关键因素之一。山西票号采用学徒制作为其后备人才的储备，也就是说，票号所用员工大部分都是经历长时间学习实践而成的。票号学徒要成长为正式员工需进行三年的学徒训练，通过考核之后，再派往分号进行七年的班期锻炼，再经考核合格后，方可使用。

票号所用员工起码必须具备两个基本条件：①必须为山西本地人；②必须有家境殷实的人做担保，被保证人“倘有越轨行为，保证人负完全责任”。所以保证人责任重大。如果保证人破产，失去继续担保的资格，或者自己要求撤保，被保证人必须迅速另找，否则有被停职的可能。所以如果没有特殊关系，保证人其实并不容易找，票号选人可谓百里挑一。有了保证人的担保还需通过相应的考察和考试。考察与考试的内容主要包括两个方面：①询问被考察者的身世，祖上三代做何职业，出身贵贱，本人履历资格。之所以询及三代是担心祖上为人不正，恐有不良遗传。②测试智力、文字能力。测试分笔试和口试两种，以对被测试者的能力做出判断。所有测试全部合格，即可“择日进号”，名曰“请进”，这是为了表示对新进者人格的尊重。同时向其明白宣示，人人都有升任经理的机会，以鼓励其安心工作，充分发挥个人的聪明才智。随着票号声誉的提高，希望进入票号工作的人会越来越多，票号的选用标准也愈加严格，有的甚至极为苛刻。总体来说，求职者必须具有好的品德和素养。有较好道德素养的人一般其家庭经济状况都不会很差。换而言之，山西票号对拟录用员工的家庭背景设置了一道隐形的门槛。

这种严格的选拔制度，尤其是重视出身与品德的选拔标准为票号的经营提供了信用保证，使票号在日常的经营中很少由于员工的失职而遭受损失。20 世纪初便有人评价：“山西票庄营业，自清初迄今，其同业间未闻有危险之事，未始非雇佣人之限制，有以绝其弊端耳。”不仅选拔严格，学徒期间的训练也十分严格，当时有谚语称：“十年寒窗考状元，十年学商倍加难”“忙时心不乱，闲时心不散”“人有站相，货有摆样”。初步选拔之后，还要经过总号训练。总号训练学徒一般是三年，在训练期间要经过以下三个阶段。

第一阶段为做日常事务，即打水、扫地、伺候掌柜等一切杂活。晚上练习写字和打算盘。这个阶段差不多要一年。其间，掌柜还会考察他们是否忠诚克勤，有没有出息，适不适合做生意。为考察号友人品，财东和掌柜还会时不时地故意遗失些碎银和铜钱，以观察他们是否忠诚无欺。如果藏匿不缴，就有可能被开除出号。

第二阶段为掌柜口传训练，教念“平码银色折”，而且必须背熟、记牢。除了这些以外，开始做些帮账、抄信的事。学徒进号后必须利用业余时间熟悉业务，提高能力，如练习写字、打算盘、背诵银色歌、平码歌等。有些设在边疆地区的分号，其学徒职工还必须通晓当地民族语言，如俄语、日语、蒙古语等。

第三阶段为对掌柜认为最有出息的学徒进行重点培养，在此期间，学徒必须努力学习各种实际操作的方法，以尽早“成事”。

除了注重学徒的业务能力外，山西票号尤其注重学徒道德情操方面的培养教育。“在道德方面为重信用、除虚伪、节情欲、敦品行、贵忠诚、鄙利己、奉博爱、薄记恨、喜辛苦、戒奢华等”，也就是说，要培养学徒诚实守信、勤俭节约、吃苦耐劳、谦和忍让等优良品质。其中，诚信是山西票号对学徒教育的重点内容。票号将“重信用、除虚伪”列入道德训练的第一条。诚信乃经商之本，也是山西票号这种特殊行业生存发展的生命线。当然，业务技能的培训和道德教育并不能直接形成经济效益，所以山西票号还特别强调实践对提高员工业务能力的作用。在结束了三年的学徒生涯并考核合格之后，学徒还要被派往各分号进行七年的实践锻炼。在各分号，学徒要将自己所学知识运用于实际业务之中。为了保证学徒的工作效率，山西票号为派往分号的职员实行年假制度，不同地域的学徒根据路程远近有不等的假期，这段时间可以回家省亲，向总号汇报工作等。学徒通过七年的具体业务实践之后，票号因事用人，量才录用。有组织领导才能、决胜千里之外者可出任分号经理；善于舞文弄墨者则负责书信往来等事务，如此等等。

（二）信用管理制度的创新

1. 总分号管理制

总分号制，即财东独资或合资办票号，其总号分设若干分号于全国各大商埠，总号与分号、分号与分号是相互联系、相互支持的关系。据卫聚贤记载："山西票号分号之设立，有因各大商埠必须设立者，如平津沪汉等。有因自己营业范围而设立者，如志诚信、协诚信、协诚乾在广东，大盛川、锦生润在蒙古。有因择垫官吏（择垫是奔走于政界中人物，择其体态、履历、程度、交际等，估计其将来可以得到位置，于是先行垫款运动，待其挂牌，乃派人随至所任所，作为会计，按月扣除垫款，至扣完为止。垫款固然利息大，但也有白垫了的。在《官场现形记》中有一段关于此事的记载，票号中人有以其言之过甚。但道光二十一年（1841年）藏源捐簿上，已列有此款数十宗可证，随至官吏任所收账，因而设立者。"由于晋商在长期的远途贸易中设立了广泛的商业网络，总号成立后，票商迅速、方便地将这些分支机构改造为分号，这样，票号就有了总分号制的特征。

总号的业务大半靠各分号在外经营，所以总号与分号的关系十分密切。山西票号总分号之间的关系可分为纵向和横向两个方面：从纵向方面说，总分号之间实行高度的中央集权制，分号的设置权、资金的调度权、人事的任免权和红利的分配权皆归总号掌握，各分号只有业务的经营权、资金的运用权和人员的管理权，这有利于组织的集中统一管理。

"分号经理由总号选派资格较优者担任，携带总号图章祛码等各种要件，以资凭信。资本皆存总号，设立分号时，不另发资本，只给川资及开办费若干。"总店与分店之关系极为密切，总店大都出巨款为分店经理人捐一候补道之官衔，以增高经理人之人格，且万一遇诉讼时，出入官衔亦较占便利。"总店不但负担分店之营业费及其他一切店费，即经理人眷属之住宅、衣服、饮食等费用，亦归总店负担之"。从横向方面看，在总号的统筹全局之下，各分号实行"酌盈济虚，抽疲转快"的资金调度原则。如甲分号开办之后需要资金，则由乙、丙、丁等分号予以接济，全局统筹。分号之间运用资金也很灵活，如甲分号有存款、而乙分号的利息较高时，则送乙分号，以获厚利。

2. 号规制

号规属于山西票号信用制度的内部正式制度，它是晋商管理思想的体现，也是在经营过程中的经验总结。票号号规不仅严密、切实，而且充满智慧。票号掌柜和经理依据票号实际情况和家族宗法、社会道德、业务流程等因素综合制定号规。从内容上看，号规一般由两部分组成：一是经营管理的一系列措施和相应对策；二是票号内部人员的严格管理及工作纪律。

票号管理中最为重视的当属员工的个人品质。大德通票号在光绪二十七年（1901 年）的一份章程指出："操守宜讲明也。近来票号喜气，竟尚极欲穷奢，心高气傲者有之，志得意满者有之，以及荡检逾闲，任意贪占衣物者更有之。此皆局量肤浅，规模卑狭，所见太小，欲速能达之故。"因此，要求员工"不得懈怠偷安，恣意奢华""务须以革除烂费，敦崇俭德为前提。"晋商将崇尚节俭，注重操守作为立号的原则。

票号还要求员工遵循礼法，严守上下之分。如大德通光绪十年（1884 年）号规要求："各处其位，皆取和衷为贵，在上位者，固宜宽容爱护，慎勿偏袒；在下位者亦当体量自重，无得放肆。倘有不公不法之徒，不可朦胧含糊，外请者就便开销；有祁请用者，即早着令下班回祁出号。"这实际上也是要求员工注重操守，严于自律，不要逾越个人应守的本分。

这种对道德操守的一般性要求在现存的大德通号规中多处可见，由此可知，山西票号注重员工个人人品，以传统道德规范为号规的特点。从其员工管理制度来看，山西票号的传统色彩更为浓厚，承袭了更多的前资本主义因素。

3. 会馆制度

会馆设置的主旨在于协调内部关系，抵御外来侵害，对内要求调解纠纷，有利均沾；对外要求团结一致，利不外溢。会馆以地域、乡土为纽带，以祀神、举善的方法，团结同乡商人。

晋商的组织是由唐宋时比较松散的形式发展到明清时较为稳定而凝聚性较强的会馆。作为商人聚事、议事和处理大小商务，襄举公益积善事的办事机构，在一定程度上也发挥了应对、抵制官府不合理的要求，约束同乡或同行商人某些不道义行为，维护商人共同利益的作用。

晋商会馆对信用的管理直接反映在行业规约的具体条款中，以会馆为依托，将各自为政的商人聚集在共同利益下，形成相互促进和相互制约的行业自治格局，从而建立起维护行业内部交易的格局。

首先，晋商会馆严格审核入会商号资格。如北京晋商"会规"规定："开设商号宜慎之于始。从事金银商号只有三十余家，今既立商会，凡有业此者，均应在会。嗣后有续开者，亦必报明会中，由职商等验明资本殷实，执事之人之老成，始行代为报部，候批准后方许开张，以昭划一。”

其次，晋商会馆也是公议行规监督执行的场所。行规主要规定会员义务、行为、会费及惩罚办法等。对不守行、违规者有三种处罚方式：一是财产处罚。如据《公议杂货行规碑记》记载：“卖货不得包用，必要实落三分，违者罚银50 两”等。二是名誉方面的处罚。如罚违规者花钱请戏班子给大家演一台戏。这样的处罚可以说既让违规者破了财，又让违规者公开对大家赔礼道歉，更让违规者的所作所为尽人皆知。三是“禀官究治”。当前两种方式不能奏效时，晋商会馆即将其送官处置。

最后，晋商会馆还在维护晋商利益、维护晋商信用方面发挥了重要作用。如抵制地方政府提高税收、引导行业战略调整等。在会馆时期，行规的必要性已经被重视。晋商的会馆、行会在自我管理、约束同行和保障买卖的公平进行方面起了不可低估的重要作用。建立在地缘、业缘关系基础之上，并内生于晋商群体中的会馆、行会通过长期的博弈结果形成了一系列明确的规定，从根本上制约着成员的各种经济行为，如行规对交易的不守信行为进行严厉的惩戒，对票号之间交易的银两成色予以具体的规定。

第四节　工矿业

甲午战争以后，帝国主义通过《马关条约》攫取了在华投资设厂的权力，特别是在 1901 年《辛丑条约》签订后，中国社会彻底沦为半殖民地半封建社会，清政府也成为“洋人的朝廷”，从地方到当时的政府对“洋人”无可奈何，帝国主义纷纷在各地投资设厂。

一、晋商转型投资工矿业

（一）山西争矿运动

19 世纪末 20 世纪初，帝国主义列强加强了对山西的经济侵略，并由早期的商品输出转向商品输出与资本输出双管齐下。如山西的第一条铁路——正太铁路就是由俄、法帝国主义插手，后由法国以贷款形式修建并经营起来的。又如，平定、盂县、潞安、泽州的煤矿开采权也一度出卖给英国福公司。帝国主义的经济侵略与清政府的卖国行为引起了山西人民的极大愤怒，1905—1908 年，山西人民展开了轰轰烈烈的反帝争矿运动并取得了斗争的胜利。

1. 开采权的丧失

帝国主义侵略者掠夺山西煤炭资源的野心早已有之。早在1870年与1872年，德国人李希霍芬就曾两次调查山西煤田地质情况。1897年，意大利商人罗沙弟在伦敦组织建立福公司后，即把获得开采中国矿产的权力作为公司的主要活动内容。他勾结封建官僚刘鹗和方孝杰，又拉拢了山西商务局总办贾景仁开始了攫取山西矿权的活动。

刘鹗先以“国无素蓄、不如任欧人开之”的卖国论调，谋将山西矿权出卖给外国人，并进一步以“货恶弃于地，不必藏于己”的谬论去煽惑山西巡抚胡聘之。刘鹗深恐遭国人谴责，便用偷梁换柱之术一方面组织买空卖空的“晋丰公司”，以商人名义向山西商务局请求开办山西各地的煤矿、铁矿，另一方面又以“晋丰公司”的名义向福公司借款1 000万两，与福公司“共同开采”山西盂县、平定、泽州、潞安等地所属矿产。刘鹗通过商务局得到山西巡抚胡聘之的同意，与福公司签订了《请办晋省矿务借款合同》5条和《请办晋省矿务章程》。通过这两个文件，胡聘之将山西煤矿开采权卖给了福公司。《请办晋省矿务章程》规定：“各处矿厂应用华洋董事各一人，洋董事管工程，华董事理交涉，账目皆用洋式，银钱出入洋董事经理。”它还规定盈余分配办法是：清政府25%，商务局15%，晋丰公司10%，福公司50%，为期60年。为了防止群众阻碍，清政府还委派人员料理和帮助福公司的开采工作。山西地方政府与福公司签订的合同和章程具有明显的卖国性质。虽然胡聘之在山西近代工业开创中办了一些实事，但因其出卖山西矿权，使国家主权受到损失而遭到人民唾弃。胡聘之出卖山西矿权之事，当初秘而不宣，外人不知内幕。至1898年，机密泄露，山西人民开展了声势浩大的夺回矿权运动。清政府为欺骗大众，即令山西巡抚黜退刘鹗等，同时把这项对外交涉权收归总理衙门。1898年，经英国公使施加压力后，清政府修订以前的合同，重新拟订《山西开矿制铁以及转运各色矿产章程》，并经光绪皇帝于1898年5月17日批准，1898年5月21日由山西商务局代表曹中裕与福公司代表罗沙弟在总理衙门画押。这个章程新加了“平阳府山西煤铁以及他处煤油各矿”的开采权也归福公司。这个章程又规定：“凡调度矿务与开采工程、用人、理财各事，由福公司总董经理。”允许外国矿用机器进口可以“完纳海关正半税项，内地厘捐概不重征。”福公司可以修路、造桥、开浚河港、添造分支铁路以接至干线铁路或河口等。这充分说明，腐败懦弱的清政府比胡、刘出卖主权的范围更加有过之而无不及。这时福公司主持者已经易人，英国驻上海总领事哲美森取代罗沙弟担任福公司总经理。胡聘之将矿权卖给了意大利人，而清政府将矿权卖给了英国人。1905年7月3日，清朝铁路大臣盛宣怀又与哲美森在北京签订了《道清铁路借款合同》21条及附件等，答应福公司修筑由河南道口镇经清化镇至山西泽州的铁路，将来路成之后，管理权归福公司。这样英国独占了山西的煤矿开采权和部分铁路修筑经营管理权，获得山西矿权后，福公司在国际上的地位陡然提升。

2. 收回矿权的斗争

山西矿权被英帝国主义窃夺后，1905年7月，正太铁路通至阳泉，福公司便迫不及待地派人到平定勘测矿地，绘制地图，到处插旗，霸占矿地，强行封闭当时正在生产中的民营煤窑，时有平定“宋汝阳集股开掘县属蔡家洼沟煤矿，甫经兴工，即被福公司禀请晋抚连带工人现凿洞口，全行封闭。”平定本来地少山多，农产品不足，历来全仗境内矿产为养命之源，福公司强行封闭民窑，断绝了当地人的生活来源，因此，宋汝阳等不顾福公司的阻挡，继续组织凿井。以蔡荣田、张诚等为首，在平定成立矿产公会和固本、保艾等公司，并在铁路两侧的山顶石头上刻上“固本”两个大字，与福公司对抗。福公司在平定封闭民窑的消息传开后激起了山西各阶层人民的强烈反对，并由此爆发了全省人民声势浩大的收回矿权的反帝争矿运动。

这次斗争的主要力量是由三个方面组成：一是山西籍在京的封建官僚；二是刚刚产生的民族资产阶级；三是青年学生与矿区人民群众。在封建官僚中有两种情况：一种情况是当胡聘之与意商罗沙弟签订卖矿之事传开后，山西的一些京官纷纷参议胡聘之，山西商务局曹中裕奉总理衙门之命赴京与外人签署合同和章程时，山西同乡均闭门不纳。这种情况说明即使在封建官僚中也有人认为胡聘之出卖矿权是可耻的卖国行径。胡聘之等为此大失人心，贾景仁、刘鹗等在1908年2月受到上谕严厉斥责，并予以革职永不续用的处罚。另一种情况是开办矿区。如董崇江曾以资金20万两设立同济公司；寿阳人崔廷献及王植槐设立寿安公司，并在寿阳荣加沟开矿，然而因为资金不足，在接受正太路委员会朱殿臣的股金后改为寿荣公司。他们的本意是想和福公司竞争，但不久都因资金短缺而停办，最后加入保晋公司。这时山西新兴民族资产阶级开始登上历史舞台，参加了争矿运动，办起了一些近代民族工业，如渠本翘后来成为保晋公司的总经理。在争矿运动中，起主要作用的是当时山西知识界和广大的人民群众。1902年成立的山西大学堂，虽由英国人李提摩太主持，但这所新式大学的开办却促进了山西知识界的觉醒。

当时太原知识界的喉舌《晋阳公报》率先宣传收回矿权。1905年，山西大学堂的学生们在听到英国公使要求封闭中国百姓所开各矿的消息后，纷纷罢课抗议、游行集会、发表宣言，要求收回矿权，山西大学堂还派人到阳泉实地调查。争矿运动爆发后，迅速传播到全省各界，许多县学校罢课、商会罢市，积极声援。《晋阳公报》则报道全省运动消息，刊登各界的抗议宣言，并得到全省人民的声援。

在国外，山西籍留日学生得到晋矿被卖、英商哲美森执意要求福公司专办晋矿的消息后，便群起集会讨论，打电报，发宣言，并在刊物上著文声讨，得到留日学生的支持。这时适逢山西留日学生李培仁自尽，使得争矿运动迅速发展起来。

1906 年 10 月 13 日，正在东京政治大学留学的山西阳高县人李培仁投身八重桥下，溺水而死。随后留日学生公布了以李培仁名义写的两封慷慨激昂、感人肺腑的绝命书。书中对出卖矿权的清政府进行了严厉警告："政府如放弃保护责任，晋人即可停止纳租义务。约一日不废，税一日不纳。万众一心，我晋人应有之权利也。如和平手段不足，则继以破裂，太行义士，顾无继荆卿遗风，怀匕首愤起者乎……凡诸矿贼，吾知其必有断头裂体之一日也！"绝命书号召山西父老奋起争矿，"矿产者，命脉也。政府官吏既实行亡我矿产，则命脉断，毋令先发制人！遇卖矿民贼，当破其脑，爆其身，以代天罚而快人心。炸弹乎，匕首乎，我同胞能各手一具，则矿贼虽多，不值一灭也……碧海可填，宇宙可塞，矿贼之仇，不共戴天也！"①

此后，中英双方函电交涉，人员往返，历经多次谈判。福公司要求清政府准其独办山西矿务，后来他们看到封闭的矿区已经被开采，而且他们的行径已激起中国人民的愤怒，国内外已掀起收回矿权的高潮，如仍坚持强行开采晋矿，前途难测，才于 1908 年 1 月 21 日与清政府在北京签订了《赎回开矿制铁转运合同》12 条。合同规定此项"赎款"共计 275 万两白银，需在 1908 年 2 月 21 日前先交付一半，余款分三期交清。山西丧失的矿权终于收回来了，这是山西各阶层人民在十余年反动帝国主义经济侵略，保卫山西权利取得的一个重大胜利。争矿运动及其胜利在山西乃至中国近代史上有重大意义。

首先，围绕"争矿"运动在全省范围内开展了一场史无前例的反帝爱国教育。全省各阶层人民群众组成的空前统一联盟为以后山西人民开展反帝斗争奠定了良好基础，并揭开了全国保卫路矿运动的序幕。在其影响下，各省相继展开护矿保路运动，且声势浩大，影响深远。

其次，"争矿"运动促成了山西近代史上第一次投资兴办实业的高潮。在"争矿运动"过程中，山西的民族资产阶级第一次登上政治舞台，许多有识之士如渠

① 李庆芳：《山西矿务档案》，太原：山西省城晋新书社，1907 年，第 90 页。

本翘、刘笃敬等都参加了争矿运动。通过斗争，他们深深认识到只有自己兴办矿业，才能保证矿权不再落入帝国主义手中。在他们的大力倡导下，山西近代最大的一家民族资本主义工业——保晋矿务公司诞生了。保晋公司的诞生极大地刺激了山西民族工业，尤其是采煤业的发展。但是由于民族资产阶级的妥协性和软弱性，这次运动未能坚持无条件废约，而是付出巨额赎款后才收回矿权，表现出民族资产阶级斗争的不彻底性。

（二）保晋公司

18世纪以后，中国城市手工业日趋发达，商业资本渐趋集中，其活动范围也不断扩大，这给封建经济的解体和资本主义生产关系的产生提供了条件，随着封建社会内部经济结构的破坏及外国资本主义的影响和刺激，在19世纪下半叶，即中英鸦片战争以后，中国民族资本呈现出投资新式工业的强烈热忱和愿望，规模较大的近代工业陆续出现，中国新兴的民族资本主义有了初步发展。山西近代工业的发展落后于得洋务运动之益的沿海地区，但在19世纪末20世纪初也呈现出渐次增长之势。由封建地主、商人、票号商转化而来的民族资本家纷纷投资于近代工业，山西的民族工业有了较大发展，特别是1908年随着反帝爱国保矿运动的胜利和矿权的收回更激发了山西民族资本投资于采矿业的热情，山西近代工业中第一个较大规模的煤炭企业——保晋矿务公司应运而生。

保晋公司即“山西商办全省保晋矿务有限总公司”在1906年冬筹备，1907年春向清政府农工商部备案。公司总部设在太原市海子边，并在平定、晋城、大同、寿阳、天津、北京、保定、石家庄等地设立了分公司或分销处。其中，平定、寿阳、大同、晋城等分公司经营采煤兼运销业务，而北京、天津、保定、石家庄等分公司只经营运销业务。保晋公司的第一届经理是山西著名票号商人渠本翘，王用霖为协理，即副经理，保晋公司的成立揭开了山西近代大规模兴办采煤业的序幕。①

1. 四个发展阶段

保晋公司自1908年正式成立，至1937年日本帝国主义全面入侵而歇业，前后经营了30年。这30年大致可分为四个阶段，即创办阶级、扩展阶段、呆滞阶段和危机阶段。

（1）创办阶段　1907—1916年的10年为保晋公司的创办阶段。在开办之初，

① 刘建生，刘鹏生：《晋商研究》，太原：山西人民出版社，2002年，第290页。

保晋公司用山西省两次拨发的地亩捐20万两白银在平定、阳泉附近收买土窑50余座，并接受了同济和固本两个分公司。在寿阳接受了寿荣公司，在晋城接受了晋益公司。至此，所拨资金将尽，各项建设无力进展，而赎矿欠款归期又到，故保晋公司一开始便面临重重困难。

根据1908年与福公司签订的赎矿合同，赎款需在1911年前还清。为防节外生枝，渠本翘以赎矿合同中写明的山西亩捐作抵押，亲自出面向各票号商借款，且在规定时间内将一半赎矿款偿还完毕。为了维持生存，保晋公司在官方的协助下进行了为期7年的募股活动，但只募集到股银192万余两，合银元286万余元。辛亥革命后，山西亩捐挪充军费，归还票商已无指望，渠本翘只好从所集股银中拿出117万余两，合银洋160余万元，偿还了向票商所借之款。保晋公司就是用这种办法勉强维持生存。在初期，保晋公司召开股东大会，设置董事局，建立总公司、分公司以及各矿厂的组织机构，还制定了一些章程和规则。

建筑近代矿井和对原有矿井进行改造是保晋公司初期着手进行的基本建设工作。公司聘请外国矿师首先设计了燕子沟东竖井，但是由于在开凿过程中遇到流砂层，不得不更换井口位置重新开凿，重开之后，又遇到瓦斯爆炸，外国矿师束手无策，辞职而去，使该井竣工期拖延10余年。在建设燕子沟新矿井的同时，保晋公司还先后开凿和改造了铁炉沟、简子沟、贾地沟、先生沟、庄庄沟、段家背沟和汉河沟等一些中、小型矿井。

由于资金严重不足，铁路运费高，正太路以北各矿厂都不与铁路接轨，短途搬运仅靠人力、畜力，开支较大，采煤方法落后，手工掘煤凿壕，效率低下，导致公司初期的发展非常艰难。面临困难的挑战，渠本翘对保晋公司的发展失去信心，坚决要求辞职。辞职后，渠本翘仅担任名誉总经理，由刘笃敬担任第二任经理。刘笃敬虽然尽力维持，但处于风雨飘摇中的保晋公司，败局已定，于是他也不得不以年老体衰为由，请求辞职。在创办阶段的10年里，保晋公司经营亏损十分惊人。

（2）扩展阶段　1917—1924年的8年为保晋公司的扩展阶段，也是其短暂繁荣的时期。从国际形势来看，1914年，第一次世界大战爆发，各帝国主义忙于战争，暂时放松了对中国的经济侵略。这在客观上为中国民族工业的短暂繁荣制造了一个机会。

在保晋公司第二任经理刘笃敬辞职之后，董事会选举曾经担任过阎锡山省政务厅长的崔廷献为第三任经理，选举纪纲为协理，聘用王骧为总稽核，组成了新的领导机构。为了便于加强对重点煤矿基地的领导，崔廷献接任之后将总公司由太原海子边迁至阳泉火车站附近，并把平定公司所辖各矿厂收归总公司直接管理。崔廷献还利用自己的权势，整顿机构，调整人员，改革经济核算单位，清理官府欠款，请准核减铁路运费，改造和扩建重点矿井以及寻找销路等。

在崔廷献当权时期，由于一系列措施比较成功，再加上国际形势方面的有利因素，保晋公司的煤炭畅销华北、香港，远销日本和美国。阳泉无烟煤也因此而名声大振，誉满中外。在这段时间里，保晋公司还收购和出资合办了一些小煤窑。收买的煤窑主要有王家沟煤窑、虎尾沟的马头窑和李家沟煤矿等。合资经营的煤窑主要有富昌煤矿、平记煤矿和保生煤矿等。1923年，崔廷献调任河东道尹，保晋公司另选常旭春为第四任经理。在此期间，建井工程进展顺利，煤炭销路畅通，经济效益显著，到1924年，除将公司创办以来所有亏损补清外，尚有富余。

（3）呆滞阶段　1925—1930年的6年为保晋公司的呆滞阶段。正当保晋公司的全部亏损得到弥补，营业有所起色的时候，国内封建军阀的战争使保晋公司接连遭受沉重打击，结束了它短暂的繁荣，呈现呆滞局面。1924年，第二次直奉战争使铁路运输经常中断，铁路联运被迫取消，铁路运费重新高昂起来，同时，暂免了的出口税、井口税也被取消，这些情况导致保晋公司阳泉各矿厂生产的煤炭堆积如山，无法销售。在此情况下，保晋公司只好丢卒保车，除必需建设的工程继续进行外，其余的一律停业。

1927年，北伐战争波及北方，铁路运输中断，保晋公司阳泉各矿厂陷于停产状态，矿工失业、职员坐食、亏损剧增。为了应付危机，保晋公司向山西省银行订立垫款合同，贷款120万元。1928年，时局稍微稳定，但车皮仍多被军队占用。车辆短缺、销路闭塞、捐税繁多，使保晋公司仍无法得到喘息机会。尽管保晋公司进行力所能及的挣扎，将存煤运至太原、榆次等地销售，但价格偏低，得不偿失。1930年，中原大战爆发，保晋公司的营业再次受挫。在这一阶段，公司财务又重新出现赤字。

（4）危机阶段　1931—1937年的7年为保晋公司的危机阶段。在这一阶段，帝国主义国家正处于经济危机时期。为了转嫁经济危机，它们在中国和中国民族资产阶级争夺市场的斗争日益激烈尖锐，日本帝国主义已占领我国东北，并准备大举入侵。帝国主义的经济争夺和军事侵略使中国民族工业的处境每况愈下。

中原大战之后，晋钞面值剧跌。保晋公司协理白象锦抓住时机，让大同分公司预售煤炭10万余吨，收到现洋30余万元，另借现洋10余万元，才把借贷山西省银行的欠款全部还清，解除了保晋公司经济困窘的危机。

在金融危机缓和后，保晋公司着手安排了一些矿井建设，这次矿井建设的内容主要有两个方面：一是撤掉各矿厂不称职的厂长，配备有能力的坑务主任，主持矿厂事务；二是取消封建把头制的生产管理方式，代之以"老伙班"的小包干方式。虽然这次改革使保晋公司的经营有所改善，但是日本发动的侵华战争使保晋公司的努力付之东流，市场继续缩小，销路依然堵塞，亏损又迅速增加。1937年，"卢沟桥事变"爆发，日本侵略军向华北长驱直入，保晋公司的当权者闻风而逃，并欠下上百万元的巨债。1937 年 10 月，随着日本侵略军铁蹄踏入阳泉，经营 30 年之久的保晋公司被日本侵略军劫夺，结束了自己的历史。

虽然在 30 年里这个先天不足的民族资本主义企业几易经理屡图改革，但由于帝国主义的压迫和排挤以及封建主义的束缚和影响，其生产和经营一直不景气。保晋公司主要经营的阳泉煤炭一直徘徊在 20 万吨，大同忻州窑煤矿的产量也不过 15 万～ 16 万吨。据统计，在 1908—1935 年的 28 年中，全公司共产煤炭 570.9 万吨。其中阳泉分公司产煤炭最多，为 388.8 万吨，占全公司总产量的 67%。在经营上，除大同地区由于煤价稍高，略有盈余外，其余大部分地区连年亏空。1925—1929 年保晋公司年年亏损，5 年总亏损额达 44 万余元。

2. 组织与管理

保晋公司是山西近代第一家大规模的煤炭生产企业，它突破了传统的小煤窑土法开采，开始采用机器生产。此外，在生产经营和组织管理方面，保晋公司开始逐步实行资本主义企业的管理制度，山西煤炭工业的发展从此进入一个新的历史时期。

（1）企业性质　保晋公司是山西近代史上开办较早、规模较大的民营企业，它的实权掌握在民族资产阶级手中。保晋公司的资本是国内募集而来的股银，其章程明文规定："所收股份以本国人为限。"该章程还规定："本公司既为商办，则附股者无论何人均认为股东，一律对待。"章程在阐述其办矿宗旨时说："本公司为开辟本省利源起见，期将各种矿产一律开采，以兴起利而裕民生。"并提倡地方自办，"以辅公司之不及"，还说："本公司用人办事，一以商务为宗旨，不得丝毫沾染官场气习，亦不沿用各局所名称。"

保晋公司的主权机关是股东大会，并规定股东大会举行时，凡股东皆可参加，凡出资股银 1 500 两者有一决议权，多者递加，最多可得 20 权。除了对决议权有明文规定外，对当选董事和监察人，也有明文规定。当选董事和监察人，公股者必须有股银 1 500 两以上，私股者必须有 2 500 两以上。一般的股东并没有多少股银，投入巨资的只能是少数热心于开办新式企业的地主、商人和票商。就保晋公司的几位经理来看也都是由经济实力雄厚并在社会上有相当地位的人来担任。

（2）管理制度　保晋公司的管理制度具有资本主义企业的性质。董事会领导下的经理负责制是保晋公司的基本管理制度。

保晋公司由主权机关、领导机关和执行机关组成。股东大会是保晋公司的主权机关，分常会和临时会两种。常会于每年度结账后举行，凡入股者皆可参加。临时会则遇有特别重大事件时才举行。常会和临时会均由董事会和总公司经理、协理负责召集。董事会是保晋公司的领导机关，它由股东大会选举若干人组成，董事会决议公司重要事项，主任董事主持董事会事务。总公司是保晋公司的执行机关，它由经理、协理和有关职员组成，按照董事会决策，具体领导全公司事务。

董事由股东大会选举产生，参与董事会的集体领导。当选董事必须是本公司股东，其股银，公股者不低于1 500两，私股者不低于2 500两，每届任期3年。

监察人由股东大会选举产生，每次选举数人，凡公司账目、财产和业务均能随时检查，年终时，负责查核公司账务并署名报告。当选监察人必须是本公司股东，其股银数量与当选董事相同，每届任期一年。经理和协理均由董事会推举产生。经理按照董事会意图，主持公司事务，协理协助之。保晋公司的管理制度既保证了董事会对企业的集体领导，又保证了经理对煤矿行政的统一指挥。

（3）两次改革　保晋公司在初创阶段的经营一直处于不佳状态，这固然是多种原因造成的，但就公司本身而言，最主要的是用人不当和实行全公司统一经济核算。实行统一核算会使各分公司相互依赖，不利于调动各自的积极性。大量使用旧商号人员来管理煤矿企业，又势必造成盲目指挥。

针对这种状况，保晋公司于1916年进行了第一次改革：变全公司统一核算为分公司各自核算；取消平定分公司，阳泉各矿厂归总公司直接管辖，各矿厂独立核算，自负盈亏，并鼓励竞争；辞退不称职的旧商号人员，招聘一批精通矿业和商业的专门人才，把山西大学堂的一些矿业教员和留学生招聘进来，作为生产技术和经济管理的骨干，这次改革取得了较大成功。经济核算单位的改变调动了各矿厂的生产积极性；内行管理企业提高了企业的管理水平。这次改革为保晋公司的短期繁荣奠定了坚实的基础。在保晋公司后期，机构臃肿、人浮于事的问题非常突出，多层领导和盲目指挥使被领导者无所适从，尤其是阳泉各矿厂的厂长滋长了严重的官僚生活作风。

针对上述情况，1932年，在白象锦调任保晋公司协理后，他进行了第二次改革。这次改革着重解决两个问题：一是精简机构，调整人员，撤掉一批不称职的厂长，抽调一批精通业务、有工作能力的内行担任坑务主任，仅设几名精干的坑务员和事务员，受坑务主任直接领导，具体管理矿厂事务。二是不同程度地取消把头制，由工人自愿组织一伙人，叫老伙班；矿厂把生产直接承包给老伙班，并按照生产完成情况，把工资付给他们，由他们自行分配。通过这次改革，各矿厂实现了精兵简政，职员的官僚化作风得到有效的整顿；取消了把头制，减少了中间剥削，缓和了劳资矛盾，工人的生产情绪不断高涨，生产效率得到提高。

（4）职员的专业知识　保晋公司比较重视专门人才的使用，在用人制度上由单纯的推荐改为考试录用，公司职员的知识结构发生变化，专业人才比重逐渐增大，大学文化程度的职员逐步增多。有的职员为国内大学毕业，有的职员为国外大学毕业，并且大多职员为矿业专门学校毕业且具有多年的矿业实践经验。其中总公司经理常旭春是山西大学教授，协理白象锦是英国威尔士大学矿科毕业生，总稽核杨仁显是英国伦敦帝国大学毕业生，总工程师兼工程课长张景良是英国威尔士大学毕业生。

（5）工资制度　保晋公司的工资制度有多种形式，对职员实行职务等级工资，对工人实行计件工资和计时工资。职员的职务等级工资以职员职务高低和能力大小为依据，能力越大，职务越高，工资也越高。对职员工资数额的决定权限也有明确的规定，总经理和协理以下各级职员的工资则由总经理和协理确定。

山西争矿运动的胜利使山西民族资本经营的保晋公司获得了生存和缓慢发展的条件。随着民族资本的兴起和保晋公司的出现，山西煤炭工业的发展进入了一个新的历史时期。据《中国实业志》记载，1934 年，在山西 64 个产煤县中，较大的煤矿煤窑共有 1 425 家，遍布各地的小煤窑更是不计其数。这种蓬勃发展景象的出现与保晋公司首开先河有着密不可分的关系。

3. 衰落及原因

在争矿运动中成立的保晋公司是山西近代工业中最有影响力、成效最大的近代企业之一。保晋公司是当时山西民族资本家所创办的最大煤矿，也为山西近代工业的发展树起了一面旗帜。但是半殖民半封建的社会性质和保晋公司自身存在的诸多缺陷，注定了它不可能拥有顺利发展的机会。自 1925 年以后，保晋公司便连年亏损，晋商投资控股工业以巩固利权、实业救国的种种努力最终也以失败告终。从经济学的角度看，导致晋商近代化转型失败和保晋公司衰落的原因主要有以下几点。

第一，诱致性制度变迁使晋商丧失了向近代工业投资的最佳时机。制度变迁分为两种类型：诱致性制度变迁和强制性制度变迁。诱制性制度变迁指的是现行制度安排的变更或替代，或者新制度安排的创造，它是由个人或一群人在响应获利机会时自发倡导、组织和实行；而强制性制度变迁是由政府命令和法律引入来实行。显然，晋商向近代工业的投资属于诱制性制度变迁。但诱制性制度变迁的最大问题是容易导致制度变迁的最佳时机丧失。在一种自然状态下，企业组织是不大可能掌握住制度创新的最佳时期的，各种利益冲突牵制了它做出正确的决定，企业惯性一般总是使得它到非死即生的关头才能开始制度创新。

第二，保晋公司的创办使山西的产业结构失衡，资源配置效率低下，违背了正常的经济发展规律。在正常情况下，价值规律通过竞争和价格波动以及与此联系的供求关系的变动而实现对社会资源的合理配置。在这种条件下，各个生产经营单位根据市场信号的引导，自动调节企业的生产方向、生产规模和生产结构，从而使每个生产经营者实现利润最大化，社会资源也得到最优配置。与此相适应，产业资本发展的一般特征是先投资于所需资本少、资金周转快、技术水平要求不高的轻工业部门，当轻工业发展到一定程度时，重工业才能发展起来。同时，由于重工业投入资本多、周转时间长、技术管理水平要求高，所以往往由国家投资，私人资本较少涉及重工业领域。

在投资工业过程中，晋商的前期投资基本集中在火柴、棉纺、面粉、卷烟等轻工业部门，符合近代工业成长规律，但争矿运动使晋商的资本转向重工业领域，产业结构趋向不合理，资源配置效率日益低下，这意味着山西经济比例失调，造成相当一部分人力、物力、财务的浪费，降低了物质资料、生产设备、工时的利用率和投入产出率，降低了经济效益。同时，由于重工业生产周期长，积累基金与社会提供的追加生产资料构成不相适应，使社会再生产受到影响。此外，产业结构的过度倾斜使得山西短线产品供不应求，而长线产品又供过于求。这种状况既不利于结构平衡，也不利于总量平衡。事实上，经济结构在很大程度上决定了资源配置的效果。如果产业结构比较均衡，并与市场需求和经济发展相适应，与技术的发展相适应，则资源配置合理，经济就能持续增长。如果产业结构严重失衡，与经济发展水平不适应，其技术水平远落后于经济的发展，则资源配置效率低下，经济增长必然是缓慢的、不稳定的。

第三，清政府背信弃义，截留地亩捐，抵赖官股。保晋公司的股本中，原本分为官股与商股。官股由山西地方筹集的地亩捐抵押。地亩捐原本为筹集庚子赔款而设，经奏准清政府，同意宽限缓交，先将地亩捐拨归保晋公司作为官股，也是作为向各票号借款的抵押。但是正在保晋公司筹办的困难日子里，山西当局违背了赎矿合同中曾签字画押的明文规定，置保晋公司生死存亡于不顾，竟截留了地亩捐，抵赖了本利100万两的官股，迫使渠本翘把保晋公司的资本挪借过来，归还了原由各票号垫借的赎矿银。这样前后交付的275万两赎矿银就都落到了渠本翘主持的公司众商民头上。这对于山西近代工业投资来说，不仅是一笔巨大损失，也是最为沉重的一击。

第四，一战时期，日本经济势力乘虚而入，战后更是对华展开大肆的商品倾销。中国民族工业短暂的"春天"一去不返。1925年，日煤以比其国内低得多的价格向中国沿海及一些内地市场及世界市场倾销，导致保晋矿务公司自1925年起便连年亏损，形势急转直下。

第五，高昂的运费在很大程度上限制了保晋公司的生产和经营。如阳泉煤出口需由正太转平汉、北宁而抵出口港天津塘沽。而当时正太路被法帝国主义操控，竟然对阳泉煤苛收高额运价，这个运价超出世界铁路会议制定的"万国煤运率"的五六倍。而对同一铁路线上由外资经营的井陉煤却仅征收吨公里六厘二的运费，尚不足阳泉煤运价的1/4。

作为山西近代第一家大规模的煤炭生产企业，保晋公司打破了传统的小煤窑土法开采，开始采用机器生产。通过使用机器开采煤窑，煤炭企业的生产力有了较大的提高。

二、转型晋商的"创业·创新"精神内涵

自第一次鸦片战争爆发后，整个中国逐步沦为半殖民地半封建社会，地处华北京畿要地的山西也不例外。在这种大环境下，工矿业的发展举步维艰，虽山西仍以自然经济为主，但工矿业的建设还是有所发展。19世纪末20世纪初，山西的代近工业开始萌芽，推动者为有功有过的胡聘之，于1892年创办了山西最早的工业企业——太原火柴局。[①] 除了官办工业之外，山西也出现了一些民办、商办工业企业，如山西平陆矿务公司、山西晋益煤矿公司、山西省保晋矿务有限公司、太原电灯公司、玉成永铁工厂等。

山西近代工矿业的创立蕴含着山西人不畏外国列强、甘于奉献的"创业·创新"精神。自太原火柴局成立以来，国内战乱不断，国外列强虎视眈眈，蚕食我国领土和矿产资源，对民族工业进行无情地打击。但是在爱国心的感召下，晋商开展了声势浩大的山西争矿运动，顽强地与其斗争。这场山西争矿运动体现出强烈的爱国精神，这种爱国精神对商人来说尤其难能可贵。

---

① 崔海霞，丁新艳：《阎锡山与山西的工业近代化（1912—1930）》，晋阳学刊，2003年第1期，第90～94页。

第4章

明清晋商商路的开拓与市场开发

明清晋商通过走西口和闯关东开拓了商路，在市场的拓展上也不遗余力，对汉口、天津等商埠进行垄断，开辟了万里茶道，甚至将市场延伸至国外，开拓进取精神彰显于表。

第一节 走西口

“西口”就是杀虎口。对于做北路贸易的晋商来说，杀虎口有着非常特殊的意义。历史上的杀虎口由于地处中原与蒙古交界处，军事地理位置十分险要，古人称“其地在云中之西，扼三关而控五原，自古称为险寒。”它既是通往新疆、蒙古和俄国的路口，又是回老家或运货返晋的标志，以致“东有张家口，西有杀虎口”[①]的民谚一直流传至今。

一、走西口的“创业·创新”之路

走西口体现了晋商不畏艰险、艰苦创业的精神，尽管晋商在西口的成功受到当时地理位置、战事需要、经济发展等各种因素的影响，但不得不说其中最重要的因素是晋商的“创业·创新”精神。

（一）走西口的地理位置

“西口”倚长城，汇两河，扼三关，控五原，绾南北，所以雍正年间修

① 孙建中：《晋商北路贸易》，太原：山西古籍出版社，2006年，第2页。

成的《朔平府志》讲道：杀虎口"直雁门之北，乱嶂重叠，崎路险恶，数水交汇，绾毂南北，自古称为要塞"，尽管其名称屡有变更，先秦两汉时称参合口，隋唐时称白狼关，宋改牙狼关，明正统十四年（1449年）改称"杀胡口"，嘉靖二十三年（1544年）增筑共胡堡，康熙三十五年（1696年）又改"杀虎口"，但其位置决定了在历代汉族与少数民族征战中，杀虎口都首当其冲，成为兵家必争之地。"周征猃狁、秦汉伐匈奴、隋唐击突厥、宋讨契丹、明平鞑靼、清康熙皇帝讨伐蒙古叛匪葛尔丹，均经由此地。"康熙皇帝还特意命令勋戚重臣，统禁军精锐数千，驻扎右玉城，与直隶宣化、陕西、宁夏相为犄角。

（二）马市商缘

明初为防蒙古骑兵南犯，在北部边防沿长城一线，相继设置了辽东、宣府、蓟州、大同、太原、延绥、宁夏、固原、甘肃九大军事重镇，史称九边。九边之一的大同在明代边防中处于重中之重的地位，一直为京师藩屏，是防御蒙古人南下的前哨基地。建有"城堡六十四座，敌台八十九座，墩台七百八十八座，额设马步官军十三万五千七百七十八人，马、骡、驴五万一千六百五十四匹。"每年供应米、麦、黑豆672 564石，马草246万束。镇内驻军数量战斗力都优于其他边镇，"神京外逼，虎穴其冲，且重倍百诸边。"[①] 整座大同城周围，卫所林立，墩堡密布。

杀胡堡属于大同镇右玉卫下边的一个重要边防关卡，明朝"土木之变"前后和嘉靖年间，明蒙之间的战争大不隔年，小不逾月，几乎每次杀胡口都是首当其冲。在明代，每逢大同战事吃紧，北京便进入戒严状态，明朝皇帝就会坐卧不安。因此，宣大总督地位最重，入京则为兵部尚书，有时就由兵部尚书兼任。然而，连年战事劳民伤财，明蒙双方要求停战之声渐起，一方面，每次战乱都造成明蒙双方关系紧张，外交破裂，来往受阻，经济受损，百姓遭殃；另一方面，游牧经济与农耕经济的天然互补依赖性导致了蒙汉人民都厌恶战乱，希望和平相处，进行贸易往来，这是明代马市和"封贡互市"产生的社会经济根源。

明初政府于永乐三年（1405年）在东北设有马市，西北设有茶市，通过官方渠道同少数民族进行茶马市物资交易。到明代中期，许多边境市镇都进行贸易。"镇外及营堡俱有市，而沿边村落亦间有之。"[②] 英宗正统三年（1438年）四

---

① 王士琦：《三云筹俎考》第4卷《军实考》。

②《延绥镇志》第2卷《食志·市集》。

月，明政府正式设立大同马市。大同巡抚卢睿报请英宗皇帝正式批准军民按公平价格购买蒙古人的骆驼、马匹、牛羊、皮毛等物品，蒙古民族则通过牲畜换取茶叶、粮食等生活用品，达官指挥李原负责交涉翻译，大同马市分布在杀胡堡、镇羌堡、得胜堡、弘赐堡、新平堡五处。

杀虎口的马市在明代起伏较大，马市从性质上来说不是完全意义上的自由贸易，而仍属一种官方经营的有限制的朝贡贸易范畴，难以满足蒙古贵族的需求。加之规模不大，军事纠纷不断，故处于时开时停的状态。

嘉靖三十年（1551年），大同总兵仇鸾请复开马市，嘉靖皇帝诏准宣府、大同两处开市。为吸取先前的教训，明政府特派兵部侍郎史道负责管理马市贸易，可是因为嘉靖时期权奸严嵩当朝，军务废弛，边防虚弱，明朝无法维护正常的边贸，蒙古贵族不断入掠。嘉靖帝误认为边衅起自马市，于是因噎废食，召回史道，并于嘉靖三十一年（1552年）第二次停罢大同马市。但是蒙古各部都离不开中原的茶叶、布匹、铁锅、针线等生活必需品，马市停后，唯一的交易渠道堵塞，以致走私不断，蒙古贵族进入山西抢掠更甚。

（三）封贡互市

杀胡口马市设立后，由于军事方面和贸易方面需求旺盛，发展势头不错，嘉靖二十三年（1544年）进一步扩展规模，于是在杀胡口内东侧约200米处修建城堡，城周长2里，高3丈5尺，名为"杀胡堡"。隆庆四年（1570年），俺答孙子把那吉汉来降明，明、蒙和好，通商、封贡、互市之议再起。1571年2月，宣大总督王崇古上疏，提出处理封贡互市的八项建议，包括"赐封号官职，以臣服夷酋""定贡额，以均赏赉""议贡期贡道，以便防范""立互市，以和华夷""审经权，以严边备"等。[①] 朝廷经过一番争论，决定宣府、大同马市复开，边贸再度恢复友好交易的繁华场面。之后，明政府又增开陕西三边、大同威远堡、张家口、山西水泉营等多处马市。

在"封贡互市"政策实施后，杀胡口市场繁荣，购销两旺，成为云中五座边堡市场中第一繁盛要地，并且很快在万历后期步入第一次发展高峰。万历四十三年（1615年）明政府在杀胡堡南百米处又建一座新堡，名为平集堡，周长2里，高仍是3丈5尺，与旧堡同，后来新、旧两堡之间增筑东西墙，合二为一，连成一体。前后左右开门，东西南北四通，成为周长540丈的云中第一大市场。当时的杀胡堡市场分为官市、私市两类。官市又分大市和小市两种，大市每年一次，

①《明经世文编》第317卷。

小市每月一次。在开市的时候，市场贾店鳞比，按行业交易，价格随行就市，铺沿长四五里。蒙古族人民以金银、牛羊、骡马、皮张、毛绒之类畜产品换取晋商贩运来的绸缎、食盐、布匹、铁锅、茶叶、瓷器、糖料、碱面等生活日用品，热闹非凡。将这种限定在一定场合、期限的官市交易仍然不能满足蒙汉人民的需求，于是又产生了各种形式的“私市”。这是一种在杀胡堡周围一带不定期、无固定铺面及其方式灵活的地摊式民间交易，蒙、汉人民通过这种灵便的方式更多地交换各自所需的生产、生活用品。从此，北方蒙古诸部一直服从明朝政府的领导，明蒙双方基本保持着和平互市的友好关系，史称“东起延、永，西抵嘉峪七镇，数千里军民乐业，不用兵革，岁省费什七。”①

但到了明代后期，杀胡堡市场在发展过程中也出现了官商勾结垄断排挤中小商人的问题。马市不等价交换形成的丰厚利润不仅使商人之间竞争激烈，而且各处管理马市的官吏家奴倚仗权势欺行霸市、排挤普通商人。杀胡堡马市设守备一职掌管。天启七年（1627 年），杀胡堡守备麻岌的家丁张库，违禁走私蒙马，麻岌以盘诘致死，反而借故嫁祸商人。太谷县商人侯某对麻岌纵奴枉法、刑讯逼供商人的做法十分不满，于是将守备告到大同巡抚衙门，巡抚上奏皇帝。

（四）设关征税

清王朝入主中原，统一内外蒙古地区，内地与口外的经贸交往在明后期原有的基础上更加频繁。杀虎口与张家口成为内地通往蒙古地区的两大关市口岸，专门设置监督掌管收税，归中央财政。顺治七年（1650 年）开始，杀虎口设立中央政府的税务监督机构——户部抽分署，负责征收山西东起天镇新平堡，西至陕西神木一线 200 多里的边口出入税。商税按物价，牲畜税按头数来计算。课税方法分“过税”与“坐税”两种：“过税”即货物经过关口时课之以税，“坐税”即货物到店出售时课税。税收项目主要有盐茶烟税、米面糖税、荤腥腌腊海菜香料税、干鲜果品税、皮毛骨角税、器物税等。除了口外的贡口、驾辕的骡马、运回口内的灵柩不纳税外，其余一切过往商品基本上都要照章纳税。顺治十八年（1661 年）六月，户部确定杀虎口关税起征定额为 13 000 两白银，比张家口还多了 3 000 两。

康熙年间（1662—1722 年），政策进一步放开，允许山西雁北一带边民去口外归化城（今呼和浩特）种地做生意，俗称“走西口”。康熙三十八年（1699 年），

---

①《明史》第 222 卷《王崇古传》。

又批准山西大同、朔州等地殷实商人去大青山伐木售卖。[①] 乾隆元年（1736年），归化城、杀虎口开征木材税。前三年，每年税收300两至600两，乾隆四年（1739年）酌定每年征收446两白银。

由于内陆地区，特别是大批山西人去口外谋生，消费资料需求增加，进而带动了山西大同等地煤炭、汾酒、胡麻油、烟叶等物资的出口贸易。油、烟、酒一开始在杀虎口并不征税，后来因出口数量越来越多，户部奏准于乾隆二十六年（1761年）开征烟、酒、油税。杀虎口自顺治年间设关至乾隆中期的100年间，市场日益兴盛，关税不断增长。到乾隆中期，每年征收的正额关税由13 000两增加为32 300余两，增长了1.48倍。关税的增加表明进出口货物数量的增多，杀虎口进入了自明万历以来第二次发展高峰期。关税的稳定增加，除了税源充足，征缴及时足额外，还与加强稽私征管，堵塞漏洞措施有很大关系。

（五）兴盛条件

户部抽分署的职能类似于国税局和海关，在清代属油水丰厚的肥差。清代杀虎口直接吃税费的有100家，成千上万人；间接吃税饭，搞三产服务的，诸如，税店、商店、旅店、饭铺、门役、搬货等各色铺行人等近千家数万人。构成杀虎口的主要机构和人员有三大类：一是户部抽分署与所辖官吏；二是以经营茶叶、牲畜、木材为主的各种旅蒙商及所属员工；三是驻防绿营兵将及驿传道。杀虎口繁荣的外部环境主要由以下几种情况形成。

①内外蒙古、西北市场广阔，呈点多、线长、面广态势，特别是西北部的唐努乌梁海、科布多、扎萨克图汗部、三音诺颜部及内蒙古六盟地区，青海湟河、新疆乌里雅苏台一带，广大蒙古、回、维吾尔各族人民所需绸缎、棉布、食盐、茶叶、铁锅、农具数量很大。明代靠沿边各马市有限供应，清代主要由杀虎口出口集散供应，从而带来杀虎口的空前兴盛。特别是雍正五年（1727年），中俄恰克图边贸市场兴起后，北部的大同、张家口、归化、库伦、恰克图五大区市场日渐兴盛，杀虎口市场处于中原和连接上述北部蒙古五大市场的枢纽地位，进出口贸易与日俱增。乾隆年间，古城一带由甘肃贩运的茶叶等货物，也部分地改为由杀虎口—归化城—科布多商道，无疑又使杀虎口出口货物猛增。

②大青山以南，归化城以东以西，绵延数千里地区和河套一带适应农作物生长，而且“杀虎口外北50里，东西50里内”均系熟荒可垦殖地亩，蒙古族牧民

---

①《清圣祖实录》第193卷。

不习惯耕种，因此，清代大批山西商民去口外垦荒种地打工做生意，致使归化城人口激增，商民聚焦，呼和浩特市汉人至今有80%多是清代山西走口外的商民。

③进出口货物品种数量增多。由于长时期军事对峙，明代的马市交易货物仅限于缎布、盐茶、牛马、牲畜皮毛四大类，铁器、铜器等可制作兵器的金属货物严禁出口。由于清代民族政策成功，内、外蒙古与中原合为一体，疆域辽阔，贸易交往与日俱增，汉人大批外出垦荒、种地经商，消费需求猛增，铁锅、铁锄、犁等铁农具以及车马、粮食、蔬菜、煤炭等货物大量从杀虎口输入口外，出口货物的品种、规模、数量比明代增长了数十倍。

（六）旅蒙商人

清初，内地商人深入蒙古地区贸易必须经过几个位于长城的要口，即古北口（今北京密云区东北）、独石口（今河北赤城北部）、喜峰口（今河北迁西县北部）、杀虎口（今山西右玉县西北）和张家口、归化城、西宁等。这些深入蒙古地区贸易的商人，统称为“旅蒙商”。明代宣府、大同、山西三镇边地马市、民市贸易受传统的影响，在这些旅蒙商人中晋商的人数最多，实力最强。杀虎口是他们进入蒙古的主要通道，因杀虎口在张家口以西，故俗称“走西口”。清政府为取得蒙古王公贵族和上层喇嘛的依附，在扩大贸易上做了必要的让步，但对旅蒙商人数及其商品种类、入蒙路线、贸易地点、返程日期等仍有诸多限制。这些限制内容都写在“部票”上，然后颁发给商人，出关、入关或到贸易所在地都要验票核查，如有不符，就要被没收商货并驱逐出蒙地。部票的颁发大权由张家口的察哈尔都统、归化城将军、多伦诺尔同知衙门和西宁办事大臣掌管，杀虎口和这些地方都有驿道可通。

清政府各朝对旅蒙商的限制时紧时松，在禁限严格时，往往使旅蒙商利益受损，但更为严重的还是蒙古漠北、漠西的边地牧民不仅得不到生产生活必需品，还会使畜产品因无人收购而造成极大的浪费。清政府对旅蒙商人采取了既限制又利用，既利用又限制的两手政策，但总的趋势是逐步放宽。虽然部票上有种种约制性规定，但反过来，部票又成为他们合法经营的许可证，深入腹地贸贩活动的保护伞。部票上写着：“如因斗殴或其他原因被杀害者，一命二抵。”这就使旅蒙商的生命财产得到一定程度的保护，没有领到部票的内商不能入蒙经营，实际上又维护了旅蒙商对贸贩利益的独占。

康熙年间，抚远大将军费扬古在杀虎口驻防，大盛魁的创始人太谷县王相卿、祁县张杰和史大学，因生活所迫，在费扬古军队中当厨夫、服杂役，也为部队采购一些生活日用杂品。后来，他们与边地蒙古民众逐渐熟悉，开始采购食用牛、羊，并学会了简单的蒙古语，了解了蒙古人的礼仪习俗，掌握了一些交易方法。在康熙亲自统兵出击噶尔丹时，费扬古为西路军主将，他曾一路进军至乌里雅苏台（今蒙古国扎布汗省省会扎布哈朗特）、科布多（今蒙古国科布多省省会吉尔格朗图），后追击至昭莫多（今蒙古国首都乌兰巴托东），大破准噶尔军。在这万里征途中，王相卿、张杰、史大学和许多晋商一样肩挑车推各种货物随军行进。在部队驻扎时便做随营贸易生意，在战争结束后大军撤回，这些随营商人便留在草原上继续从事商业活动。有的坐守城镇，专做收购、批发，成为坐贾；有的深入各牧区，专做贩运买卖，成为行商。资本小的以漠南地区为主要活动范围；资本雄厚，人员较多的大商号则到当时的外蒙古设立铺号，批零兼营，形成区域性垄断经营。还有一部分旅蒙晋商向漠西发展，这些旅蒙晋商利用回族人多养骆驼的条件，以骆驼为运输工具，活跃在漠西草原。

王相卿、张杰、史大学在随军贸易中互相帮助，情投意合，三人便结为异姓兄弟，并供奉“桃园结义”三兄弟的牌位，以刘、关、张的信义精神互相勉励，开始了合伙经营。他们先创立“吉盛堂”，在其贸易初具规模后，遂成立“大盛魁”堂号，历经雍正、乾隆、嘉庆、道光、咸丰、同治、光绪各朝，直至1938年左右始歇业，前后维持了240年左右，成为由垄断漠南到垄断漠北贸易的最大商号。

由于漠南、漠北及西北广大地区地旷人稀，而驿道台站只能通至主要首府军镇，所以商路的开拓是旅蒙商面对的一项艰巨任务，蒙地不仅有千里草原，还有浩瀚沙漠；不仅有千里平川，还有崇山险关，从漠南到漠北，从东北到西北，虽然辽阔的地域为商人辗转贸易提供了活动舞台，但商路却不平坦。山西旅蒙商人在官设驿道的基础上开通了五条商路，其大致的走向为以下几种。

①张家口—多伦—锡林郭勒—察哈尔—昭乌达—呼伦贝尔—喀尔喀车臣汗部—土谢图汗部—赛音诺颜汗部。

②张家口—乌兰察布—库伦—恰克图—俄国。

③归化—赛尔乌苏—乌里雅苏台—科布多—古城—乌鲁木齐—塔尔巴哈台。

④归化—乌里雅苏台—阿尔泰—哈密—吐鲁番—喀什噶尔—中亚。

⑤西安—兰州—肃州—敦煌—于阗—叶尔羌—中亚。

前三条路又称为“大北路”，因商路运输主要靠骆驼，又称“骆路”。蒙民所需的米面杂粮均靠这几条商路运输，故蒙民又称为“食路”。在贩运的各种商货中，茶叶、皮毛是除粮食以外的大宗商品，所以大北路又被称为“茶叶之路”“皮毛之路”。从清初到清末开发延伸的这些商路不仅成为新疆、内外蒙古各主要城镇通往全国市场的通道，也是蒙汉各族人民赖以生存的生命之路。漠南、漠北及天山以北许多城镇的兴起与旅蒙商人通过这些商路的贸易活动都有着密切的联系。

（七）衰落

自乾隆中期以后，杀虎口逐渐走向衰落。其衰落的标志之一就是关税逐渐减少。从 1650 年设立到 1929 年，杀虎口与塞北关合并，共存在了 280 年。它既见证了康乾盛世，又折射出清朝中后期的衰败。杀虎口关的衰落除与国家衰败息息相关外，其在客观上也与归化关的开设有关［于乾隆二十六年（1761 年）开设归化关］。在归化未设关前，木植税及其他货物税均归杀虎口征解，而且归化的“同知”也隶属于杀虎口所在地的朔平府。在归化设关后，当地所征关税也就不再归杀虎口关了。

从咸丰四年（1854 年）七月起，归化关又在西包关镇、萨拉齐（今土默特右旗）、托克托城三处设立牲畜税厅。凡一切货物不经过归化城者，皆在上述三地纳税，这就又使原属杀虎口征税地区的关税归属归化关了，分流了一大部分税款。自光绪二十九年（1903 年）起，归化关又在东路和林格尔、丰镇厅各地一律设卡，征收绒毛及牲畜各税，于是，归化关的税收日渐旺盛。

随着山西人带动内蒙古地区经济的开发，过去靠内地供应的粮食、油、酒、烟、煤炭等也就做到了部分自给，减少了进口，杀虎口的出口税被减少。乾隆中期以后，“蒙古地方，颇种烟叶、杂粮，口内人民赴彼造作油、酒、烟等在归化城一带村庄售卖”，也就用不着全部靠长途贩运了，从杀虎口进来的货物比以前减少。

在中俄恰克图通商之后，北京—张家口—归化—库伦—恰克图商路大盛，张家口成为北方一大商埠，华商云集。咸丰时期，洋商也来到这里，张家口成为蒙古、西北地区皮张绒毛转运天津至出口的基地。张家口的发展使口外商品流通路线发生了重要变化：一是归化城等口外地区所需中外货物的进口和皮张绒毛的出口如果在前期是完全通过杀虎口，在咸丰时期、同治时期以后，其中一部分就经过张家口得以实现。归化城与张家口基本处于北纬一条线上，经丰镇至张家口 600 多里，而杀虎口至张家口也有 740 多里。运程缩短、费用减少这是商人所普遍追求的。正是这一变化，归化关便在丰镇等地设关征税；在京张铁路通车后，许多货物通过火车运输，这种变化更加明显。二是由上述变化引起，新疆乌里雅苏台、蒙古国科布多所需要的缎布、茶叶等也部分地由采自归化城而转向张家口。

除上述原因外，衰落的内外部因素还有两个：一是“十月革命”使山西旅蒙商号遭受沉重打击，迅速破产败落；二是杀虎口的税务官吏贪污腐败。俄国“十月革命”及蒙古国独立，旧币废止，山西在莫斯科等地商人的资产或被没收或受损，俄商所欠晋商资产分文无收，蒙古国各部所欠大盛魁等旅蒙商号债务一律不予归还，数十家山西商号因此破产倒闭，晋商遭受毁灭性打击。从山海关、杀虎口逃回山西的旅俄、旅蒙商民多达十万，损失资财无数，商号大批破产，货源顿失，税款自减。清朝中、后期，杀虎口关的税务官吏贪污营私也难免其责。清末民初，在平绥铁路未修至丰镇之前，杀虎口的业务进出十分繁忙，养活了成千上万的官吏税役和一批黑店。他们官商勾结，徇私舞弊，于是，科房的财会人员在税款登记上做假账，征多报少，虚报冒领，不法商人偷税漏税。杀虎口号称日进斗金，但多数都被历任监督及属吏贪污。

二、走西口的历史作用

走西口与闯关东、下南洋并称为明清两代中国人自发迁徙的三大途径。与晋商发展关系密切的是走西口和闯关东，其中清末走西口的人数众多，规模宏大，对后世影响深远。晋商的发展史如以明清之际为界可分为前期和后期两个阶段：前期晋商多以晋南人贩盐致富为主；后期则多以晋中、晋北等地的晋商走西口或走口外为发财致富之道。

（一）走西口是晋商初入商海的培训地

在栉风沐雨、披星戴月、千里走荒漠的旅蒙商路上，走西口的晋商培养了不畏险阻、开拓进取、勤奋敬业、团结协作的人格品质，树立了审时度势、机动灵活、重视信息、薄利多销的经营意识，形成了以人为本、诚信不欺、信誉至上、克勤克俭的经营理念。这种内在灵魂铸就了晋商的创业创新精神，并加上一整套商帮行规的保障，才成就了晋商的大业。走西口晋商的先行者当属明代弘治以后的“货郎”。当时，随着“开中法”问题不断显现，边商日渐式微，许多边商便逐渐向口外渗透，或者同乡，或者同业，三五合伙，肩挑背扛，在晋北沿边地区和蒙古草原与蒙古牧民进行易货贸易，被蒙古人称为“丹门庆”（汉语“货郎”），汉人则称他们为“走草地的买卖人”，他们的资本并不雄厚。最初，他们只在归化、张家口一带的商品集散地活动，或合股集资购买，或赊买大商号的一些茶叶、烟酒、布帛等蒙古族牧民生活的必需品，赴蒙古大草原各地奔波兜售。在《绥远通志稿》中记载：“其始也，皆取给予城中之货商，捆载而去，及其迫也，则易货而偿其值，两俱获利。”自然险象环生，如此经商不仅要经受恶劣天气环境的磨难，有时还会遭遇强盗劫匪。但出于利益驱动，加之成家立业、光宗耀祖的信念，晋商敢冒风险，勇于进取，自强不息，善于发扬团队精神，朋合为帮，故最初以白手起家、小打小闹、聚沙成塔而终成大业。清代，走西口的晋商开辟了一条以山西、河北为枢纽，北越长城，横贯蒙古戈壁沙漠，到库伦，再至恰克图，进而深入俄境西伯利亚，又达莫斯科、圣彼得堡的国际商路。讲求经营谋略是经商成功的基本条件之一。

走西口的晋商在实践中逐渐懂得了市场行情的瞬息万变，要善于审时度势，灵活机动地组织货源才能购销两旺，也正由此，晋商才能在口外历经200余年而不衰。其中声名显赫的商号之一是大盛魁。这家由山西太谷县的王相卿和祁县的史大学、张杰三位肩挑小贩创办的商号，其前身不过是杀虎口的小店"吉盛堂"，因善抓商机而发迹。蒙古牧民以肉食为主，喜饮砖茶，大盛魁便自设茶庄，加工砖茶；蒙古牧民需要结实耐穿的斜纹布，大盛魁便大量购进，并按牧民习惯，将布分割成不同尺寸的蒙古袍料，任牧民选购；蒙靴、马毡、木桶、木碗、奶茶铜壶等是蒙古牧民和喇嘛的生活必需品，大盛魁便按顾客的习惯要求，专门加工定做，以致凡有大盛魁标记的商品都成为抢手货。此外，大盛魁还把营销方式做到极致，如组织骆驼商队深入帐篷，送货上门，满足牧民的商品需求；采用以物易物和赊销方式，解决蒙古牧区货币经济不发达的矛盾。

与大盛魁齐名的祁县乔氏"复"字商号也同样把晋商的经营谋略发挥得淋漓尽致。乔氏"复"字商号坚持薄利多销，不图非分之利，生意越做越火。诚信不欺、俭约自律是晋商之所以长久立足口外的基本因素。晋商在口外商战中认识到商业信誉高于一切。只有讲信用，不欺不诈，才能扩大交易；一旦丧失信誉，必然招致失败。乔致庸以儒家信条为经商之道。他规定做生意的三条要诀：一是守信；二是讲义；三才是取利。清末，乔家的复盛油坊曾从包头运大批胡麻油往山西销售，经手伙计为图暴利，在油中掺假，被掌柜发现，他饬令另行换售。虽当时蒙受一些损失，但信誉获赞，买卖更加兴隆。节俭更是走西口的晋商一贯的立业之本。以乔家的兴盛为例，乾隆年间，乔贵发和秦姓老乡结伴走出西口，在当铺一干就是十多年，稍有积蓄，便到包头开了间草料铺。二人经营得法，省吃俭用，精打细算才挣下了后来乔家的偌大家业。正是在艰辛而漫长的经商实践中，晋商聚积了资本，增长了历练，总结出一整套经商规章制度，从而保证了他们由小到大，从弱变强，最终成为当时"海内最富"的产业巨子。

（二）走西口是晋商资本原始积累的聚财路

明王朝建立之后，为了防御蒙元残余势力南下袭扰以及抵御蒙古瓦剌部的军事进攻，其在北方长城沿线相继设立了九个边防要塞，实施官卖食盐的"开中法”。盐是专卖品，利润丰富而稳定。山西人借地利之便，北上换取盐引，贩盐谋利，捷足先登而成为“开中商人”，获得了经商路上的第一桶金。后来，有些晋商就在边市屯田开垦，自产粮食，就近纳粮中盐，兼粮商、盐商于一身，以此迅速致富。明朝中叶，“开中法”走向末路，“开中商人”分化，许多晋商（代表人物有蒲州展玉泉、范世逵，代县杨继美，大同薛氏兄弟等）深入蒙古草原，以卓著的信用博得口外土商和蒙古族牧民的信赖，生意由小到大，商号由弱变强。明末清初，他们已成为口外独占鳌头的商帮。其中声名显赫的当数在张家口从事沿边贸易的八大皇商。在《万全县志》中记载：“八家商人者，皆山右人。明末时，以贸易来张家口，曰王登库、靳良玉、范永斗、王大宇、梁嘉宾、田生兰、翟堂、黄云发。自本朝龙兴辽左，遣人来口市易，皆此八家主之。”这八家晋商于明朝末年在张家口做生意。他们不顾明朝政府封锁边关的禁令，与刚刚崛起的满族后金政权的官民进行频繁的贸易活动，向他们提供各种紧缺物资，为清朝的建立立下了汗马功劳。在清廷入主中原后，这八家旅蒙晋商受到清顺治帝的接见，“承召入都，宴便殿，蒙赐上方服馔”，并被封为“内务府皇商”，获得特准经营垄断性商业以及向官府借贷资金等特权，一跃成为声震蒙古草原的大皇商。

清朝初年，北疆社会稳定，经济好转，蒙古族人民对来自中原地区的粮食、食盐、棉布、手工业品、生产工具等的需求日趋旺盛，“蒙古生意”更加利厚易行。于是，以八大皇商为榜样，大量晋商“以车载杂货，同游蒙境”，刚开始进行的是“以物易物，事成两便，向不通行银钱”的原始贸易。蒙古族人民把从事这种行当的汉人称为“出拨子”（汉语“行商”）。在这种原始的易货贸易中，吃亏的是不谙商情的蒙古族人民，而行商却能从中牟取高达数倍甚至几十倍的暴利。他们用内地廉价的粮食、布帛、黑茶、铁锅、铜器等日用杂货，换取贵重的裘皮、鹿茸、麝香，乃至金砂、宝石等物品。如一口普通的大铁锅能换满满一锅名贵貂皮，一块砖茶可换一张羊皮，一匹（蒙古族人民以八寸为一方，四方为一托，七托为一匹，约两丈二尺四寸）布换牛犊一头等，价值悬殊，获利甚厚。

到清代中期，蒙古族地区商品交换的贸易大权几乎完全控制在走西口的晋商手中。通过各种手段，他们结交地方实力派官僚，形成了各自的官场关系网，凭借自身实力与政治后台，涉足一般商人无法染指的贸易领域，从中牟取暴利。当时旅蒙晋商中的一些大商号，如大盛魁、复盛公等已拥有相当雄厚的资本。据说，如果把大盛魁的财产全部铸成50两重的银元宝，一锭挨一锭能从库伦一直铺到北京。像著名巨贾祁县渠家、平遥李家等开办的大商号除立足口外从事边境贸易，还把业务范围扩大到了内地十数省及海外。昔日走西口的晋商已发展成为跨区域、多元化经营的商贸和金融集团。道光和咸丰年间，在原始积累完成，商业规模空前壮大的基础上，晋商顺应埠际商业贸易和大额汇兑的需要，创造性地实现了商业资本向金融资本转变这一质的飞跃，创办票号，使之汇通天下，从而执国内金融业之牛耳。清末，晋商已成为清政府的财政支柱，全国的财政三分有其一。

（三）走西口为晋商开辟了万里茶道

中国是世界上最著名的产茶大国，茶文化历史悠久。早在明代，茶叶就通过山西大同的茶马互市流入蒙古，继而输入俄国。雍正五年（1727 年），中俄签订《恰克图条约》后，晋商占据了恰克图买卖城商品市场的大部分份额。据清人松筠《绥服纪略》载："所有恰克图贸易商民皆晋省人。由张家口贩运烟、茶、缎、布、杂货，前往易换各色皮张毡片等物"。乾隆二十年（1755 年）以后，中俄贸易统归于恰克图，贸易更日渐兴盛。当时，俄国六等文官米勒言："茶在对华贸易中是必不可少的商品，因为我们已经习惯喝茶，很难戒掉，中国茶往往比海外进口的茶要好些，也便宜些，只是希望能将中国茶向外国转售得更多些"。[①]故此中国输俄茶叶大增，自 19 世纪 40 年代起，茶叶贸易已居恰克图输俄贸易商品之首位。

走西口的晋商始终垄断着对俄的茶叶贸易。在最兴盛时，恰克图有山西商号 60 余家，其中较大的有福源德、天和兴、恒隆光、锦泰亨、久成兴、天庆隆、公和盛等。然而其中规模最大、经营历史最久的当首推山西榆次车辋常氏开办的大德玉、大升玉、大泉玉、独慎玉等。常氏一门从乾隆时从事此项贸易。纵观当时的中俄贸易，茶叶输出占九成，其中常氏份额即达四成。

常氏家族原为山西太谷人，自明代弘治十三年（1500 年），其始祖常仲林迁居榆次车辋村，起初替人放羊为生，后经营小买卖，到第八代常威时，常氏家族的商业走向兴盛，由背着褡裢的行商发展为开办小铺面的坐商。常威带着三个儿子走出西口，到多伦诺尔、张家口等地区求发展，并创办了大德常、大德玉两家字号，并不断扩张，成为两大商业集团。常威的三儿子常万达看准茶叶商机，其历经艰辛，开辟了一条南起福建、两湖，北至中俄边境恰克图的万里茶路，并深入到莫斯科，直达欧洲，这是一条可以媲美历史上丝绸之路的茶叶商道。从此，中国茶叶找到了更为广阔的销售市场，从而惠及中外，名扬四海。

---

① 尼古拉·班蒂什－卡缅斯基，《俄中两国外交文献汇编（1619—1792 年）》，北京：商务印书馆，1982 年。

（四）走西口的晋商是繁荣草原经济文化的动力和加强蒙汉民族亲情的纽带

晋商的兴起与蒙古国的经济发展有着密不可分的关系。晋商不仅是口外地区商业的开拓者与奠基人，而且也是口外商业发展最重要的支柱力量。商业发展的必然结果是城镇的出现。城镇的出现不仅使草原上的小城镇星罗棋布，而且促成了像张家口、集宁、归化、多伦，特别是包头等塞上大商埠的兴盛。这些大商埠的繁盛都与晋商的谋利活动息息相关。

走西口的晋商在深入蒙古大草原贩运商品的同时，又把蒙古族的土特产品运送到全国其他各地。这样不仅加强了蒙古族人民与汉族人民的联系，还把汉族人民的生活方式、文化技术传授给牧民。如兼营手工业的晋商熟谙擀毡、熟皮等技术，其对蒙古族人民的生计产生了积极影响，致使口外成了中原手工业、农产品销售的大市场，从而大大刺激了中原加工业的发展。山西素有“中国戏曲的摇篮”“民歌的海洋”之美誉，艺人们说商路即戏路。由于众多富有的晋商对家乡的戏曲等情有独钟，他们自发地将山西各地的戏曲艺术、民俗风情、生活方式传入口外，并逐渐与蒙古族的游牧文化相互交融，在一定程度上促进了蒙汉民族血肉亲情的升华。毫不夸张地说，蒙古族人民已成为当时走西口晋商的衣食父母，更不用说许多蒙汉通婚的家庭或落户于口外，或迁回晋，从此结成了难以割舍的骨肉之情，成为中华民族大家庭和谐共处的历史见证。至今在内蒙古、河北等，山西梆子仍是不少蒙汉民众的最爱。

回顾晋商数百年的走西口历程可知，走西口不仅带去了中原和江南地区先进的农耕技术，还开垦了大量的沃壤良田，带动了经济文化的繁荣，从而使蒙古族社会形态由落后状态较快地过渡到先进的社会形态，而且也带入了中原的风俗习惯和文化艺术，促进了民族间的相互了解和融合。然而，这种进步却是以付出的生存环境惨遭破坏为代价。比如，晋人在口外无休止地挖甘草，挣钱，大片开垦草原，种地，严重削弱了草原生态的自然修复功能，从而导致沙漠化扩大，成为沙尘暴的发源地。这种严重后果是当年走西口的人们所始料不及的。

第二节　走东口

张家口是一座具有悠久历史的古城，东接河北、山东，南达河南、湖北、安徽、湖南、江西、福建，西通陕西、内蒙古、宁夏、新疆，北出塞外直抵蒙古国、俄国的交通要道。明清时期，它是我国北方著名的进出口贸易商埠，素有“旱码头”之称。以晋商为主体的旅蒙商以张家口为基地，与蒙古族人民及俄国商人互易有无，活跃在张库商道和恰克图市场，为推动中俄、中蒙贸易，带动国内商品货币经济的发展和市场的兴起以及满足蒙汉人民的生产、生活等方面都做出了重大的贡献。

一、晋商在张家口的创业之路

明清时期的张家口是连接蒙古国和俄国的交通要道，晋商抓住历史机遇，开启了在张家口的创业之路。

（一）八大皇商

张家口及其商业繁盛与晋商和明清军事防务有着密切的联系。张家口的太平山中间原有一隘口为扼守塞北和宣府重镇的大门，其地理位置十分险要，在明初被称为“隘口”或“隘口关”。它为防漠北蒙古贵族南下进犯，沿长城一线设置九大军事重镇。洪武二十五年（1392 年），宣府镇驻军共 126 395 人。

在旅蒙商人中有一个重要组成部分那就是皇商。明代，他们就活跃在边地互市贸易中。在清入关以前，他们曾以贸易方式为当时的后金满族政权输送军用物资，甚至提供情报、传递文书。如《清实录》卷十五中记载：天命三年（1618 年），“时有山东、山西河东河西、苏杭等处在抚顺贸易者 16 人”。努尔哈赤便用财物厚赂他们，并书写了“七大恨”为内容的“国书”，托付他们递交明朝廷。“七大恨”的内容之一就是指责明政府对设在辽东的互市贸易规定了诸多限制条件。主管互市的官吏对前往交易的女真人敲诈勒索，激起了女真人对不平等贸易的怨恨。努尔哈赤的“七大恨”既是向明政府发出的挑战书，也反映了当时满族人比较强烈的商业精神。这一精神和边地贸易的商人利益是完全一致的。为努尔哈赤传递文书的 16 家商人中，属山西河东籍商人有八家，这八家后来还代表女真人前往张家口交易所需物品。如据乾隆《万全县志》卷十记载：“八家商人者，皆山右人，明末时以贸易来张家口，自本朝龙兴辽左，遣人来口贸易，皆此八家主之”。足见其对晋商的倚重。崇德二年（1637 年），皇太极为了掌握漠南情况，曾命满洲贵族领 100 名商人带着货物到归化城贸易，其中就有熟悉张家口、归化贸易情况的晋商。

顺治元年（1644 年），清王朝挖开来远堡西北角的明长城，建筑起大境门。① 自此，将明王朝时的蒙汉贸易市场移至大境门外正西沟，这个贸易市场被

①《清文献通考》第 33 卷。

称为“外管市场”。为限制蒙汉民间的经济联系，清王朝赐张家口为晋商之永业，诏张家口山西“八大商人”进京，宴便殿、赐上方服馔，隶内务府籍。从此，王登库、靳良玉、范永斗、王大宇、翟堂、梁嘉宾、田生兰、黄云发等，取得政治经济特权，被誉为“皇商”，垄断了清初时的对蒙贸易。其中范氏家族在张家口有商店6座，房产1 000间，土地106顷。他家的“大玉川”茶号仅在福建武夷山就有茶山5 000亩，茶场7座。自康熙二十八年（1689年）《尼布楚条约》签订，每两年就有俄商来张家口一次，正西沟蒙、汉贸易市场正式对外开放。雍正六年（1728年）八月一日，清王朝为实施中俄《恰克图条约》，由库伦护军扎尔固齐带领张家口旅蒙商与俄国商人在中俄边界恰克图，进行了首次换货贸易。

入关以后，清政府对晋商的特殊倚重并未减弱。据《清世祖实录》记载，顺治元年（1644年）五月，都察院承政祖可法、张存仁奏言：“山东乃粮运之道，山西乃商贸之途，急宜招抚。若二省兵民归我版图，财赋有出，国用不匮矣。”可见，晋商经明代200多年的发展到清初已是声震天下，故山西以“商贾之途”而著称。面对万机待理的形势，清政府把控制山东漕运、招抚晋商作为当务之急，其真正目的在于利用晋商的贸贩活动解决军用物资的匮乏。果然，顺治初年，清政府便立即把“龙兴辽左”时有功的山西八大家招为皇商，让他们正式入籍于内务府，并赐居张家口，主持张家口商务。这八大家还曾被皇上召入京都，赐宴便殿，并赏给他们上等的服饰。皇商享有深入蒙地贸易的特权，每岁要把皇室所需要的各种物品及赢利上交内务府，所以入籍内务府的皇商成为既有政治靠山，又有雄厚资金的最有实力的旅蒙商。

在随军贸易中，皇商的责任尤为重大。清初被召为皇商的“八大家”之一的范永斗就曾被赐产在张家口定居，声势显赫一时。在康熙亲征准噶尔部噶尔丹叛乱时，范氏首当其任，恪尽职守。范永斗的三个孙子承担了贩粮馈军的任务。范氏以私财购粮运输，被别人视为畏途，运费昂贵是得不偿失的事情。他们却屡次应召承揽，一则说明皇商受朝廷种种恩赐特权，故在朝廷用人之际，竭尽全力去报效；二则范氏拆用私财购粮，不受官府制约，利用对其各地行情的熟悉，运谋筹策，这也说明了用商人的经营原则比依靠官府旨令更加有效。

范氏凭借“皇商”的特殊身份，朝廷封赐的各种官讳护身，其经营活动从清初的委托边地贸易到后来扩展至大规模的铜、盐运销以及对外贸易等其他商业领域。其经营活动依然是在朝廷“委托”下进行的独占性贸易，并享受一般商人得不到的种种优惠特权。他们在与清代两淮盐商、江南铜商、江浙外贸商的竞争角逐中占尽优势。经内务府特许，范氏可以运销河东、长芦盐。范氏在河南、直隶20多个州县开有盐店，直接批发盐斤，成为大盐商。乾隆二十九年

（1764年），往日本贩运洋铜的官民商船共15只，范氏占了3只，后减少为13只时，范氏反增为5只，两年后又增加为7只，范氏又成为大洋铜商，并有领取皇帑为资本的特权。此外，凭内务府和工部所发凭票，范氏还经营张家口外穆斯峡、胡苏台等地伐木业，砍伐并运输大量木材到内地销售，范氏又成为大木材商。

范氏不仅得到了许多经商特权，还受到清政府的特别倚重。乾隆二十一年（1756年），范氏代表清廷在宁波与英商谈判议订进口玻璃契约，1758年，范氏又以"熟谙经济"，得到陕西总督推荐，清廷令其"酌带熟练人员"前往新疆，与哈萨克议订在乌鲁木齐市贸易事项。

（二）山西庄

旅蒙业在组织上分为京帮和山西帮两大派，其中大部分是"山西帮"，小部分是深州、饶阳、束鹿、辛集等地区的商人，俗称"直隶帮"，还有一部分是拿着国家俸禄的旗人组成的商帮，俗称"京帮"以及小本经营的蔚县、阳原、怀安、逐鹿地区的商人，俗称"本地帮"。这些商人初时被通称为"通事行"，清末改称为旅蒙商。京帮以北京安定门外黄寺一带为老柜，在张垣、大库伦、多伦诺尔以及各旗都有分柜和分庄。这些分柜和分庄的用人都是由老柜派（以河北人、山东人居多），供给全程的路费。这些人被派遣到各分柜、分庄当学徒或是伙友。他们有一个传统的规矩，即伙友、学徒一律不准在外结婚；学徒3年期满后，方准回家省亲；伙友2年返家一次，掌柜半年或一年回京述职，顺便回家看看；各分柜如认为伙友学徒不堪使用或发生其他事故时，便供给旅费打发回京，听候老柜发落，分柜不准在外边"散人"，到旗下做买卖亦非常规矩。与京帮不同，山西庄不但一切规矩不及京庄，而且当分庄认为伙友不当时，随时随地可以"散人"，所以山西帮的旅蒙商人有不少商业伙伴流落到草原，不能返家。

京帮与山西帮在贸易上各有各的贸易路线和经营理念。京帮多采办细货，如绸缎、珠宝、玉器及砖茶等；山西帮多为粗货，如布匹、生烟、皮鞋、油酒、米面等。大商号，如大德玉、大升玉、大泉玉、独慎玉、大美玉等所谓十大玉都是当时山西有名的大商号，资金多，人员多，制度严格。其总号设在张家口，分号设在库伦、恰克图等地，其人员分两班，一班出去，一班在家，三年一轮换。探亲假为一年，中小商号将货卖完回家过年，下一年开春再走。输出的货物主要有砖茶、纸张、火药、瓷器、点心和各种日用杂货以及上层人物用的珠宝玉器、金银首饰等。输入的货物主要有畜产品，如羊毛、天鹅绒、毛织品、皮革制品、珍贵药材以及牲畜。

旅蒙商的运输工具只有两种：骆驼和牛车。骆驼队由回民或蒙民的个体户经营，他们养着一批骆驼专门从事运输，一年之间川流不息。在交易繁盛时期，数万只的骆驼和牛马车投入运输，一般是有几十到上百峰骆驼，五驼一行，一人赶一行，十行为一帮。最前面的一人打商旗，最后面的压阵是由驼队的总负责人来负责，同时该总负责人也起押运、保镖、指挥的作用。随队备有枪支和猎犬，以负责保护以及防盗。其主要货物用骆驼，次要货物用牛车。由于牛车太慢，往返一趟库伦需要一年的时间。因此，在京张铁路通车以后，市民有句谚语："火车快，出不来大境门外；牛车慢，一年一趟大库伦。"其经营方法是晋商赶着牛车带上货物深入到牧区与牧民以货换货进行交换。其作价方法是带去的杂货按张家口进货价加一倍作为对蒙民的销售价。蒙民的畜产品按张家口的市价的一半为其收购价，可以获取两倍的利润。

由于路程遥远，地广人稀，旅程困难重重，商人运送货物的车辆和驼脚不得不结队而行。据《清稗类钞》记载："晋中行商运货往关外诸地，虑有盗，往往结为车帮，此即泰西之商队也。每帮多者百余辆，其形略似大轱鲁车，轮差小，一车均可载五百斤，驾一牛，一御者可御十余车，日入而驾，夜半而止，白昼牧牛，必求有水草之地而露宿焉，以此无定程，日率以行三四十里为常。每帮车必携犬数头，行则系诸车中，止宿则列车两行，成椭圆形，以为营卫。御者聚账中，镖师数人，更番巡逻。入寝，则犬代之，谓之卫犬"。在这条国际商道上，被称为沙漠之舟的骆驼是一支重要的运输力量，耐饥渴，善远行，每峰可载货四百斤。

民国十八年（1929年），国民党政府抗俄，中俄断交。旅蒙业在库伦四百余家分店被蒙古国政府没收，人员大都蒙难，损失白银一亿多两。民国十年至民国十八（1921—1929年）由718家减少到569家，到了民国二十五年（1936年）以后只剩下13家。

二、走东口彰显的"创业·创新"精神

在走东口的过程中，晋商将"创业·创新"精神发挥得淋漓尽致。我们从晋商创业创新的角度对其加以分析，理解、领会、把握其精神实质、内涵及特征，以期能够为现代企业的发展提供有益的启示。

（一）永不服输

永不服输的精神是人类发展的基石，没有这种精神，中华民族也不会发展壮大。晋商走东口所代表的永不言败、永不服输、永远进击、永不歇脚的精神，本

身就是一种奋斗者高贵的品格。正是有这股顽强的不服输精神，坚韧不拔、吃苦耐劳、进取精进，战胜了一个又一个困难。这种永不服输的精神是晋商走东口精神中最有动力特征的元素。晋商内在的不服输的人格以及由此引起的外在的勇于抗争的精神助其成就了辉煌的商业业绩。

1. 不服输的人格

人格是个体在先天生物学差异的基础上，在某种社会文化环境的影响下逐渐形成起来的内在倾向性包括性格、气质、认知、调控能力等，是个体心理特征的总和。在现实生活中，不同的人具有不同的个性，或马虎或严格，或暴躁或平和，或信任或多疑，或专注或灵活等构成了丰富多彩的人间世界。晋商永不服输的精神就来源于不服输的人格。尽管晋商处境艰难险恶，但他们从不屈服，顽强地追求目标。尽管身处危难，但晋商从不气馁、决不轻言放弃，仍然顽强地默默抗争。晋商的走东口突出了顽强、坚韧、气节、中和、养德、不服输的人格塑造倾向，对当代的中华民族整体人格的塑造起到了十分重要的提升作用。

2. 勇于抗争的精神

晋商具有不服输的人格，这种内在不服输人格的外在表现就是勇于抗争的精神。精神就是方向、精神就是力量。晋商就是凭借着勇于抗争的精神力量走向成功。晋商走东口精神即是中华民族自强不息、顽强奋斗、勇于同磨难抗争的精神浓缩。勇于同磨难抗争的精神就是独立自主、艰苦奋斗、不服输、不怕牺牲的大无畏的精神。正是依靠这种精神，晋商战胜了无数来自自然界和社会的巨大困难，不断开创生存与发展新局面，不断地从一个目标走向另一个目标。晋商继承并发扬光大了勇于同磨难抗争的精神，面对苦难、厄运，义无反顾地选取了与命运抗衡、向困难挑战的行为方式。

（二）多重精神的统一

晋商走东口的内涵非常丰富，其中最主要的精神是敢于和磨难，与人生命运进行抗争的精神；热爱生活、追求生命精彩、努力实现人生理想的精神；敢于为改变贫穷落后与自身的种种不良品性而进行拼搏，无畏于任何陈规陋俗的束缚，勇于创业、开拓进取的精神；面对复杂多变的社会生活，积极倡行温良恭俭让、仁义礼智信的人生准则，扶危济困、宽容大度、和睦共处的精神；无畏于牺牲生命的精神。

（三）硬汉气质

晋商的硬汉气质表现了晋商在逆境下决不屈服、隐忍顽强的精神品格，而且更凸显出一种生命的延续和抗争。贫寒的家世、坚忍的意志、艰苦的奋斗是晋商的共性。正是“与天斗、与地斗、与人斗”的原始生存状态使一代代晋商的硬汉们不断拓展自己的生存空间，不断赢得人们的尊重。晋商的这种顽强与抗争、悲苦与辛酸、舍身报国和永不服输的气质正是中华民族自强不息、奋斗不止的精神写照。

第三节　垄断核心商埠

晋商在“走西口”“走东口”的同时，不断开拓市场，并且依靠自身的资金和经营优势对一些商埠进行垄断，以此获得了丰厚的利润。

一、市场创新——开拓并垄断商埠

（一）汉口

汉口素有“九省通衢”之称。清代，随着长江航运的发展，汉口由一个弹丸小镇发展为全国货物流通、转运的巨大市场。在五口通商后，汉口进一步成为国际大商埠。晋商以汉口为后方基地，在此贮存、加工、转运茶叶、丝绸、棉布、瓷器等日用百货，然后，转运到张家口、归化、库伦、恰克图、莫斯科等欧亚市场。在鸦片战争后，随着西方列强的侵入，外国洋行、银行也纷纷“插足”汉口，使其成为中外客商云集、各种货物交易、货流天下仅次于上海、广州的国际大商埠。晋商为汉口的发展和繁荣做出了巨大贡献。

清代，随着洞庭湖流域的开发，长沙成为江南四大米市之一，而岳阳成为湘江等江河的货运中转站。长江中、上游的货运量激增，汉口因此而成为全国著名的水陆大码头。由于陕南山区和鄂北丘陵地带的开发，唐以后陷于停滞的汉水航运重新活跃起来，襄、樊成为商业城市。于是，除粮食为大宗外，川陕的木材，江汉平原的棉花，湘蜀的丝、茶以及南北土产都汇入长江航运。[①]

长江中、上游货运发展的结果就是出现了像汉口镇这样联通九省的大商业城市。明初，汉口还是一片荒洲，隶属汉阳县（现为蔡甸区），不仅长江上游和湖南、陕南的商货在此汇集，而且淮盐、苏布、东南的洋广杂货也在此集散。商贾云集，粮食、盐货、棉布、茶叶、油料、纸张、药材、广货号称“八大行”。鸦

---

① 高春平：《晋商学》，太原：山西经济出版社，2009年，第212页。

片战争后，年贸易额在1亿两以上。

汉口是天下四大市场之一，与云南、贵州、四川、湖南、广西、陕西等行省相通，是联结西南与中原的一大市场。1745年，汉口镇周围已经是“户口二十余万,五方杂处，百艺俱全”的工商业城镇，以“盐、当、米、木、花布、药材六行最大，各省会馆亦多，商有商总，客有客长，皆能经理各行各省之事。”“江湖数千里，商帆贾舶，千万成群”“不特为楚省咽喉，而云南、贵州、四川、湖南、广西、陕西、河南、江西之货，皆于此转输。”汉口既是各省货物的集散市场，又是工场手工业活跃的场所。单铁器制造业就“有铁业十三家，铁匠五千余人”“派买铁行之铁，督各匠昼夜赶造农器数十万件，约工价五万两。”正由于汉口工商业的发展，票号设分支机构也比较早，而且在长时期内是每家票号必设分号的城镇，票号家数之多，超过所有设分号的城镇。

由于汉口在山西、陕西茶商贩运茶叶中具有很重要的枢纽地位，所以在汉口的茶商分为红茶帮、盒茶帮和卷茶帮三大帮。它们经营着红茶、三九砖茶、三六砖茶、二四砖茶、半斤砖茶、贡天尖茶、千两卷茶、百两茶、五斤贡尖茶、合茶、皮包茶等名目的茶货。据记载，光绪七年（1881年）属于山西太原、汾州两府的茶商共有38家。计太原、汾州两府红茶帮15家为：大德玉、裕庆成、宝聚公、大升玉、天顺长、祥发永、大泉玉、乾泰魁、兴泰隆、独慎玉、达顺成、久成庆、大昌玉、兴隆茂、广和兴。太原府盒茶帮23家为：庆丰元、长顺川、长裕川、翕盛泉、隆盛元、乾裕魁、大道恒、天聚和、协成泉、祥泰厚、复泰谦、大德昌、德巨生、长盛川、兴隆茂、义泉贞、大德兴、聚盛泉、巨贞和、大湧玉、裕盛川、义生合、谦泰兴。红茶、砖茶、帽盒茶三种茶，“湘鄂产居多，闽赣较少，向为晋商所运”。

虽然上海在通商后，四川、云南等地区的有些货物转自上海购买，但汉口仍不失我国中部商贸重镇的地位。1858年，汉口又辟为对外开放的商埠，外商和外轮相继来到汉口，商业愈盛，金融业随之日益起色。当汉口商业恢复后，票号在汉口设立的机构是全国各城镇最多的。比如，1882年，上海有票号25家，而1881年，汉口却有票号33家，比上海多8家。这33家票号是：云丰泰、存义公、新泰厚、蔚泰厚、协成乾、兴泰魁、乾盛亨、汇源涌、巨兴隆、志成信、协同庆、谦吉升、巨兴和、松盛长、协和信、元丰玖、百川通、三晋源、蔚长厚、蔚丰厚、合盛元、日升昌、蔚盛长、大德兴、其昌德、天成亨、祥和贞、大德恒、裕厚永、日升裕、蔚隆和、和盛信、义盛长。其中前24家在上海有票号，后9家在上海没有票号。

汉口票号对洋货涌入西南穷乡僻壤的过程也起着重大作用。汉口一向被称为“江海贸易”的“总汇”。在汉口开埠以后，这个“总汇”立即成为上海进口洋货，转销西南地区的必经要道。国外远洋船只已可直达汉口，但那里仍然还是上海大量洋货的转运中心。洋货进入汉口的具体办法是中国商人从上海贩货到汉口转手出售，至于汉口和上海之间的资金周转则依靠两地的钱庄或票号调拨。同时，设在汉口的钱庄或票号又对洋货向西南内销给予资金通融上的便利。

由于山西票号在汉口设庄颇多，放款金额巨大，缘于欠账商号经营不善而破产倒闭，损失也异常惨重。1877年，汉口杂货行倒闭，亏及正昌钱庄，几被拖垮，经各存户维持，1878年勉强开业。1878年4月10日，店主逃匿，店铺被查封，亏负各存款六七万两，以票号元丰玖、协成乾为最多。1878年5月7日，草纸街一铁号倒闭，倒账四五万两，被累者有票号和钱庄。工商业的接连倒闭，“汉口市面日渐萧条，即各帮有名字号多有坍倒之”，1884年的几个月中，又有源兴顺、源兴永、诚意丰等货行倒闭，亏欠票号、钱庄贷款甚多，蔚泰厚票号“被累最重”。

（二）天津

天津地处华北平原的东北部，北依燕山，东临渤海，它是海上通往北京的咽喉要道，又是连接华北、东北、西北地区的交通枢纽。天津还是北方十几个省市通往海上的交通要道，拥有北方最大的人工港——天津港。它有30多条海上航线通往300多个国际港口，也是从太平洋彼岸到欧亚内陆的主要通道和欧亚陆桥的主要出海口。开津港管辖13区、5县、辖区内有汉、回、蒙古、满、壮等41个民族，其地理区位具有显著优势，战略地位十分重要。

自古以来，天津是我国北方重要进出口贸易口岸，也是华北、东北、西北土特产重要的贸易地，南北客商云集。进入清代，天津发展为北方的经济中心。全国各大商帮都在天津市场立足，比如，广东帮、潮汕帮、宁波帮、山西帮、东北帮以及京帮等。自明代开始晋商在天津商界便崭露头角，经康熙、雍正、乾隆、嘉庆、道光年间的长足发展进入了鼎盛时期。伴随着山西工商业、票号的兴隆，天津逐渐发展成为我国北方的商业都会、金融中心。晋商不仅垄断了天津贸易，而且通过天津港显著的地理优势进行进出口贸易。直到现在，天津仍是山西货物进出的主要港口。天津是中国北部的重要口岸，明清以来，大批晋商前往从事商贸活动，天津居民中有近1/10的人是山西人，在天津随处能见到山西人。明清晋商在天津的商贸投资活动呈多元化趋势，这些多元化的投资推动了天津的发展，构建了以天津为中心的北方商业网络，加速了近代天津城市的社会转型发展。

1. 盐业

天津长芦盐曾是天津开埠前期经济发展的两大支柱之一。明清时的长芦盐商多由山西迁徙而来。当蒲州人大多西去秦陇、东到淮浙、西南到四川经商时，明代蒲州（今永济）商人王海峰却看中了长芦盐区。由于官僚显贵、势豪奸绅相互勾结，长芦盐的运销不能正常进行，商人纷纷离去。但王海峰在了解该盐区运销史、盐政情况的基础上，审时度势，断然决定在长芦盐区经商，并向政府提出了整顿盐制、杜绝走私的建议。后来，长芦盐区经过整顿，盐的运销重新繁荣起来，王海峰成为该盐区的著名富商。明代大学士张四维说："海峰王公者，雄奇人也。……胸中有成筹矣，人所弃我则取之，人所去我则就之。"清代山西盐商之所以能崛起也是因为清朝借鉴了明代王海峰的做法，即允许商人自备工本，捞采池盐的办法，全部实行了"畦归商种"的政策，废除了官办制，废除了盐丁制。

2. 票号

康乾时期，天津的晋商实力雄厚。山西平遥县雷履泰在天津开设了"日升昌"颜料铺，以后又开办了"日升昌"票号。"日升昌""蔚泰厚"等早期山西票号在省外最早出现于天津。第二次鸦片战争后，天津是开埠通商口岸，商业发达，又是洋务运动的中心。在天津的票号分号一方面经营与政府有关的公款汇兑，另一方面承汇各地商品流通的资金往来。而票号对后者的作用更为重要。天津的票号是维系天津与各地经济联系的金融枢纽，天津口岸与内地的货物流通实际上也是金融的流通，天津的山西票号对促进全国乃至全世界的商品流通做出了重要贡献。

3. 煤炭业

山西煤炭以蕴藏丰富、品种齐全、质地优良而著称于世。阳泉煤在新中国成立前是京津地区冬季取暖最好的煤炭，每到冬季争相购买。大同煤灰少，燃烧力强，最适合轻工业用煤，天津各纱厂、毛纺厂以及化工厂等都愿意用大同煤，尽管价格比开滦煤价略高一两元。20 世纪 30 年代初，金城银行附属通成公司经营煤炭，曾与保晋公司和大同矿务局签订包销合同。其在京津推销，每年销售量为 10 万吨左右，之后大同矿务局还在天津设立办事处，自营销售业务。当时日商宇高商会也代销大同煤炭，除在当地销售，还有少量出口。在天津口岸日本轮船用煤，也由宇高商会供应大同煤。"七七"事变前，山西煤炭在天津民用工业用煤及出口都取得一定成绩。因金城银行附属公司包销保晋公司和大同矿务局的煤炭，金城银行与两矿建立了良好的关系。

4. 货栈业

栈房行业是面向客商经营的一种仓储货物事业，属于第三产业。19 世纪，天津有货栈百余家。其与地缘结合的色彩极为浓厚，一般只接待同一府县及其他有特别信用关系之人留宿，兼营货物存放。当时在城北的针市街一带栈房密集，其中集义栈、晋义栈、德兴栈等栈房专为山西的洋布和杂货商人服务。山西帮货栈常来住的行商老客的主要货物是皮毛、大枣、核桃、棉花、药材等土特产。在货栈落脚之后，如果老客急需用款，存货未出手之前，货栈可以凭老客存货为担保，借给其一部分款项，一般为 30% ～ 50%，待老客的存货售出之后，即行还清，货栈按约计高息，从中获利。

不仅如此，山西帮在天津经营海杂货、南纸、红白糖、藤竹货、烟丝以及绸缎、呢绒、棉花、碱面及五金等。当时这些商号在天津也有相当的活动能力和信誉，如宫南大街秀升锅店经营的阳泉铁锅，北门外中和烟铺经营的甘肃兰州青黄烟丝，六必居的酱菜至今传诵不已。

二、市场创新精神的内涵

（一）创造性的市场开发活动

创造性是市场创新活动的本质特征。进行市场创新就必须有新的市场要素。这些新的市场要素包括各种新的生产技术、新的原材料、新的营销组织方式、新的产品设计、新的促销工具、新的营销渠道、新的定价方法等。正是由于具备了这种创造性，晋商高度重视新市场的开拓，牢固树立了开拓创新的精神，形成良好的创新氛围，在企业内部大力提倡和鼓励创新，才能在不断变化的形势下谋求生存之道，并且取得非凡成就。在清末民初的天津“八大家”中，有以盐业起家的“益德王”。深受父亲王奎章的影响，“益德王”的王益荪在天津不仅从事盐业贸易，而且开钱铺、当铺、海货店、投资房地产等。他对新鲜事物的接受能力很强，希望子女和家人能够得到更加系统正规的新式教育，于是他聘请教师来教他和其家人学习，同时订阅了大量的外文书报杂志，随着求学人数的增加，便成立了私立中学堂，他的这种创新精神对整个天津的教育事业都起到了不可估量的作用。

（二）审时度势，抓住机遇

清末，中日贸易日益发展。在中国海上进出口贸易中，日本代替英国占据第一位。中日贸易的发展大多是经天津港进出口。在这种大背景下，晋商抓住时机将皮毛、粮食、土特产等商品运往海外。以皮毛业为例，皮毛一直是山西传统的出口商品。晋商的主要出口商品有羊皮、牛皮、马皮、驴骡皮、羊毛、羊绒、驼毛、驼绒、猪毛、猪羊肠衣及其他皮张。由于晋商对进出口商品贸易的大力推动，皮毛业在天津港的出口量迅速增加，羊皮数量由1923年的321 952张增加到1926年的670 299张。除了以羊皮为主要的出口商品外，还有其他的出口商品也大幅增加，并获得丰厚的利润，诸如，狐皮、猫皮、狼皮等。

第四节　开辟万里茶道

万里茶道是清代晋商开辟的一条古商道，也是继丝绸之路衰落后在欧亚大陆兴起的又一条重要的国际商道。万里茶道从中国福建崇安（现武夷山市）起，途经江西、湖南、湖北、河南、山西、河北、内蒙古，从伊林（现二连浩特）进入今蒙古国境内，沿阿尔泰军台，穿越沙漠戈壁，经库伦到达中俄边境的通商口岸——恰克图，全程约为4 760千米，其中水路为1 480千米，陆路为3 280千米。茶道在俄罗斯境内继续延伸，从恰克图经伊尔库茨克、新西伯利亚、秋明、莫斯科、彼得堡等十几个城市传入中亚和欧洲其他国家，使茶叶之路延长至13 000千米之多，成为名副其实的“万里茶路”。

一、早期的晋商茶道

我国的茶叶产于南方各省。输出茶叶必须先组织茶源。最初，晋商选择的茶叶产地是武夷山。素有“风景奇秀甲东南”美誉的武夷山位于福建省北部，北起仙霞岭，南至九连山，它是赣江和闽江的分水岭，海拔平均为1 000米。这里被生物学家称为“鸟的天堂、蛇的王国、昆虫的世界、茶树品种的大观园”。名山秀水产名茶，高山云雾出好茶，武夷山正是我国著名的茶乡。早在西周时期就有关于武夷山茶的记载，在《崇安县新志》中就记录过宋代文人范仲淹、欧阳修、苏轼等写诗赞美武夷山茶的故事，清代的袁枚也把武夷山茶排在天下名茶之首，可见武夷山茶的名贵。

晋商将武夷山茶叶作为销往蒙古草原，销往西伯利亚、俄国乃至欧洲诸国的首选商品。蒙古人、西伯利亚人处于高寒地区，过着狩猎、游牧生活，以食肉为主，需要喝茶助消化。他们过惯了“宁可一日无食，不可一日无茶”的日子。每年春季晋商进入武夷山办茶，诸事交给“行东”后，便当起了甩手掌柜。行东作为茶叶产地的生产者和经营者对上门的客户毕恭毕敬，而且晋商持有“龙票”，自然会被待若上宾。晋商对武夷山茶农提出自己加工茶叶的技术要求，并通过行东，利用近乎包买的形式控制了一些制茶作坊。后来，晋商的采购人员便成了茶叶监制。当茶源西移两湖时，晋商俨然已成了茶叶生产的行家里手，能够熟练地指导茶农进行茶叶生产。

万里茶道的起点是武夷山的下梅村，这里几乎家家种茶。由于出产的武夷岩茶如红茶般温和，同时又保留了绿茶的清香，香久益清、味久益醇，正是这种武夷茶吸引了晋商纷纷到此采购茶叶。乾隆初年，常万玑、常万达兄弟就与其他晋商一起手持“双龙红帖”的官商凭证，携带巨资，水陆兼程，赴武夷山采办茶叶，受到崇安知县和乡绅们的欢迎和款待。随着俄国对茶叶需求的增加，为了保证货源和质量，晋中常家、渠家和“大盛魁”等晋商又投资买下一些茶山和茶场，并且留下“山西人天价买荒山”的传奇故事，下梅村也成为常万达等晋商大显身手的舞台。在茶路开通后，每年开春多家晋商就派富于应变能力的伙计前往福建办理茶事。这些头戴圆顶小帽、身穿蓝色长衫和肥大黑裤的伙计被人们称为“跑南茶的”。晋商将集中在下梅茶市的茶叶通过当溪、梅溪运出下梅，一直往北，翻越福建与江西交界的分水岭，抵达江西省铅山县的河口镇，从那里进入长途水路运输。

分水关是福建、江西交通要冲，自古称“入闽第一关”。这里山高坡大，行路艰难，翻越此山只能靠脚，里程并不太长，茶货通过这里运达河口。铅山县在历史上以产铅而得名，而河口镇是铅山县人民政府所在地，位于信江上游，临河建镇。它很早就是福建、浙江、江西三省的商业码头、通往武夷山区的必经之道。武夷山和铅山距离较近，交通方便，宋代大儒家朱熹在此长期活动。河口镇实际是武夷山对外联系的交通枢纽，所以每年晋商茶客必从此路入山，下梅行东会去河口欢迎。

河口镇素与景德镇、漳树镇、吴城镇并称为江西四大名镇。明清时期号称“八省码头”。临河的古街道有“九弄十三街”之说，从城东的古街算起有一堡头、二堡头、三堡头，全长为2 500米，街道平均宽度达6米，街道两旁店铺林立，以销售当地特产——纸、竹、木器产品以及“河红茶”而著称。晋商北运的武夷山茶货均在这里集结装船，这里是万里茶道真正的水路起点。

从河口镇装船进入信江的茶货由信江上游顺水而下，一直流入鄱阳湖。鄱阳湖是我国第一大淡水湖，总面积近4 000千米^2。它上承赣、抚、信、饶、修五江之水，下通长江，好似一个巨大的葫芦系在长江腰上。晋商的船进入长江后逆流而上，由于开的是上水船，因而比信江的顺流而下费力，时间也更长。下一站是武汉三镇，茶船在抵达汉口的时候要在这里稍事停留。大茶商一般在汉口都有较大的分店，过往茶船都会得到照应。汉口早在宋代就是闻名全国的四大名镇（其他三大名镇为佛山镇、景德镇、朱仙镇）之一，到了清代，又和京师、苏州、佛山并称"天下四聚"。早在明中叶，晋商就涌聚到这里，顺治年间就在汉口建起了关帝庙。康熙二十二年（1683 年），晋商和陕西商人在关帝庙的基础上修建了规模宏大的山陕会馆。山陕会馆内有正殿、韦驮殿、春秋殿、佛殿等建筑，这是晋、陕商人同乡联谊、行业自律的场所。

晋商茶船在汉口暂停，稍作休整就由长江转入汉水，继续北进。不过在咸丰年间，茶场由武夷山转两湖后，汉口就成了茶路北运的起点，大部分两湖茶货都由这里始发北运。汉口港的作用就显得非同寻常。

从鄱阳湖到汉口是逆水船，从汉口转汉水后仍然是逆水船。茶船沿汉水北上后，其路经的最大市镇是襄樊。襄樊是由襄阳和樊城两座古城合并而成的鄂北重镇。它是汉水上游的物资集散地，号称"南襄隘道"。一部分茶船在这里要上岸，转陆路运输，发往北部无茶城市销售。运往蒙、俄的茶货则要从这里转入汉水的支流唐河，继续逆水而上。唐河比汉水要小得多，现在已经干涸。茶船顺着这条河会到达茶叶之路的水路终点——赊旗。

晋商将赊旗镇称之为"十家店"，乃是百货云集的水陆码头。俗话说："天下店数赊店"，旅客歇脚、住店、装卸、储运都离不开店家，客店和货栈成了此地生意中最好的，因而这里骡马大店很多。茶船行至赊旗再没有水路可走，改用高脚，继续北行。从赊旗到山西晋中一带，曾经有多支专业的骡驮队，他们长年往返在河南、山西的商路上忙碌不已。

赊旗不仅是商业码头，而且是繁荣的商埠。全镇有 72 条街，在这里曾居住过 13 万人口，街道的分工很细，经营的商品以茶叶、布匹、食盐为大宗，街道按其经营特点命名，山货街经营土特产，铜器街则经营日用铜器杂品，骡马街专门为客户提供骡马运输服务，可称三百六十行样样俱全。单就茶叶来说，从武夷山运往恰克图的自然为大宗，但也有其他地方生产运往别的商路的茶叶。如晋商茶帮中就有"北路"和"西路"之分。"北路"通往恰克图，"西路"则是销往新疆伊犁、塔城，再销往俄国，而且"西路"茶叶产地主要在建德，号珠兰茶，又名千两茶。此茶为欧洲人所喜好，非俄国人所钟情。它通过乌鲁木齐、塔尔巴哈台到俄国，再转手到欧洲各大城市。它的商路在归化以前几乎和"北路"重叠，由建德运到赊旗后，一路北上，到归化后再西走新疆。

由于赊旗的特殊地理位置和历史作用，晋商十分重视，把它看作为自己经商的重要据点、南征北战的中转大本营。乾隆二十一年（1756年），晋商和陕西商人合资，在赊旗开始建设规模浩大的山陕会馆，经历了嘉庆、道光、咸丰、同治四朝才告落成。据说在会馆建设过程中，曾鼓动京都数百官宦向皇帝奏本，要求皇上下令，“运巨材于楚北，访名匠于天下”，然后精雕细刻，精心施工把会馆修得气派雄伟、金碧辉煌。

自恰克图贸易开展以来，晋商按照跨国、长途交易的方式，每年都要定期依据早已和俄国人订好的供货合同把茶货运交俄方。但在1853年，太平天国阻断了武夷山的茶路，晋商无法在交货期限将茶货送往俄国。咸丰三年（1853年），太平军沿长江东下，先后攻占九江、安庆，直逼南京城下，并且迅速攻破南京，并且定都改称天京。此后，太平军主力分为北伐和西征两大部分，对茶路影响巨大的是西征军。

茶帮从南方进入中原后，由赊店改用骡马驮运和大车运输，在豫西大地上迤逦北行。从方城、鲁山、宝丰、汝州、登封、偃师直抵黄河南岸的孟津渡口。小部分茶帮转洛阳，经西安、兰州，去往西北边疆。大部分渡过黄河后，从济源县（现为济源市）取太行山与王屋山之间的峡谷，北上泽州、长治。走出上党山区，经子洪口进入晋中谷地。茶商在祁县、太谷老号稍事休整后，全部改换畜力大车，经徐沟、太原、阳曲、忻州、原平，直抵代县黄花梁。此时，一部分人“走西口”，即经雁门关、岱岳（山阴县）、右玉，穿过古长城的杀虎口去归化（呼和浩特），大部分人则经应县、大同，到达塞上重镇张家口。

为了开辟茶叶之路，为了“诚信”这个经商之本，保证向俄商定期交货，茶商们开发茶山，学习种茶技术，经营茶叶买卖，不远万里，走遍两湖的山山水水。茶商们既要植山种茶，广辟茶园，又要雇用工人，开设制茶工厂；既要当茶商，走山路、水路、旱路搞长途运输，又要当农业经营者；既要进城镇赴茶市，又要走村落觅茶源。正是由于晋商这种博大的胸襟和气魄以及开拓创业的吃苦精神，才能使其驰骋商海，称雄商界。

从古至今，人们对商人的看法是“无商不奸”，一些封建王朝推行的也是“重农抑商”的政策。然而，正是商业推动了商品经济的发展。在清代的商业活动中，晋商颇具特色地开展茶树培植、茶叶加工和运销业务，这些商业活动为我国茶文化的发展和传播起到了积极的推动作用。晋商开拓的“万里茶道”把东方文化进一步“西渐”，在较大程度上影响和改变了西亚与东欧游牧民族的生活习惯和饮食结构，对中国茶文化走向世界发挥了积极的作用。恰克图是晋商与俄商进行茶叶交易的城镇。俄语称茶叶为“恰依”，“恰克图”中的“恰”就是指茶叶，“克图”则是蒙古语“地方”，“恰克图”就是茶叶交易的地方。再如，晋商水陆转运的枢纽“社旗”原名“赊旗店”，赊是赊欠之意，由于商贸活动有时会出现资金不足，所以这些常年做买卖的商人就有了赊账的情况，久而久之，此地便起名为“赊旗店”了。晋商的诚信精神、以义制利的商业理念以及他们在茶叶之路上表现出的超人毅力、智慧和谋略都是晋商成就大事业的根本。如果将万里茶路分为三部分的话，北段为驼路（从张家口到库伦）；中段为车路（从河南赊店至河北张家口）；南段为水路（从福建崇安到河南赊店），走完全部路途至少需要半年，且三段路程都不好走。从张家口至库伦全线3/4的地段是沙漠。残阳冷月、狂风沙暴、风餐露宿、日夜兼程，其劳顿、艰辛和危险是可想而知的。没有意志和勇气，没有力量和信念是吃不了这种苦的。历时200余年，漫漫古茶道是晋商的开拓之路、创业之路。它横跨欧亚大陆，堪与汉代的“丝绸之路”相媲美。

二、晋商茶源的变迁

1853年5月19日，太平天国开始西征，胡以晃、赖汉英率领的西征军再次占领安庆，然后围攻南昌，攻克九江，再占汉阳、汉口。1854年，西征军攻陷庐州、转战黄州、靖港一带，第三次攻占武汉三镇。1856年，太平天国发生内讧，西征的军事行动基本结束。但在三年的时间里，太平军取得了安徽、江西和湖北东部的大部分地区，控制了长江中游的安庆、九江、武昌三大重镇。这片区域正处于武夷山茶路的咽喉部位，茶叶贸易受到严重影响。据1869年天津海关贸易的报告可知，太平军不仅阻断茶路，而且由于茶路阻断还造成了茶价上涨。1853—1856年，福建武夷山的茶价被提高了50%。有人曾经做过统计，茶商为此付出的损失高达200多万白银。

晋商在无奈之下只能将现有的武夷茶和湖南、湖北一带的茶叶运往俄国。两湖茶场主要是指湖北省蒲圻县的羊楼洞、蒲圻和湖南临湘县（现为临湘市）交界的羊楼司与临湘的聂家市一带。羊楼洞由一个牧羊人的竹楼发展到清末具有五条街、百余家商号的古镇，并获得“小汉口”的称号以及成为湖南、湖北、江西三省的茶叶集散地，追根溯源，晋商功不可没。另外，两湖茶场的安化茶是茶叶之路上的一个重要品种，尤其以“千两茶”而闻名中外。根据戴啸洲在《湖北羊楼洞之茶叶》中的记述：“羊楼洞、羊楼司以多山之故，茶产自属相宜，其起源虽不可考但据地志记载，前咸丰年间，晋、皖茶商往湘经商，该地为必经之路。茶商见该地适于种茶，始指导士人，教栽培及制造红绿茶之法。经营茶庄者，年七八十家，有砖茶十余家，统由山西帮经营。”又据叶瑞庭的《莼浦随笔》记载，康熙年间，山西客商每岁至临湘羊楼司一带买茶，所买皆老茶，最粗者在羊楼洞踩作砖茶，其砖茶白纸缄封，外贴红纸，有本地监制仙品名茶等标语，当地人称之为里茶，实际上它就是现在的老青茶砖。羊楼司相距羊楼洞九公里，山水相连，首由山西人设庄收购，因见其产量丰厚，质量又好，咸丰初年山西客商又进入羊楼司创办茶厂，压制茶砖。之后，晋商又相继进入聂家市设庄办厂，压制茶砖。

晋商在转移茶源，开发两湖茶场上有巨大的贡献。他们选择了两湖交界处的为新茶源也是有道理的。这个地方不仅雨量充足、气候湿润、土地肥沃，很适宜茶叶的种植、生长，而且晋商毫无保留地把他们在武夷山等地经营茶叶中学到的茶叶栽培技术传授给当地农民，这对提高茶农素质和茶叶产量大有好处。通过把广东和安化的红茶加工技术传授给茶农，晋商把鄂南、湘北一带打造成一个茶叶加工、制作的基地。茶农掌握了炒青、揉制、烘干等一系列工序，提高了茶叶的品质。他们后来大量生产的砖茶更便于茶货的保存和运输，这是欧洲人更欢迎两湖茶的原因。不仅如此，羊楼洞一带地处江汉平原之东，离汉口很近，交通较为方便，渐渐形成了产、运、销一条龙的一体化茶叶经济带，这条经济带促进了当地经济的发展。

第五节　涉足国际贸易

雍正五年（1727年），《中俄恰克图条约》签订后，中俄边境的一个小村——恰克图一跃成为国际商埠。恰克图的繁荣极大地推动了中俄两国边贸经济的发展，每年都有数以十万计的茶叶、瓷器、大黄、丝绸、铁器和其他日用百货从中国输向库伦、恰克图、伊尔库茨克、莫斯科，并转运到欧洲各地销售。同时，俄国、蒙古国的皮毛、呢绒、牲畜等产品也通过恰克图—库伦—归化—张家口一线进入京津和中原地区。从1692年俄国第一支商队进北京到1905年西伯利亚大铁路通车，恰克图市场繁荣了200多年。由此，恰克图就成为中俄两国互通有无，经贸发展的重要枢纽，造就了以“山西帮”商人为主，“京帮”为辅，总人数多达50余万的旅蒙商贸集团，进而带动了边疆地区的开发和张家口、天津、大同以及西伯利亚一批城市的发展。

一、中俄恰克图贸易

恰克图是中俄边境的交通要道。在俄国境内，恰克图经由色楞格河、贝加尔湖和安加拉河与西伯利亚重镇伊尔库茨克相连。在中国境内，恰克图地处喀尔喀蒙古的土谢图汗部、车臣汗部和扎萨克图汗部、赛音诺颜汗部四部中部通衢，经由库伦、张家口与内地相连，距晋商所驻贸易地库伦最为近便。[①]

（一）恰克图市场兴起的背景

清军入关以后，政治局面渐趋稳定，疆域逐渐固定下来。但1643年，俄国人瓦西里·波雅尔科夫等133人侵入黑龙江北岸，大肆烧杀抢掠，危害当地百姓的安定生活。1645年，哈巴罗夫率领70人的所谓"远征军"，骚扰黑龙江地区，紧接着斯捷潘诺夫又率领370人扩大侵略。中俄边界之争延续了较长时间。1689年，俄国经过彼得大帝改革，不断地向亚洲东部扩张，并积极寻求通往中国的商道。1689年9月8日，中俄双方缔结了《尼布楚条约》，这是中俄双方签订的划界平等条约，它是对长期中俄边境纠纷的一个总结。《尼布楚条约》的签订是中俄贸易开启的标志，也是万里茶路肇始的起点。1692年，彼得大帝向北京派出了商人伊台斯带领的第一支商队，并任命他为沙皇使节，携带国书，向康熙皇帝提出了六条训令。

①探明清王朝对《尼布楚条约》和两国未定界的态度。

②关于两国在蒙古边境等地区的划界问题，应向中国大臣说明：因"尚未奉训令，不能同可汗（中国皇帝）陛下大臣们做出任何结论。"

③要求中国引渡居住在鄂嫩河畔的"俄国叛民"布里亚特人和温科特人，释放俄国被俘人员。

④探明中国各地商品行情，外国商人来华经商情况以及俄国货物在中国的销售情况，要求允许伊台斯"自由通行各城市并采购所需商品"。

⑤请求清王朝拨地供俄国建造一座东正教堂。

⑥侦察黑龙江流域的情况。

伊台斯的行进路线大体是从莫斯科出发，经凯戈罗德、乌特卡、涅维扬斯克、托博尔斯克、上乌金斯克、尼布楚进入中国境内，转道张家口到达北京。他走的这条路线是中俄通道中东部的一条较远的路，但它的走向基本和恰克图商道一致。

随着俄国到中国的商队数量不断增加，为减少进贡的商队来北京，雍正五年（1727年），中俄双方在布尔河谈判并草签了《布连斯奇条约》，并且于1728年6

---

① 成艳萍：《恰克图市场的边境自由贸易区性质》，太原：山西大学学报（哲学社会科学版），2010年第1期，第81～85页。

月25日两国使臣正式在恰克图签字、互换文本，由此，中俄《恰克图条约》正式生效，恰克图定为互市场所。它是万里茶路得以全面开通的文献依据，也是恰克图国际贸易的起点。此条约是经过双方反复磋商达成的共识，也是双方没有异议后的条约，它对此后300年的中俄经济贸易产生了不可估量的影响。

《恰克图条约》共十一款，用满文、俄文、拉丁文编写了三个文本，其条约的内容包括边界、贸易、宗教、越境人犯处理四个方面。该条约的第四条对中俄贸易做了原则规定。该条约重申《尼布楚条约》规定的两国政府间贸易每三年一次，每次俄商赴京人数限定200人，贸易"均不取税"。此外，特别重要的规定是："在两国交界处进行零星贸易者可在尼布楚和色楞格之恰克图选择适当地点建盖房屋"作为边境贸易市场。双方商人不许越境，但可以在边贸市场自由交易。

在此过程中仍有不少俄国商队借朝贡名义来北京贸易。1733年，俄罗斯馆监督奏："俄罗斯互市址，宜在于边境，其住居京师者，请禁贸易。"清政府采纳了该建议。截至1755年的60多年里，共有20余支俄国商队到达北京。1755年后，北京贸易停止，边境贸易成为中俄贸易的唯一形式。

（二）恰克图市场创建

根据《恰克图条约》的规定，中俄双方选定恰克图为交易市场。此后恰克图市场日渐繁荣，双方贸易额直线上升。条约规定中俄两国以恰克图为"通商之地"，恰克图一夜之间由一个边陲小村发展成为百货云集的漠北繁富之地，并且与当时的广州并列为我国对外贸易的水陆码头。晋商在创建和繁荣恰克图贸易市场中做出了不可估量的贡献，并从始至终垄断着贸易大权。

恰克图市场创建之初，俄国非常积极，中方相对保守。1728年6月30日，俄国直接插手恰克图市场的规划和设计，并对恰克图市场的建设做出非常明确的指示：恰克图市场应该是一个正方形的市场，每边各长200米，市场的四个角各筑一个城楼。在这个正方形的市场内，开设32个货摊，货摊的大小可分成两种：一种是长宽各5米的正方形货摊；一种是长为6米、宽为3米的长方形货摊，在恰克图市场还应修建一个商品陈列所，长为32米，宽为6米。底层修建24所商店。商店的上面是仓库，每个商店还应有一个像圣彼得堡的商店一样的屋顶走廊。市场的外面应建筑围墙以防草原上的野火，这些商店租给私人使用。俄国军队也参与了新商埠的建设，并在很短的时间里就调集了350名雅库茨克团的士兵，还从上乌金斯克调来了30名哥萨克，25辆大车和一些马匹以及数十名工人，搭起6个帐篷和一所有12个粮仓的大院，建了一座配有大酒窖的酒店，盖起了32座供商人居住的房子，其中每座房子宽3俄丈，长4俄丈。在贸易城的中心位置盖起了长16俄丈、宽3俄丈的楼房，上层为24个仓库，下层是同样数目的铺面。所有这些都是由俄官方出资修建。1728年，俄方的贸易城建成。两年后，在恰克图又建成一座规模宏伟壮观的教堂。①

1729年，紧挨着俄国的贸易城，中国也盖了一个同样大小的贸易城，为其命名"买卖城"。不过中国的买卖城是由中国的商人集资建立的。这种差别来源于两国政府对边境贸易认识上的巨大差异：俄国政府认为建立双边贸易是两个国家官方之间的事情，至少应该是官方的事，而清政府则认为恰克图的双边贸易是商人自己的事，完全属于民间行为。商人们自己集资向恰克图监管部门购买地皮，自己建造店铺和库房。买卖城由一条长街和两条横街为基本框架，街道两侧全是不太高的木屋，但建筑式样犹如石砌，屋顶上都装有中国传统的龙吻。商铺和俄国的商铺没有什么区别，只是店门的正中都有彩色横幅，用方块汉字标写着字号名称。在贸易最盛时，买卖城中有商号120多家、房舍200所，居民曾达1 200人。②

买卖城筑有高大的木桩连结的栅栏当围墙，城门顶上建一小塔楼，楼顶四侧同样雕有粗糙的木龙头。在买卖城和恰克图相距140码的中心处筑有高约为10尺的标柱，上面刻有满、俄两种文字，以志两国疆界。

为了管理恰克图，两国政府都派驻官员负责市场管理。俄国建立了萨纳特衙门，派出一名监察监收关税；监察配有一名管事和几名工作人员。中国也设立监视官一名，由理藩院派出。对于恰克图的管理，清政府实行严格的管制。凡入市贸易的商人都必须领取理藩院颁发的部照（也称信票、龙票、票证），无票者不准入市。

（三）发展中的闭市波折

由于走私和俄国商人的不法行为，在两个半世纪的发展过程中，恰克图市场经历过几次闭市风波。

第一次闭市发生在乾隆二十三年（1758年）。由于市场初建，双方的商人和边民在经商过程中经常出现不遵守市规的现象，同时还有俄国的布里亚特人越境抢劫，治安状况非常不好。于是清政府对恰克图市场进行了贸易限制，对不遵守市规的商户进行严查。

---

① 高春平：《晋商学》，太原：山西经济出版社，2009年，第290～230页。
② 赵荣达：《晋商万里古茶路》，太原：山西古籍出版社，2006年，第22页。

第二次闭市发生在乾隆二十九年（1764年）。恰克图市场再次发生风波，俄国的布里亚特人窜入喀尔喀杀害中国官员，抢掠财物，同时又发生“俄罗斯帝国渐逾禁约，私收货税”的违约事件，造成恰克图的第二次闭市。俄国单方征收中国商品的入口税，引起中国方面的不满。经与俄国交涉无效，乾隆大怒，于是下令再次关闭恰克图市场。乾隆三十三年（1768年），清政府驻库伦办事大臣庆桂协同喀喇沁贝子，奉皇帝的指令与俄国官员多次协商后，俄国与清政府和解。

第三次闭市发生在乾隆四十三年（1778年）。起因与前两次基本相同，闭市时间为3年。

第四次闭市发生在乾隆五十年（1785年）。闭市时间为2年。

（四）恰克图市场的兴盛

恰克图中俄贸易在乾隆二十年（1755年）以后开始兴盛，交易额直线上升。同年，恰克图的进出口贸易平均每年达800万卢布，恰克图的对外贸易关税收入占俄国全部关税收入的38.5%，在俄国对外贸易中占有重要的地位。广州与恰克图，一南一北遥遥相望，并列为中国对外贸易水陆两大码头。

在恰克图从事对外贸易的旅蒙商有上百家，其中较大的商号是福源德、天和兴、大升玉、恒隆光、久成兴、永玉亨、大泉玉等15家。在经营过程中，时间最长、规模最大者当属山西榆次常家。清末在恰克图数十个较大的山西商号中，常家独占四家，称得上是“对外贸易世家”。次者为太谷曹氏。曹氏在恰克图设有“锦泰恒”和“锦泉涌”。“锦泰恒”在莫斯科、张家口设有分号，其主要经营茶叶、绸缎。其经营资本及经营规模为恰克图众商号之冠。

恰克图市场的中俄贸易进入道光时期（1821—1850年）为空前繁荣阶段。俄国各阶层的饮茶者与日俱增，大大刺激了茶叶的进口量。尤其是西伯利亚一带，以肉食为主的游牧民族，对中国的茶叶产生了强烈的依赖，每日与茶相伴。1727年，茶叶在恰克图的输出额为2.5万箱，光绪年间，茶叶的输出额增加到6.6万箱，1850年，茶叶占全部输出额的75%。1777年，恰克图的贸易总额为2 868 333卢布，1845年，恰克图的贸易总额增加到1 362万卢布，恰克图的中俄贸易达到了顶峰，中国成为俄国在亚洲的最大市场。

（五）恰克图市场的巨大作用

恰克图市场的茶叶贸易的繁荣对中国内地的种植业、加工业以及交通运输业的发展也起到了积极有力的推动作用。边疆城镇的发展得到促进，如归化、张家口、库伦、齐齐哈尔等中小城市大多是在茶叶贸易的刺激下成长和发展起来的。随着商道的繁荣，大批的从事运输、建筑、食品、缝纫、旅店等方面的工作人员从内地涌向边疆。这种流动是双向的，即欧洲的文明和中国中原的文明向恰克图市场传递了新的科技成果、新的思维方式。

恰克图市场使西伯利亚发生了巨大的变化，大批的移民从人口稠密的欧洲涌向这里，比斯克、托博尔斯克、新西伯利亚、上乌金斯克、下乌金斯克等地涌现出了一大批繁荣热闹的城市和村镇。

马克思也曾盛赞中俄恰克图贸易，他在《俄国对外贸易》一文中指出：“这种由 1768 年叶卡捷琳娜二世统治时期订立的条约规定下来的贸易，是以恰克图为主要的（如果不是唯一的）活动中心，恰克图位于西伯利亚的南部和中国的鞑靼（即蒙古）交界处，在流入贝加尔湖的一条河上，在伊尔库茨克城 100 英里。这种在一年一度的集市上进行的贸易由 12 个中间人经营，其中 6 个俄国人，6 个中国人，他们在恰克图会商。由于这种贸易是以货易货，所以他们还要确定双方所应提供交换的商品比例。中国提供的主要商品是茶叶，俄国提供的主要商品是土棉织品和毛织品”。

（六）恰克图市场的衰落

第二次鸦片战争后，各国列强迫使清政府签订了一系列不平等条约。俄国商人获得了由陆路进入内地可免税的特权，中国从内地到北方边境全部对俄国开放，并增加了从科布多经归化、张家口到天津和从新疆经嘉峪关、兰州到汉口两条运输线。俄国商人将砖茶装轮船从汉口经天津转海路运往俄国。由于边境口岸的增多和天津海港的对外开放，通过张家口运往恰克图的货物越来越少。1903 年，西伯利亚大铁路正式建成通车，中俄商品运输经符拉迪沃斯托克转口。虽然这条运输路径缩短了时间，而且节省了运费，但极大地影响了恰克图的贸易业务。1911 年，沙俄策动外蒙独立，1912 年又强迫袁世凯签订《中俄声明文件》，此后，俄蒙举行恰克图会议，签订《中俄蒙协议》。张家口—库伦—恰克图商道一度中断，恰克图市场走向衰落。

在恰克图对外贸易中，由于晋商精湛的经营艺术和出色的才能，每年将数以十万担计的茶叶和其他各类商品用原始的运输工具——驼、马、牛运送到中俄边境，乃至俄国腹地。从中可以看出，晋商在恰克图市场的发展过程中起到了非常重要的作用，这与他们的创业创新精神是分不开的。

二、开拓日本市场

晋商在对日贸易中出现了“船帮”。“船帮”始于康熙中期，由著名的皇商山西介休范毓馪父子代皇家从日本采办“洋铜”之事为其开端。同中国封建社会大多数开国王朝一样，清初也处于封建王朝的上升时期。此时的社会相对较为安定，一时呈现了政治稳定和经济繁荣的景象，这就是所谓的“康乾盛世”。社会经济的发展促进了商业的繁荣，这就必然要求增加通货以适应日益繁荣的商品贸易。当时的货币主要是铜钱，因此，清政府需要更多的原料铜以铸造铜钱。但当时中国的主要产铜地云南已不敷所需，清政府遂允许商人从日本贩铜，此种商人被称为“洋铜商”。在这种背景下，以范毓馪为首的一些皇商见采办洋铜利厚，遂以较民商价低的条件于康熙三十八年（1699年）向清政府请准采办洋铜，范氏因此获利颇厚。康熙五十三年（1714年），日本因铜源减少，限制中国入港船只和贸易额，致使铜源购买困难。清政府只好于康熙五十五年（1716年）取消了内务府商人采办铜斤办法，改由八省督抚办解，范氏暂时退出了对日贸易活动。

乾隆三年（1738年），清朝政府又重新起用范氏办铜。范氏将中国丝绸、瓷器、药材、书籍等贩往日本，购回洋铜。在鼎盛时期，范氏有洋铜船七八只。乾隆十四年（1749年），清政府定：“采办洋铜，每年额定十五船，除官商范清注铜船系领帑办铜外，民商自办者共十二船。”① 后来，政府折给之铜价较民商价低，且民商可半数交官收售，半数按市场行情高价出售，而范氏不得私售，加之日本铜产告缺，洋铜船又屡次遇暴风沉没，致使范氏亏帑一百五六十万银两。乾隆四十八年（1783年），范氏因“误运误课，拖欠款项累累”被清政府查抄，家产充公，范氏从此结束了前后长达70年的洋铜贸易。②

除范氏外，山西还有多家采办洋铜商，如洪洞人刘光晟。乾隆初，其投笔从商。据民国《洪洞县志》卷十二记载：“刘光晟，字寅宾，幼时读书才智绝伦。……乾隆辛亥，山西兴鼓铸役，而铜斤不给。光晟闻之，投笔起曰：此非某报效时耶，安能垂首铅椠作老书生哉！遂呈请抚军，愿备资采办。至江淮间，择友之干练者数人，由乍浦出洋，办得铜五十万斤，共需值十四万金有余，躬督运交，尽行报效。上闻，谕旨褒嘉以三品荫生，简发直隶，以同知补用。”乾

---

①《皇朝文献通考》第17卷《钱币考》。

② 张正明，张舒：《晋商兴衰史》，太原：山西经济出版社，2010年，第83页。

隆十七年（1752 年），铸局又需补充铜料，又照刘光晟采办洋铜。又如，乾隆三十三年（1768 年），晋商王慎权办运铜 4 343 斤，田尚办运铜 6 589 斤，郭连抬办运铜 6 683 斤，杨士藩办运铜 10 777 斤，张瑞宁办运铜 13 530 斤，白采办运铜 6 987 斤，张世武办运铜 24 695 斤，经山东由陆路回晋。但是自乾隆四十年（1775 年）之后，由于受到著名的皇商范氏办铜失利的影响，山西"船帮"由盛而衰，海外贸易渐次让位于沿海商民。

第5章

明清晋商经营方式的创新

明清晋商在经营方式上的创新主要体现在晋帮、行会、会馆的形成与发展。商帮的形成及发展使晋商不再单打独斗，最终以强大的商业集团力量与其他地域性商帮并驾齐驱。

第一节　晋帮的形成及壮大

晋帮是明清时期崛起的一大商业集团。该集团是借助明政府“开中法”的实施，利用山西靠近北方边镇的有利地理位置形成和发展起来的，并于清代达到鼎盛。他们主要经营盐、米、丝、茶、铁器、棉布、木材等军需民用品，其活动范围早期以黄河流域的北方地区为主，其后又扩展至长江流域和珠江三角洲，“足迹遍天下”。到清朝，晋商不仅垄断全国的金融，而且还把势力拓展到日本、朝鲜、俄国等国家以及东南亚、中亚等地区，货流天下、汇通天下，雄踞国内商界。晋商在明代前期开中法和商屯实行过程中迅速崛起，活跃在北方边镇，这仅仅是开端，晋帮正式形成是在明代中期。

一、晋帮形成的社会背景

（一）明代中叶边患严重与边饷增加

明代中叶，随着屯田制的瓦解和朝廷的腐败，国势日益衰落。正统年间的“土木之变”已暴露了国防的虚弱，到成化年间（1465—1487 年），蒙古势力已进入河套地区，并把河套地区作为侵扰内地的基地，不断抢掠延绥、平凉、灵州、固原以及大同等地。嘉靖时，北虏南倭形成夹击之势，蒙古军事势力不断地袭扰延绥诸边，成为明朝的大患。蒙古骑兵不断入犯山西、陕西直至京畿等地。嘉靖二十九年（1550年）六月，俺答率军犯大同，以贿赂严嵩之子严世蕃。而出任宣大总兵的仇鸾惶惶无策，只好故伎重施，重金贿赂俺答，要求俺答不再进攻他的防区。俺答接受重赂以后，遂引兵东去。八月，俺答由蓟镇攻古北口，直逼通州，京师告急。当政的严嵩命令兵部尚书丁汝夔坐等俺答抢掠后自行离去。蒙古军烧杀数日，明军杀了数十个百姓，冒功请赏。昏庸的明世宗加封仇鸾为太保，并赐金币，该年按干支纪年是庚戌年，故史称"庚戌之变"。边患日益严重，边饷猛增，军费开支成倍增长，数额非常惊人。

（二）边商向内商的转变

明代中叶，折色制的实行让商人在北边纳粮开中无利可图，作为开中法基础的商屯制度也很快瓦解。于是原以北方边镇市场为活动舞台的晋商将其活动场所逐渐向南方地区转移，特别是向盐业居全国之冠的两淮、江浙地区转移。当时，许多山西富商迁居淮浙，向各有关运司纳银领取盐引，并演变为以在内陆活动为主的商人，史称"内商"；而继续留在边境地区纳粟报中的沿边土著商人便被称为"边商"。转为内商的晋商以贱价收买边商所领的盐引，获利甚厚并成为巨富。

晋商进入两淮，特别是进入扬州后不仅在当地从事盐业贸易，而且还迁居入籍，在当地安营扎寨。在万历四十五年（1617年）"盐政纲法"实施后，他们中的一些人名列纲册，进而向垄断商人发展，成为有名的两淮盐商和扬州盐商集团的主干。此外，在长芦、河东盐区，晋商也有很大的势力。

明清时期的国内商界，除了久负盛名的晋帮、徽帮外，还有洞庭帮、龙游帮、广东帮、四川帮、福建帮、山东帮、扬州帮、天津帮等数十个地域性商业集团。各帮之间竞争激烈，互相争夺商业市场，在长期的竞争发展中，形成各自的鲜明特色。

二、晋帮的主要特点

（一）以地缘关联为纽带

乡土观念浓厚的晋帮多是以同乡为纽带组织和发展起来的。按照乡邑区域又组合成若干个小商帮，其中著名的商帮，如平阳帮、泽潞帮、蒲州帮、太谷帮、祁县帮、平遥帮、汾州帮、忻定帮等。许多山西盐商都是世代相传的盐商世家，如清代著名的考据学家阎若璩就是明朝正德年间太原帮中迁居扬州盐商世家的后裔。在长期的商业实践中，晋商以会馆为活动场所，扬长避短，逐渐以地域为组合纽带，摒弃家族血亲的干扰，实行了“三爷不用，避亲用乡，股份合作”一系列进步的人事管理制度。

（二）勤俭吃苦、诚信不欺

山西境内山多川少，自然条件差，这种地理环境造就了山西人不畏艰险、勤俭吃苦的品德。明清时期，无论是戈壁沙漠不毛之地的新疆、内蒙古，还是波涛汹涌天险绝壁的岭南川康，到处都有晋商的足迹。当时的晋商曾自豪地说：“凡是飞鸟能到的地方就有晋商在做生意。”故而有“晋俗勤俭”的美称。

诚信不欺是晋商的成功因素之一。商人的本性本是唯利是图，不择手段，故而尔虞我诈，欺瞒哄骗，缺斤短两是多数商人的共性。可是晋商却认识到守信不欺才是经商长久取胜的成功之道，虽经商亦以营利为目的，但凡事以道德信义为根基，所以许多晋商把守信不欺作为经商准则教育子弟。

（三）尊奉关公、以“会馆”为活动场所

在竞争角逐中，晋商为了团结一致，除供奉财神外都要供奉关羽。把尊奉关公作为他们的共同信仰，所以在山西会馆以及商人家中都悬挂关公像，有些地方还建有关公庙，定期举行祭祀活动。如移居扬州的山西盐商在嘉靖年间建起一座关壮缪侯庙。在每年阴历五月十三日，山西蒲州迁居扬州的盐商必定举行盛大的祭祀活动，饮酒唱戏，公议商务。晋商之所以供奉关公一是因为关公是山西人，二是因为关公以忠义著称，故而通过尊奉关公来团结同乡商人。

会馆大多是在关帝庙基础上建立起来的。为了便于本乡商人获得利益与组织活动，许多晋商集资修建了专供本行业本地区团结同伙、协调同行商业活动的公共场所——会馆。明中叶后，在北直隶、山东、江南等地的晋商相继建起了同乡会馆。这些会馆建在通都大邑及商业繁华的地方。据统计清嘉庆年以前北京现存会馆碑刻资料32个，其中晋帮会馆13个；嘉庆二十四年（1819年），在京山西平遥颜料商有36家；乾隆三十五年（1770年），河东烟商在京有52家。而早在康熙年间，晋商便在九省通衢的商业重镇汉口建立了山陕会馆。汉口山陕会馆已具有同业会馆的性质，其中包括了许多行业和山西省内的各地区商人，即太原帮、红荣帮、汾西帮、西药帮、核桃帮、京口帮、红花帮、当帮、皮纸帮、汇票帮。

（四）“合伙”经营

“合伙”经营是晋商较普遍的经营形式。即使伙计不出资，但其作为商业经营者和资金增值的参与者，同样享受分红的权利。晋商通常多是自己出资，然后吸收一些品行端正的乡邑人做伙计，并把经营业务委托给伙计去办，而伙计也以认真负责的态度忠实履行自己的职责。明人沈思孝对晋商实行伙计制的记述颇详，他写道：“平阳府、泽州、潞安府，富商大贾甲天下，非数十万不称富。他们以品行相交处，其合伙经商者，名‘伙计’。一人出本钱，众人合伙经营，虽不发誓，但绝无私藏。”祖父偶尔以子母利息借贷于别人而中途死亡，贷者放弃已几十年，子孙出生并知道祖父负债后必定要勤劳苦作还清所贷。所以那些资本富厚的人争着要用这类人做伙计，而且富人积蓄不藏于家，而尽散发于伙计。

（五）重视商业信息，预测行市，垄断市场

晋商对商业信息十分重视，经常通过各种渠道了解商业信息，预测行市，掌握各地物资余缺及影响商业经营因素的情报，在商业总号和分号之间，往往是五日一信，三天一函。在各会馆之间也经常互通商业情报，而且晋商把贱买贵卖、把持行市、利用信息、占领市场作为获取高额利润的手段。

（六）投资土地，形成商人、地主、官僚“三位一体”的结构

土地是宝贵的自然资源，在传统的封建农业社会里更是发家致富的资本，而且土地具有稳定、不担风险等优点，所以许多晋商经商致富后大量购置土地。“以末致富，以本守之”的正统观念在不少晋商身上表现得特别突出。他们不是将资本大笔地投资商品生产，而是用于买房、置地、纳妾，甚至挥霍浪费。明代后期，官与商的关系十分紧密，官商合流权钱交易的趋势日益加强。官僚利用商人的财务支撑而讨好上司，保官升迁，商人则凭借官僚的权势贪婪而获取暴利，互相利用。

三、晋帮创新的具体表现

随着明中期社会经济的发展，商业的繁荣，晋商的经营规模日渐扩大，尤其是运司纳银制实行后，许多晋商发展为富商大贾。

（一）经营规模扩大

晋商借助明政府开中法和折色制的实施不断扩大经营规模，很多商人从小商贩发展成为大粮商和大盐商。如李因笃的祖先原是山西平阳府洪洞县人，起先仅是种田百姓兼做小买卖。在开中法实施后，他的曾祖父贩运粮食到延安柳树涧上，纳谷数千万石，供养安边、定边、安塞边军数万人，可见其经营粮食之多。平阳府商人王玺靠往辽东贩运商品，仅10余年就成了巨富。商人王一鹤开始经商时靠贷款在里邑卖布，后来到江浙一带贩棉布到九边去卖，资产日厚，以后又去淮、浙两地以及扬州经营盐业，成了大盐商。

晋商经营规模的扩大还表现在势力范围亦即活动地域的发展。在运司纳银制实行之前，他们的活动舞台主要为黄河流域的北方地区。在明中叶开中法改为折色制后，晋商大量地向淮、浙地区移居，逐步进入了全国范围的流通领域。晋商的活动范围逐渐扩大，西起西域、东到辽东、南到岭南、北迄漠北的广袤土地上都有晋商的足迹。另据谈迁在《枣林杂俎》中的记载，明末崇祯年间，晋商已把势力延伸到海外，曾往日本贩卖人参。

（二）经营项目增加

伴随着活动范围的扩大，晋商的经营项目也在不断增多。除继续经营盐、粮、丝、茶叶外，晋商的经营范围还包括棉布、铁器、木材、瓜果、金融典当、牛马牲畜、香药草料、陶瓷器皿等应有尽有。在种类繁多的各色商人中，主要有如下几种类型。

1. 盐商

盐是人民生活中的日用必需品，其销售自汉武帝官营以后长期被政府垄断。在明代开中法实施后，政策口子稍微放宽，商人通过纳粟中盐，从政府控制的食盐专卖权中获得一小部分利益。当时晋商通过运粮到边镇换取盐引进而销售食盐的很多，如平阳府商人王玺在河东盐区、蒲州商人展玉泉在长芦皆是经营盐业的商贾。而在淮安、扬州山西盐商更多，“扬以流寓入籍者甚多，明中盐法行，山陕商人蜂拥而至。”

2. 粮商

为了解决北边地区的粮饷供给，明初实行了以盐引召诱商人运粮到边镇的开中法，进而晋商由北方边镇市场向距离山西较近的辽东、宣府、大同、延绥、宁夏诸边镇大量贩运粮食。其时参与开中法活动的晋商都是盐商兼粮商。在北边兴起了大宗粮食交易市场，晋商更为活跃。他们采用各种办法廉价买进粮食，当政府购买粮食时，他们便将粮食贩运到北边，从中获利。所以很多商人都是利用政府的军事需要进行粮食贸易而崛起的。

3. 丝绸商

中国的丝绸业具有悠久的历史，在明朝中后期有了长足的发展。苏杭地区的许多市镇和山西潞安府都是当时有名的丝织业中心。在晋商中经营丝绸的亦不乏其人，如平阳府商人席铭就是以经营丝绸起家的大富商，他游历吴越、楚魏，泛舟江湖，在大江南北贩卖丝绸，并成为蒲州首屈一指的丝绸商。当时像席铭一类走遍江南，远贩塞北的商贾极多，他们多从浙东一带求买丝绸，然后贩卖到四方赚钱。因为浙东地区桑麻遍野，引得四面八方的商人来此批发取买。

4. 棉布商

自明代中叶以来，以松江、苏州为中心的江浙地区的棉纺织业发展迅猛，竞争激烈。松江府、苏州府、镇江府一带的棉纺织业在市场竞争的推动下日益兴盛，所产棉布，行销全国，在晋、冀、鲁等各省及九边诸镇大量畅销，而这些棉布大多是由晋商从江南贩运来的。政府除用棉布为边军制作冬衣御寒外，还将棉布和棉花折为军饷发给士兵，其中棉布还可以代纳民运粮，交换马匹、银两等。从《明实录》中可以看出，由晋商输往宣府、大同两镇的棉布数额相当庞大，在正统元年（1436 年）六月，仅起运宣府折粮棉布就达 25 万匹。褚华在《木棉谱》中记述他的六世祖在明末的苏州开设棉布批发庄的业务情况时指出：“秦晋布商皆主于家，门内客商常数十人，为之设肆收买”，足见当时山西布商之盛。

5. 冶铸商

山西煤、铁资源很丰富，太原、泽州、阳城、五台等地均储藏有大量的铁矿石，因而历代有经营矿冶业的晋商。商人中凭开矿而致富的不乏其例，典型的有张守清。据历史记载，张守清是山西人，少年贫困去了五台山，当时各矿主铲利交争，经常互相杀伤，张守清每每为他们剖析评决，片言服众，威信极高。后在山中鼓铁贩卖，分利给矿工并请老师教育其子弟，还时常周济僧侣穷人，被众人拥戴。晋中有宗室向他借贷的，他皆以礼相待，终于由无产者成了大冶铸商。

6. 金融商

晋商经营金融典当业在明清两代是颇具盛名的。在明代，金融典当业基本成了山西、陕西、徽州商人的专业。高利贷资本和商业资本是一对孪生兄弟，在贩卖盐粮获取商业利润之后，晋商抓住政府、土著商人和一般农民青黄不接缺乏资金的机会发放高利贷。武宗正德十三年（1518 年），宣府镇巡官及管粮官奏称：“各路兵马会于宣府，粮草所费，需银六十七万五千一百余两，预备借诸商人”，户部奉旨答复说：“如粮缺则发库银籴买，银两不够就向富商借贷。”隆庆时，常有晋商前来延绥镇将巨款交与土著商人，各自立下契约文券。当时，政府滥发盐引，盐商困于守支，淮浙两地私盐泛滥，淹滞官盐，当沿边土商无法支持时，就出高利息向晋商借贷，晋商乘机发放，并以贱价收买土商的盐引大发横财。

7. 木材商

在明代晋商中经营木材者也不乏其人，尤其是在明代中后期，统治者大兴土木，建造豪华的宫殿陵寝。据《明文海》记载，嘉靖年间（1522—1566年），当地地方官员曾令山西巨商伐采皇木，采买金额至三十余万两。万历二十四年（1596年），晋商又从五台山运输木料，沿新落河至赵堡口一带贩卖。

（三）资本的增值

经过200多年的经营，晋商积累了巨额的商业资本成为一支势力雄厚，在全国商界占有举足轻重地位的强大商业集团。当时，平阳府、泽州、潞安府都有不少拥资数十万财雄天下的富商大贾，在国内商界只有新安商人可与它分庭抗礼，至明代中叶，晋商已成为全国出类拔萃的大富商。嘉靖年间，严嵩的儿子严世蕃曾数说天下富豪，并将资本百万以上的商人列为第一等。据当时的统计第一等的商人全国共17家，其中山西三家、徽州二家，由此可见，晋商资本的蓄积程度以及在全国的地位。

明代晋商的经营规模在不断扩大，活动范围遍及全国。到明代中后期，晋商已发展为拥有巨额资本的地域性商业集团，其经营规模和项目的拓展已充分地说明晋商实力之雄厚。他们在开中法实施的过程中招民垦种，转运粮草，贩卖铁农具等军需产品，对巩固明代的边防贡献很大。在长期的贩运贸易过程中，他们不仅个人积聚了大量资本，而且促进了各地区间的经济联系，扩大了国内外市场，对明中叶以来产生的资本主义萌芽有积极的推动作用。晋商的崛起引起了山西境内社会风尚的变化，“农本商末”的传统观念产生了动摇，商人的社会地位不断提高，士大夫再也不以经商为耻，弃农经商、弃儒从商的人越来越多。社会风尚的这种转变是对过去耕读传家、科举及第、升官发财传统观念的有力挑战，从历史发展的总趋势来看，有着十分深远的意义。

第二节　行会的形成及发展

行会是区域商人与行业商人的相对独立的社会组织，晋商行会是晋商的自治、自律、自卫的社会组织，维系晋商和谐发展的纽带，对晋商的发展起着重要作用。由于晋商强大的经济实力和社会影响，政府对社会经济的管理也常常依靠商人行会来实现，所以晋商行会也是政府对社会经济管理的助手。晋商行会产生、发展以及活动形式有许多自己的特点，也是晋商文化中的一个宝库。

一、行会彰显晋商创新精神

行会源于民间结社习俗。"社"最初是按照民意自发形成的以敬神为中心的自治机构。随着商业发展，汉唐时代政府实行"坊市制"，工商业户在固定的坊市内按商品类别排成行列，称之为"行"。唐有二百二十行，宋有三百六十行。盛唐时，在坊巷乡间出现了一种以亲睦、教养、经济上相互帮助的机构——"社邑"或"社"，唐天宝七年（748 年）已流行全国。同行商人组织起来的自治社就是商业行会。明中期以后，行会又称为"会馆""公所"或"公会"等，有时也称为"帮"或"会"。晋商行会的组织名称似乎始终没有统一的规范，各依自己的信仰及偏好而命名，有的叫"社"，有的叫"会馆"，有的改称"公所"或"公会"，有的改用"商会"。①

晋商行会起始于明代隆庆万历年间，至 16 世纪中期，晋商行会就已经发展完善。山西人在异地建立会馆最早始于明朝隆庆万历年间，据《藤阴杂记》卷六《东城》记载："尚书贾公，治第崇文门外东偏，作客舍以馆曲沃之人，曰乔山书院，又割宅南为三晋会馆，且先于都第有燕劳之馆，慈仁寺有饯别之亭"。此贾公为贾仁元，字西池，山西万泉人，嘉靖四十一年（1562 年）进士，曾任兵部左侍郎，协理京营戌政，克经筵官。贾氏任京官时宅第在崇文门外，曾辟宅南为三晋会馆。明代自实施开中法以来，晋商逐渐成为实力强大的商人群体，京师成为晋商活动的重要场所，随后便设会馆于京师。《晋冀会馆碑记》记述了原初设立会馆的起因："历来服官者、贸易者、往来奔走者不知凡几，而会馆之设，顾独缺焉。……虽向来积有公会，而祀神究无专祠，且朔望吉旦群聚类处，不可无以联其情而冷其意也。议于布巷之东蒋家胡同，购得房院一所，悉毁而更新之，以为邑人会馆"。

在北京的晋商行会有颜料会馆，该会馆由平遥颜料商人行会在明代创建；临襄会馆由临汾、襄陵油盐粮商人行会在明代创建；临汾东馆由临汾纸张、干果、烟叶、杂货商行会在明代创建；临汾西馆由临汾商人行会在明代创建；潞安会馆由潞安铜、铁、锡、炭、烟商行会在明代创建；河东会馆由山西烟商行会在清代

① 孔祥毅：《晋商学》，北京：经济科学出版社，2008 年，第 144 页。

创建；太平会馆由太平县商人行会在清代创建；晋翼会馆由山西布商行会在清代创建；通州晋翼会馆由山西翼城商人行会在清代创建；盂县会馆由山西盂县商人行会在清代创建；平定会馆由山西平定雨衣、钱庄、染坊商人行会在清代创建。入清以后，晋商设立的会馆有了蓬勃发展，大体上前后在京师设会馆有40处以上。

在开封的晋商非常活跃，他们将西北的皮毛、山货运到开封转发各地，又将南方的茶叶、绸缎、食粮等运往北方。在河南山西客商云集，遂集资在今老会馆街（龙亭东侧）建了一处山西旅汴商人同乡会馆——山西会馆，后又有陕西、甘肃两地的旅汴商贾加入，山西会馆遂易名为山陕甘会馆。

在山东聊城的山东运河中，段城镇是晋商分布较为密集的区域。其中，聊城、临清最多，另外，东阿、冠县、高唐、章丘等县、镇也有晋商。这里的水陆交通便利，特别是鲁西地区有来自山西的移民近60万人，其中，东昌府将近占当地总人口的90%。这些迁入移民主要从事农业、手工业和商业活动，且与原迁移地保持着密切联系。他们在商贸往来中相互信任，贸易频繁。聊城原东关米市街路东的太汾公所（会馆）是康熙年间由山西太原府、汾阳府商人集资兴建的。在东阿县城、冠县南馆陶、阳谷阿城海会寺附近、章丘等地也建有山西会馆。其中，在明崇祯年间，晋商朱之运、梁儒英等联络众商，捐资修建了金龙大王庙（会馆），规模壮观；清代晋商在章丘傍河建立山西会馆。与此同时，晋商还联合与自己地缘关系密切的省份商人组成更广泛的地缘商会会馆，如在聊城至今还有保存完好的山陕会馆。①

晋商在徐州经营当铺、药材、布匹、茶叶、盐业等。在徐州活跃着许多著名的晋商商号：任大顺、王广盛、晋太、晋和、赵氏锦丰当铺等，其中赵氏锦丰当铺规模最大，同乡观念特别强的山西人为便于联系集会于乾隆七年（1742年）把徐州南郊云龙山东麓业已颓废的相山神祠扩修为会馆公房，并集资在徐州城南三堡购地两顷多，以其收入作会馆经费。把相山神祠改为山西会馆，不再祭祀原祠内的水火二神，而独尊关公，此后又分别于乾隆十七年（1752年）、道光五年（1825年）、光绪十三年（1887年）进行了三次大规模的重修扩建。②

明清时期，大量的晋商来到苏州后，因人生地不熟、交流不便，商业竞争激烈，为了巩固自己的商业利益，广泛联络寓苏晋商，合力对外，他们建有两所山西会馆：一处为全晋会馆；另一处翼城会馆。全晋会馆是晋商在苏州的共同家园，

---

① 陈金路，高静：《寻访山西会馆》出自《山西日报》，2007年6月3日。
② 张瑾：《寻访山西会馆》出自《山西晚报》，2007年5月11日。

咸丰十年（1860 年），太平天国逼近苏州，溃败清军在城外纵火，这座始建于乾隆三十年（1765 年）的"全晋会馆灰飞烟灭"。太平天国失败后，晋商重修会馆，从光绪五年（1879 年）至民国初年，陆续修了 30 多年才有了今天的规模，占地 6 000 米^{2}左右。会馆内有客商议事、寄宿、存货用房，供短期来苏州联系事务的晋商寄宿、存货以及在苏州破产失业的晋商借住，其中的万寿庵还是停放在苏州已故晋商灵柩之处。

归化城的晋商行会建于清代，多称为"社"，包括生皮社——皮商行会；仙翁社——酒饭商行会；得胜社——肉商行会；药王社——医药商行会；钉鞋社——修鞋商行会；纸房社——纸商行会；聚锦社——百货商行会；净发社——理发业行会；金炉社——铁业商行会；鲁班社——木业木器商行会；吴真社——油漆商行会；成衣社——服装业行会；集锦社——当铺商行会；宝丰社——钱庄商行会；银行社——票号商行会；忻州社——忻州商人行会；太谷社——太谷商人行会等。

自宋元时起，在古丝绸之路上的甘肃就有晋商到此贩运骡马、白毡，或从甘肃前往西域，或在甘肃开设商号。明初大批山西人到甘肃经商，这里的山西会馆大多建于明代及清朝康熙、乾隆年间，如山陕会馆、三晋会馆，还有天水、张掖的山西会馆等。

随着晋商活动的扩展，晋商会馆不断发展。据不完全统计，晋商除在京师设立了许多会馆外，又先后在天津、山东聊城、山东东阿、山东济南、上海、江苏扬州、湖北汉口、湖北当阳、湖北公安、湖北沙市、浙江杭州、广东佛山、河南郑州、广西南宁、青海西宁、四川成都等遍设会馆。

从各地晋商行会的名称看，晋商行会可以分为两类：一类是以籍贯形成，因为经商在外，远离家乡和亲人必须相互关心，团结一致，以防御外敌，并顺利从事商业活动；另一类是以职业为纽带形成的行会，以所崇拜之神名命名或以职业命名、以吉祥词语命名、以信义气节命名。清代归化城按行业组成的商会有 39 个，按籍贯组成的有 13 个。

光绪二十九年（1903 年），清政府设置"商部"，并颁布了《商会简事》。光绪三十三年（1907 年），清政府在京师设商务总会，各省设立分会，各地相继设立了专门领导各"行业"或"同业工会"的半官方机构——商会，即所谓的"商业会馆""商务工会""商务公所"。至此，全国统一的商会名称逐渐遍及全国各行业。1915 年，北洋政府颁布了《商会法》。1929 年，国民政府颁布了《工商同业工会法》，此法规定各行业的"行会""公所""会馆"等均在本法公布之日起改为"同业工会"，归当地商会组织领导。

二、晋商行会的创新表现

（一）晋商行会的组织与制度

1. 小行与大行

晋商行会有单会（社）和联会（社）之分：单会（社）是单一行业组织，称为“小行”或“行”，独立活动；联会（社）是若干会（社）联合成一个联合体，有共同的会首与办事机构，管理共同的事务，称为“大行”。

“小行”的参加人多数为师傅或徒弟，资方或劳方共同参加；少数为单纯资方或单纯劳方组成的。归化城的鲁班社是劳资合作性质，师徒都可以参加，店主与伙计在一社内，关系良好，同心协力；也有的劳资合作社逐渐发生变化，改为分社，如内蒙古萨拉齐的义合社是劳资协同的，但道光九年（1829年）左右，劳资分立，资方组成了纸房社，劳方组成了公义社，关系仍然良好，同在一地办公，常常经过协商发布统一的公告，维系他们的业务关系。“小行”的会首也称执事，一正一副，或一正二副，另有干事一名，称跑庙，处理会内事务。有的小行，还置有“义地”或叫“香粮地”，出租给当地农民，其收入为行会经费，该义地还作为会内成员死亡后的公用墓地。行会收入除“香粮地”收入外，还有各商号捐助，捐助金额按各号资本大小和业务情况而定。支出主要是看库人员生活费用及行会办事支出。这些资金在已收未支之前也常存入商号、钱庄生息，财务公开。

“大行”会首一正一副，为大行的总管，由各“小行”会首轮流义务担任，其威信资格不是以个人能力来决定，而是由所在的“小行”的地位决定。每年春季庙会，改选“大行”会首，任期一般为一年。归化城的“大行”为十二行的联合体，清雍正年以前成立，到乾隆末年，已成为十五社联合体，清末改称商务公所，人们习惯上仍称呼其为“大行”。“大行”会首之下，还有若干办事人员，处理会内事务。清末，有些“大行”还有自己的武装卫队，也称商团。它们除处理商务活动以外，甚至协助地方政府，“巡查弹压，拘捕人犯”。“长久以来，包头一直是由关帝庙的‘大行’和东河的‘农圃社’利用‘死人沟’的‘梁山’来维持市面。”①

①《包头史料荟要》第二辑，第133页。

2. 行会制度

晋商行会的目标可以从北京的山西票号商人行会章程中得到解释："商会之设，原所以联络同业情谊，广通声息。中华商情向称涣散，不过同业争利而已。殊不知一人智慧无多，纵能争利亦属无几何，不务其大者而为之。若能时相聚议，各抒所见，必能得巧机关，以获厚利。即或一人力所不及，彼此信义相孚，不难通力合作，以收集思广益之效。兹定于每月初一、十五两日为大会之期，准于上午十一点钟聚会，下午一点钟散会，同业各家执事齐集到会，或有益于商务者，或有病于商务者，即可公平定议，禀请大部核夺施行。如同业中有重要事宜，尽可由该号将情告知商会董事，派发传单随时定期集议"[①]。所以行会的"主要的目的都是社会生活方面的相互亲睦，经济上的给予扶助，即所谓保护共同利益。信仰本身是一种观念的东西，但'社会'的中心一定依赖于信仰。"[②] 晋商行会的目标就是联络同乡同行，实行自我管理，约束同行，保护同行利益。简而言之，自治、自律、自卫。既然是自治，晋商行会自然以一种信仰为精神支柱，以行业神灵的崇拜来实现联络，实现自我约束，同时定有共同遵守的行会纪律。行会纪律为会（社）规，凡立会（社），必有自己的会（社）规。

3. 行会会规

会（社）规，也称"规牌"，主要规定会员义务、行为、会费及惩罚办法等。光绪二十一年（1895 年）正月十三日，山西陕西帮商人共议山陕会馆管理条规有 13 条，其内容主要有：

① 所有收支账簿、房屋、家具、菜园、地基、应用人役，总归值年经营差委。

② 会馆保持清洁卫生，平素日期不准闲人入内游览。

③ 不准外帮借馆演戏，如有徇情私借情事，从事议罚。

④ 馆内灯彩家具一概不准出借，如违者议罚。

⑤ 晚间十点锁门，如遇宴会灯戏十二点为止，除水龙救患外不得任意启闭出入，如违者立驱出馆。

⑥ 会馆重地灯火最宜小心，嗣后我各帮字号如遇在馆做会演戏，客散戏终主人务将庙院戏台一应灯烛亲查熄灭始准回号，以昭慎重，如违议罚。

⑦ 馆内不论粗细货物，概不准在内晾晒，以昭肃敬。

⑧ 本馆司事、住持人等内不准留客过宿，在外不准支取银钱货物，自议之

---

① 中国人民银行山西省分行，山西财经学院：《山西票号史料》，太原：山西人民出版社，1990 年，第 677 ～ 678 页。

② [日文]《蒙疆的土俗信仰》，巴盟兴亚协进会本部，成纪 737 年。

后，倘私留客宿、私赊货物，一经知觉，逐出会馆，决不宽贷。

⑨ 水龙有备无患，倘有不测，一时出馆夫役人等酒资一切照章施行。

⑩ 供奉香火、长年神灯，乃住持应办之事，嗣后逐日长香，务要敬谨供奉，每逢会期奉香献酒，自必住持侍奉，年节三天，僧人间有贪闲假手他人，殊属不恭，自议之后，住持二人轮流执香在殿侍候以昭诚敬。

⑪ 凡选用馆丁务要小心谨慎，能干办事者充之，不得轻举滥进。馆之内外门巷每日打扫洁净，馆之社产市屋务听值年者调拨，催取租息不致稍懈。馆内不许容留闲人饮酒戏耍，致生事端。馆外街巷不许收荒摆摊赌博。馆役不得徇情容隐不报。如敢不守馆规，徇私偷懒，即行斥革。

⑫ 大会值年，从前十帮轮流，位年二号会办。今增汇业，每年四号。以祀产渐增，馆务紊繁。每年以四月初八日揭清所存银两，一切祭器祭物文契公交下首，务期明悉周详，毋延。

⑬ 招僧住持原为供奉香火，每日长香神灯，务要敬谨供奉，殿宇香案每日打扫。会期朔望倍加诚敬，洒扫洁净，在殿伺候，以便士商恭谒，平日不得随便出外游玩。

清道光八年（1828年），北京的颜料会馆制定的行规称："前因行中往来交易，秤砝之说，多有扰古。因此，公立行秤四杆，俱以校准，派四城公用。日后行中交易，银价俱以新置银公砝直兑，决无异说。今因行中前有旧规，相油一事议定。外来之油，诚献行庙香资钱三钱，以备神前供用。立规之后，大家悦均。近来，人心狡猾，广有买卖之油，不以实数报行。倘有无耻之辈，不遵行规，缺价少卖，隐藏篓数，异日诸号查出，甘心受罚，神前献戏一台，酒席全备，不得异说。如若不允，改以狡猾，自有合行公论。倘然稽查不出，愧心乱规，神灵监察不佑。警之，戒之"。

清道光九年（1829年），据归化城鲁班社的《新立规碑记》记载："兹因世道不古，人心不齐，有亏于圣事者多矣。我鲁班社由来已久，是属祖师胜会，而布施隐藏遗漏，以致会首屡屡赔苦，若不整齐，社事将衰矣。我们不忍坐视，遂合公议，严立新规，严其责于铺户、工头，董其事于值年会首，……使无耻工作，知其新规，有所警畏，而从前隐循掩护之弊，可以顿除也，今将新立条例开列于左，以志永远不朽之尔"。下列社规四条：一是铺户等设攒钱牌14面，字号钱数开列于上，值年会首各执一牌，按街挨户攒收，每月一周；二是铺中人各量其资本、业务而上布施，刚出师的徒工每月以两日工资为限；三是泥、木、石工工头上总牌一面，每人每月以五十文攒钱；四是临时工布施按两天工资由工头扣除交社，以及领签交纳，还规定值年会首及跑庙若不认真收敛要罚烛十斤，应交款社员被传不到罚烛五斤，等等。“倘有不遵法者，大家举官居究治”。[①]

在北京的山西票号商人的“会规”规定：中国汇兑银号，除汇兑银两外，间有与官家、商家通融借贷之事，息银多少各有不同，书立信据，书明归还日期，即应如期归还；中国汇兑银两无论官商，立据后如有退款不办之事，议定不退兑费；中国汇兑银两，收缴以票、信为凭，往来以折条为据；中国汇兑银两应以本地之通行银色收缴，一律两不相亏等。

（二）晋商行会的性质与功能

1. 晋商行会的性质

从晋商行会发展的历史背景与它的组织制度可以看出，它是一个封建商人的团体，也是民间商人的自治、自束、自卫的组织。首先，晋商行会的性质体现在发生与发展的社会背景和经济基础上。它发生于中国封建社会，衰落于中国资本主义经济发展之后。中国封建自然经济解体和资本主义经济发展的缓慢性使晋商行会的活跃时间相当长。在这期间，封建商人及商业资本的发展与资本主义经济因素的缓慢生长并存。但不能把封建的晋商资本与资本主义商业资本混同，如果把晋商行会当作资本主义的行业公会，就无法解释在甲午战争后，尤其在辛亥革命以后晋商资本迅速衰败的历史原因。其次，晋商行会的性质也体现在它的组织制度和业务管理的封闭性、排外性和对内“信义”第一、团结互助的行会会规之中。同时，晋商行会也千方百计地取信于政府和官员，希望得到政府和官员的支持。行会会馆的建立需要在地方政府申请立案，行会才能够参与地方社会事务的活动与管理。对商事纠纷与诉讼，商人可以通过行会解决，也可以找当地政府仲裁。

2. 组织市场公平交易

晋商行会维护市场公平交易不仅是因为晋商做生意需要有一个稳定的市场环境，同时也是行会取信于政府，维护本行会员利益的必需。行会经常根据需要在政府支持下制定相应的管理办法并付诸实施。清雍正二年（1724 年），河南省赊旗镇因市场上戥称问题，经行会协商后立石道：“同行商贾公议戥称定规矩，赊旗店，四方客间集货兴贩之虚。原初，码头买卖行户原有数家，年来人烟稠多，开张卖载者二十余家，其间即有改换戥秤，大小不一，独网其利，内弊难除。是以合行商贾会同集头等齐集关帝庙，公议称足十六两，戥依天平为则，庶乎校准均匀，公平无私、俱备遵依。同行有和气之雅，宾主无蹀戾之情。公议之后，不

① 孔祥毅：《金融贸易史论》，北京：中国金融出版社，1998 年，第 161 ～ 162 页。

得暗私戥秤之更换，犯此者，罚戏三台。如不遵者，举称禀官究治。惟日后紊乱规则，同众禀明县主蔡老爷，发批钧谕，永除大弊”。① 同治九年（1870年），又重刻石，告示商民，以维护市场公平交易。

3. 协助政府整理货币

清末市场上的不法之徒，私造沙板钱，冒充法定制钱流通。归化城一带到光绪年间，沙钱越来越多，为维护经济秩序，归化城各行会积极配合当局，整理货币。清光绪十五年（1889年），经各行会负责人与有威信的长者共同协商，决定在三贤庙内设立交换所，让人们以同等重量的沙钱换取足制钱，并将沙钱熔毁，铸成铜碑一块，立于三贤庙内，上书“严禁沙钱碑”，碑文写道：“如再有不法之徒仍蹈故辙，察官究治，决不宽恕。”立碑经理人为归化城内十五社与外十五社。

4. 维护本会共同利益

日本人柏原文太郎在《支那经济全书》中记述：“上海汇业公所是山西票号设立的，……各票号还依赖公所图谋相互的利益。如果有同业违背公所协定的规约时，协同加以制止，并且在发生交涉事件的时候，董事加以裁决。在中国这种公所是为他们利益唯一的机关，其规约是严正而不可侵犯的。”② 为了维护本行会利益，行会积极发展各方面关系，及时调整自己的发展战略以适应业务发展需要。

5. 协调行会对外关系

山西柳林县水磨业一般以磨粮食为主，磨粮食与粮食行有密不可分的关系。粮食行和水磨业经过长期的竞争、磨合与协商，逐渐形成了新的协调办法。“青龙庄”应运而生，产生了新的“同业工会”约束机构。

“青龙庄”有统一的经营方式、统一的管理措施。它的经营业务以磨小麦粉为主，兼营粮食。其销售市场在晋中平川一带，包括汾阳、平遥、介休、文水、榆次、太谷以至太原。为了销售的便利，柳林县三镇的粮食行又在汾阳开设了分店，将三镇生产的小麦粉、高粱、豌豆等粮食源源不断地运往汾阳，以汾阳为销售中心分销于晋中各县。“青龙庄”统帅下的柳林粮面行商号不下30家，诸如，万顺成、庆益厚、义合成、晋义公、元新合等都是资金雄厚、信誉久远的老号。柳林县的集市是常集市，即每日都有集。粮食集市有固定的地点，分设柳林镇东、柳林镇中、柳林镇西三处，每处十天，周而复始，古今不变，风雨不移，吸引远近商家、农户、手工业者前来。东粮食市设于龙王庙坪，中粮食市设于沟门前，

①《同行商贾公议戥秤定规矩》出自《文史研究》，1995年第1期，第27页。
②《支那经济全书》第6辑出自《山西票号史料》，太原：山西人民出版社，1990年，第676页。

西粮食市设于党家楼底。在集市上，庄农小户销售剩余粮食，其他行业的小商小户购买每日所需的米面，也有商贩以盈利为目的进行买卖。上市粮食价格由“青龙庄”组织成员根据粮食上市情况逐日商定。“青龙庄”是购买方，其成员均为柳林县经营粮食的有信誉的大户，因此，“青龙庄”商定提出的粮食收购价，小商小贩无法改变。

6. 协调处理商务纠纷

晋商在外经营时不可避免会发生纠纷，对此，晋商行会有调解与仲裁的义务及权利。《中国经济全书》写道：“同业组合者，即票庄同业者所组织之公所是也……凡与外商交涉事件，及同业中交涉事件，皆由总董裁决。……然为总董者，既有同业者共同选定，自得同业者全般之信用，故于总董提议之事，或裁决之事，几无不服从者也”。①

商会常常是商人诉求的受理对象，当然商人也向官府投诉。中国商事纠纷与诉讼的审判常有依据“情理”断决，按照习惯的价值判断。关于中国商法到底是依据相关的法律条文裁决，还是依据民间情理决断和劝导当事者平息纠纷，日本学者贺秀山与美国学者黄宗智对此的看法相左。事实上，晋商行会协调处理商务纠纷更多地倾向于习惯与情理。

7. 维护经济社会秩序

维护社会秩序的安定本是政府的任务，但晋商行会为了保卫自己的经济利益，积极协助政府，维护社会秩序。包头原是一个村子，但随着祁县乔家生意的发展，包头的人口增加，经济发展，却长期没有政府办事机构，直到清末仍是由萨拉齐厅派一个巡检来负责，到民国初年也只由萨拉齐县巡警分设了一个驻所。此时包头商民有五六万人，社会治安基本是由“大行”和农民的“农圃社”维持街面。直到包头建县以前，包头一直是大行出代表 4 人，农圃社出代表 1 人组成议事机构在大行内办公，并受萨拉齐厅委托由巡检和巡官监督与协助处理包头的各种事务，大行基本代替了行政机构职能。

三、晋商行会与欧洲商人行会的中西比较

欧洲中世纪的商人行会活跃于 12—13 世纪，它随着城市的兴起、商业的发展而发展起来，在欧洲经济发展中有着重要的影响。

---

①《经济全书》第 8 册出自《山西票号史料》，太原：山西人民出版社，1990 年，第 675 页。

（一）晋商行会与欧洲商人行会的共同点

1. 所处的时代背景相同

欧洲商人行会兴起于12世纪，盛行于13世纪，相当于中国的南宋到元中期。中国行会在唐代已经出现，不过晋商行会的活动根据现有史料记载则出现在明代。但它们都处于封建社会商人资本的发展时代，农业经济时代的后期和工业经济社会的初期。晋商行会与欧洲商人行会一样都是商业手工业发展的产物，从参加行会的成员来看也是基本相同的。欧洲商人行会“所有的成员住在城市中同一街区内。所有不属行会的劳工都被排除出去。每个从事手艺的人必须属于一个特殊的‘工场等级制’。从学徒逐步上升到帮工和到匠师的制度，匠师与学徒的关系都是家长式，学徒被看作匠师家庭的成员。他不可以结婚，或寄宿在匠师家以外。”① 晋商行会也是这样，只要是同行，不分师傅或徒弟，也不分东家或伙计都参加同一行会。

2. 独立于政府行政机构之外

欧洲商人行会是下层社会觉得他们在商界活动中有必要结成团体而由各行各业生产者自发组织起来的。它不同于政府行政机构，也不受政府行政干预。晋商行会也是自发组织的，纯属民间商人机构，官府不加干涉。但是中外政府都设法利用行会的力量维持市场稳定。

3. 基本职能相同

商人行会一方面充当各级封建政府向手工业者征敛财富的工具，另一方面也对城市工商业进行管理。行会承包税收，替政府征税，政府可以很容易地利用行会对手工业者征收各种捐税。同时，对手工业者来说，他可以免除官员的额外勒索。在管理城市工商业方面，晋商行会和欧洲商人行会有一个共同的特点，即表现出了强烈的垄断性和平均主义倾向。商人行会在生产和交换领域的各个环节对其成员的经济生产活动进行控制，排斥竞争。为了保护行会各个成员的平均利益，防止行业内部过于分化，所有的手工业行会对生产规模、从业人数、产品数量、产品质量、销售价格以及营业时间等方面都进行了严格的限制。虽然中国手工业行会起步较早，但发展不快。其中最重要的手工业部门、最大规模的手工业企业一般都由政府官营。由于资源、设备和技术等限制，民营手工业的规模一般不大，其生产的发展受到制约。因此，作为手工业行会的职能是有限的。明清时期，中国的手工业行会才获得了较多的工商业管理权。

---

① 汤普逊：《中世纪经济社会史》下册，北京：商务印书馆，1984年，第438～439页。

4. 行内限制严密

欧洲商人行会对内有工作时间、产品数量、商品质量、产品价格等多方面的限制。如学徒不可以结婚，不可以寄宿在匠师家以外，在学徒期 2 ～ 5 年中没有工资。晋商同样对行内成员行规号规很多，例如，规定庙会及三大节日（春节、端午节、中秋节）休息，其余为工作时间，按规定的标准价格做买卖，严禁个人的随意性；雇工工资由行会统一规定，商号不得自行决定；职工只能住号内宿舍，不得在外租房；学徒 3 年出师，未出师前只管食宿，不开工资；公平交易，不得欺骗顾客等。可见，与欧洲商人行会一样，晋商行会对内相互保护和保证，禁止竞争。

5. 对外的排他性

欧洲商人行会在行会之外的任何活动不加限制，甚至“鼓励它们的成员进行竞争来扼杀对方，也就是他们可以随便什么价格‘在外地出售’东西。”[①] 晋商行会也有强烈的排他性，比如，控制和排斥行外人营业，垄断货源，不准成员借牌私营等。

（二）晋商行会与欧洲商人行会的差异

1. 内部矛盾与协调的方法不同

晋商行会与欧洲商人行会最突出的差异是行内矛盾与协调的方法不同。欧洲商人行会“在初期原来是有内部民主精神的，但不久出现分化，13 世纪末期固定下来，匠师成为行会成员中的贵族，后来拒绝了普通工人入会，这样把行会改成一种关门主义的资本家集团，而它们的会员资格限于已属于行会的富裕的家庭，这是由父传子、子传孙的职位。”[②] 在这个过程中，行会内部劳资双方斗争激烈，多次出现罢工，发生暴动和叛乱。而尽管晋商行会内部也有师徒和劳资的矛盾，但基本上没有大的冲突，其内部表现得相对和谐与协调。其原因在于中国的传统文化——孔孟伦理道德与中庸之道“以和为贵”“和气生财”等思想的影响。另外，新学徒入店多为亲友引进，亲缘关系使其矛盾在家庭的封建礼教之下得以化解，这正是中国优秀传统文化对经济生活的影响。

2. 行会延续的时间不同

晋商行会与欧洲商人行会最突出的差异是行会的延续时间。欧洲商人行会大体活跃于 12—13 世纪，而晋商行会则一直活跃到 20 世纪 20—30 年代。平遥

① 汤姆逊:《中世纪经济社会史》下册，北京：商务印书馆，1984 年，第 439 页。
② 同①

颜料商人在康熙十七年（1678年）重修北京会馆碑记说明会馆已存在100多年。推到明朝万历七年以前，并以此计算，从明中叶到抗日战争爆发，各地商人行会相继关门为止，晋商行会历经了400多年，这正好与中国封建社会长期延续，自然经济解体缓慢，资本主义经济发展迟缓是一致的。

第三节　会馆的创建及遍设

明清时期，晋商上通清廷，下结官绅，北上西向，东渐南下，商路达万里之遥，款项可汇通天下，曾一度执全国金融界之牛耳。他们在驰骋全国商界的同时，逐步形成以地缘关系为纽带的商帮集团，而山西商帮集团性加强的标志在于其大量会馆的出现。

一、会馆展现晋商创新精神

（一）明清晋商会馆发展概况

明清时期的生产力水平的提高促使商品经济得到了一定程度的发展。明朝中期以后，江南地区出现了资本主义萌芽，作为封建经济重要参与者的商人对此形势有较为迅速的反应，他们积极奔走努力为个人及所属商业集团谋取利益。因此，明清时期的商业界竞争较为激烈。这种竞争存在于商帮内部与商帮之间，“操赀交接，起落不常，能者方成，拙者乃毁。”此时不仅晋商，其他商帮也都认识到“无论旧识新知，莫不休戚与共，痛痒相关”应当尽可能地团结身处异地的同乡仕商才能够在激烈的竞争中发展壮大起来，以谋取更大的经济利益。各地商人在同乡较为集中的都会、商埠、集镇里建立起自己的商业会馆，以此作为联络本籍商人的行会办事处，同心协力与其他商帮竞争。

在明清政府的大力宣传下，对关公的崇拜走向极盛，此时正值晋商发展的鼎盛时期，而晋商一直是以关公为其崇拜的对象。于是在遍及全国各地的关帝庙中出现了一种关帝庙与晋商会馆合二为一的山西会馆。这类会馆随着晋商实力的不断上升和经营范围的不断扩大而遍及全国。晋商会馆在明代开始出现，清朝时期达到鼎盛。据考证，在北京现存的商业会馆中，晋商会馆有15个，其中5个兴建于明代，8个兴建于清代，2个兴建年代不详。晋商会馆占在京会馆总数的27%。在天津、山东、江苏、浙江、上海、两湖、两广、东三省以及河北、河南、安徽、四川、内蒙古等地的省会城市、商埠和重要商镇码头都建有晋商会馆或者有晋商参与建设的山陕会馆。

北京作为明清两代的“首善之区”，也是会馆的集中地区，各地商人纷纷在京建立会馆，晋商也不例外。夏仁虎在《旧京琐记》中说：“北京工商业之实力，实为山左右人操之。”北京的工商业会馆最早成立于明中叶。“明末京城市肆，著名者，如勾阑胡同何开门家布，前门桥内官家首饰，双塔寺赵家薏苡酒”等店家“皆名著一时，起家巨万”“内而宫禁，外而勋戚，皆知其名”。据1961年李华先生的实地调查，成立于明中叶的山西工商业会馆共有5个，并有碑文记载，如晋商创建的颜料会馆。据清乾隆六年（1741年）的碑文记载：“我行先辈，立业部门，崇祀葛、梅二仙，香火悠长，自明代以至国朝，百有余年。”此会馆于清朝康熙十七年（1678年）重修，且有碑文佐证，向前推100余年便可知其创建年月，大致在明万历以前。此外，还有山西矿业商人于万历年间创建的潞安会馆；崇祯年间临汾纸张、干果、颜料、杂货、烟叶等行商人共同创建的临汾东馆和临汾西馆以及临、襄二邑汾河以东商人创建的临襄会馆。清入关后，晋商的发展较之前有更大的发展，北京的票号、钱庄几乎控制在晋商的手中。在典当业中，晋商就居半，其他各行各业均有“山西帮”参与，可谓“京师大贾多晋人”。有关清代晋商会馆的数目，史料记载不尽相同，《顺天府志》记载了50个、《都门杂记》记载了31个、《朝市丛载》记载了38个。由此反映出，道光以后在京的山西会馆数量不断增加。

光绪年间（1875—1908年），晋商的实力已不如以前，晋商会馆或倒闭或被行会、公所取代。尽管如此晋商会馆仍尚存45个，其中省馆有9个，仍居各省在京会馆数量之首，此外还有县馆24个，府馆6个。由此可见，晋商不仅仅来自山西的个别府县，而是全省各地都有。开封是著名的历史古都，地处中原，交通发达，四方往来商旅络绎不绝。由于遭黄河水患的影响，开封的商业贸易一直受其影响，在康熙年间水患渐止，商业逐渐复兴起来。当时的农产品、日用品以及布匹等大多为山西人所操控。山西籍商人于乾隆四十一年（1776年）集资兴建晋商会馆，后因陕西商人和甘肃商人先后加入，遂于清末易名为山陕甘会馆。洛阳位于河南西部，地处要冲，它是晋商采办南方茶叶运往蒙古的必经之路。现存两座晋商会馆：一座是兴建于康熙年间的山陕会馆；另一座是兴建于乾隆年间的潞泽会馆。此外，在河南社旗和周口分别建有晋商会馆（社旗县系由镇南兴隆店发展而来）。镇南河稠如织，汇入汉水通达长江。据《南阳府志》记载：“南来舟楫，从襄阳至唐河、赊旗、方城或从赊旗陆行方城至开封、洛阳，是南北九省商品集散地。”在清朝前期，社旗已发展成为“北走汴路，南船北马，总集百货”的商贸重镇。早在明代，此镇就已有山西解州人氏在此居住经商。山陕商人为聚集同乡商客不惜斥巨资修建会馆“运巨材于楚北、访名匠于天下”。清乾隆二十一年（1756 年）开始建设，光绪十八年（1892 年）竣工，历经 136 年。在河南周口地区，明清时期，舟车辐辏，商贾云集，山陕商人尤多。康熙年间经山陕商人商议，集资创建了山陕会馆，此后历经雍正、乾隆、嘉庆、道光四朝的扩建和重修，于咸丰二年（1852 年）落成，历时 159 年。

明清时期的南方商品经济发展迅速，商业贸易较为发达，南来北往的商旅云集在江浙一带进行商品交换，其中自然少不了晋商的身影。康熙皇帝在南巡时曾说：“今朕行历吴越州郡，查其市肆贸迁多系晋省之人，而土著者盖寡”。而相对于北京的会馆，南方的会馆更具商业色彩。杭世骏说：“他都会则不然，通商易贿，计有无，权损益，征贵征贱，讲求三之五之之术。”苏州作为明清两代商业大都会自然少不了会馆的建立。时人称苏州“为东南一大都会，五方商贾，辐辏云集，百货充盈，交易得所，故各省郡邑贸易于斯者，莫不建立会馆。”苏州晋商会馆有两个：一个是康熙六十年（1721 年）建立的全晋会馆，另一个是老晋商会馆。此外，上海也有两个晋商会馆：一个是山西会馆，另一个名为晋业会馆。

商人会馆是商人联络乡谊，协调商业活动的场所。永乐年间（1403—1424 年），会馆兴起于北京，其后，各大城市的外籍商人纷纷建立会馆，为同乡聚会、应试或来此城者驻足场所，故有“会馆之设，肇于京师，遍及都会”之说。[①] 晋商明代在北京前门外芦草园、打磨厂、晓市大街、大栅栏及北京广内炉神庵分别建立了颜料会馆、临汾东馆、临襄会馆、临汾西馆、潞安会馆五处。因此，在明代有晋商在北京也修建了会馆，但为数不多。进入清代，随着国内的统一和边疆地区的开发，晋商足迹遍天下，会馆数量规模大增，全国各主要通都大邑几乎都有晋商修建的会馆。诸如，山东聊城，湖北钟祥、汉口、当阳、江陵、公安，广东广州、佛山，青海西宁，湖南长沙，福建福州等都建有山陕会馆。北京、天津、上海、南京、重庆乃至新疆巴里坤，内蒙古多伦诺尔，库伦（今乌兰巴托）等也建有晋商会馆。

（二）晋商会馆创设的历史背景

1. 明清商人在政治上得到士阶层的认可

中国古代社会阶层当中的“士”延续了 2 000 余年，而且影响至今。士阶层几乎影响了中国封建社会的各个方面，他们是统治阶级的重要组成部分，并帮助

---

① 苏州历史博物馆：《明清苏州工商业碑刻集》，1981 年，第 19 页。

统治者维系着社会的稳定。无论在中央，还是在地方，士阶层对社会的发展都有很重要的影响。因此，商人要想得到发展，长久地生存下去必须得到士阶层的支持，而商人会馆的建立首先要经过士阶层的认可。

早在先秦时期，士商关系较为融和。为了富国强兵，各个国家对商人大多采取了较为宽容的政策，而商人在积累财富的过程中无疑具有较大的优势。据《史记·货殖列传》记载："用贫求富，农不如工，工不如商"。但是经过商鞅等的改革之后，逐渐确立了以农为本的基本国策，商人的地位也随之改变。在中国封建社会的大部分时间里商人始终处于四民之末，商业的发展也受到严格控制，重农抑商的政策经多次改朝换代而不变。然而在明清时期，随着生产力水平的不断提高，商品经济的不断发展，商人的地位发生了变化，士大夫对商业的态度也由原来的鄙视逐渐转变为认可。王阳明曾说："古者四民异业而同道，其尽心焉，一也。士以修治，农以具养，工以利器，商以通货，各就其资之所近，力之所及者而业焉，以求尽其心。其归要在有益于生人之道，则一而已。"李贽同样表达了对商人的同情，他说："且商贾亦何可鄙之有？挟数万之赀，经风涛之险，受辱于官吏，忍诟于市易，辛勤万状，所挟者重，所得者末。"而黄宗羲的观点则更为彻底，提出了工商皆本。他说："世儒不察，以工商为末，妄议抑之。夫工固圣王之所欲来，商尤其愿出于途者，盖皆本也。"王源从经济的角度反对重农抑商的观点，"本宜重，末亦不可轻。假令天下有农而无商，尚可以为国乎？"并要求提高商人的社会地位"夫商贾之不齿于士大夫，所从来远矣。使其可附于缙绅也。"沈垚对商人的道德也有一番评论，他认为，"天下之势偏重在商，凡豪杰有智略之人多出焉。其业则商贾也，其人则豪杰也。"

明清士大夫对商人态度的转变不仅体现在舆论的营造上，更有践行之人。如顺治时期，山西长治县令唐甄在任时期，政治上不得志，加之生活上穷困潦倒，遂决意弃官经商。他说："苟非仕而得禄，及公卿敬礼而周之，其下耕贾而得之，则财无可求之道。求之，必为小人之矣。我之以贾为生者，人以为辱其身，而不知所以不辱其身也。"明清时期，在京的外籍官员对本乡会馆的建设极为关心。如北京的三晋会馆，据相关史料记载："尚书贾公治第崇文门外东偏，作客舍以馆曲沃之人，曰乔山书院。又割宅南，为三晋会馆。且先于都第有燕劳之馆，慈仁寺有饯别之亭，公两以节械镇抚四方，为善于乡如此。今北城有三晋会馆，规模甚狭，东城贾第及馆，几不可问"。由此可见，士大夫对商人及商业价值的认可使明清商人会馆得到了充分发展。此外，科举取士、修史编书等活动对会馆的发展起到了一定的助推作用。明清商人会馆得到了士阶层的承认，也获得了较为融洽的舆论环境。

2. 晋商实力的增强

明清时期，随着社会经济的发展，更多的农产品、手工业品逐渐进入市场，极大地丰富了商品交换的内容，同时也将更多的农业人口卷入商品经济的运作当中。这种状况在一定程度上影响了封建社会小农经济的发展，促进了人口由乡村向城市的流动。人口的流动既为城镇手工业发展提供了一定的劳动力，也增强了城镇老百姓的购买力。这样在沿海、沿江以及内陆交通要冲地区出现了一批新兴的手工业商贸城市，通过它们，农村和城镇进一步联系了起来，并形成一个相对独立的商品生产和交换区域，区域内部、区域之间的商品交换就为商人的活动提供了更多的机会。在这样一个平台上商人的数量不断增加，实力也随之不断增强。早在春秋时期，晋国就采取“轻关、易运、通商、宽农”等政策发展商业，使晋南富商“其财足以金玉其车，文错其服”“能行诸侯之贿”。

在选择谋生之道时，山西人首选经商，然后才是读书，考取功名，换句话说，山西最优秀的人才大多集中在商界。张四维在《贺洛川陈君恩赐荣亲序》中称：“自甘鄯、银绥、云中、上谷、辽左诸塞以及秦、燕、青、豫、扬、吴、蜀、楚，通都大邑，凡居货之区，莫不有碧山公使矣。”对当时在蒲州、介休的经商人数更为感叹，“吾蒲介在河曲，土陋而民伙，田不能一援，缘而取给于商，坊郭之民，分土而耕蕃者，百家不能一焉。其挟轻资，牵车牛走四方者十而九”。

晋商不仅数量众多，而且涉及行业众多，这种状况与明清两代政府都有十分密切的联系。明武宗正德十三年（1518年），宣府镇巡官及管粮官奏请：“各路兵马会于宣府，粮草所费，需银六十七万五千一百余两，预备借助商人。”户部奉旨答复道：“如粮缺则发库银籴买，银两不够就向富商借贷。”政府缺钱只好向晋商借贷，其实无须多言。清代的山西务农人数与经商人数大致相当，“山西民俗勤俭，古称唐魏之遗，赋税如期，不烦追比，农贾相半，绝少旷游，惜家身而畏吏。”不仅山西，明清时期其他地方也出现了类似山西这样的局部商业繁荣景象。徽州“以商贾为第一等生业”，山东济宁“多贾贩，民竟刀锥，趋末者众”，临清“服贾之民，恒居十之六七”。地方之多，不胜枚举。商人数量的不断增多，实力的不断增强，为明清会馆的兴起提供了充实的基础。

3. 晋商同乡观念的驱使

明清时期，商品经济进一步发展，商业利润也随之增加。然而在一个较为封闭的经济区域里，能够参与商品交换的农副产品是极为有限的。因此，这就需要商人走出家园，前往异地经商。

辽阔的疆域为商人提供了充足活动的空间，同时也存在诸多困难。由于中国自然环境复杂，各地风俗习惯迥异。身在他乡的商人很难融入当地人的生活当中，出门远行的孤苦，加之异地文化的隔膜使商人强烈渴望在经商所在地能够寻找到家乡文化的影子，这就使在异地的商人们强烈地意识到设立同乡会馆的重要性。据《汀龙会馆志》记载，"会馆之设有四善焉：以联乡谊明有亲也，以崇神祭明有敬也，往来有主以明礼也，期会有时以明信也。使天下人相亲相敬而持之以礼信，天下可以大治，无之何以禁耶"。这种对同乡观念的认同促使商人会馆的建立。在明清工商业会馆，商人们畅叙同乡之情，以解身在他乡孤独寂寞之忧愁，同时也能在"联乡谊"的过程中结识新的合作伙伴，寻觅到更多的商业机会。

4. 晋商维护自身利益的需要

众所周知，商人图利。各地商帮创立会馆绝不仅只是为了"联乡谊"，透过畅叙乡情可以看到，会馆的创立实际上是为商人利益服务的一个重要机构，这才是会馆最为核心的宗旨所在。其中主要涉及这几个方面：首先，处理好同行之间的利益和冲突；其次，抵制牙行的盘剥勒索，还有解决土客籍商人之间的矛盾，与其他商帮在利益上划分。这些问题显然不是某个商人就能解决的，这时就需要会馆提供一个解决问题的平台，化解各方矛盾。

明清在北京经商的晋商很早就以同乡关系为纽带，在北京设立的很多同乡会馆既为畅叙同乡之情，又利用订立的相关会规来规范商人的行为，维护晋商的商业利益。如北京晋商"会规"规定："开设商号宜慎之于始。从事经营商号只有30余家，自庚子事变后开设者争先恐后，……始行代为报部，候批准后方许开张，以昭划一""交库上兑须益加郑重也。从前上兑只有10家，今则纷纷自行到库呈交银两，然尚未见有平色参差之弊，若行之日久，续有增开之号，难保不生弊端，鱼目混珠，亟宜防范。今拟已经交库之号，概行照旧，不议更张；此后新开之号，必由会中共同酌核，始行代为报部，候批准后方许一律到库呈交银两，以专责成"。

在成立之初，会馆对入会资格等各方面都有明确的规定，这样便为商人追逐正当利益提供了保障。此外，商人通过会馆、行会等组织来维护自己的合法利益。在晋商兴起发展的过程中，会馆在维护商场秩序，规范商人行为，防止不正当竞争，处理商务纠纷等方面起到了重要的作用。特别在与其他商帮的竞争中，它在维护本会的正当利益方面表现得更为积极。在维护自身利益的同时，会馆也在根据各方面情况的改变做出相应的调整。1908年11月13日的《大公报》报道："商界各行向不联系，每行各设会馆，各为风气，不相闻问，亦交通之一大阻滞也。近由蔚泰厚票商发起，拟联络票商、钱行、当商组织商会，以期商业发达，逐渐推广，已在三晋会馆会议一次，……大约不久即可成立。"尽管如此，商人会馆毕竟是在旧的社会体制下的产物，其运作管理都带有浓厚的封建性。

尽管明清商人会馆的封建性较浓，排他性较强，也缺乏与其他商帮会馆的沟通，但会馆保护了一部分商人的合法利益，使他们在一定范围内得到发展，其利益也得到了很好的保障。

二、晋商会馆的类型

明代中叶以后，中国商品经济发展较快，资本主义开始萌芽，商界竞争日趋激烈。商人与商人、商帮与商帮“操货交接，起落不常，能者方成，拙者乃毁。”[①]在激烈的竞争中，旅外同乡深刻认识到“无论旧识新知，莫不休戚与共，痛痒相关”，[②]必须团结同乡仕商，“广其业于朝市间”。于是他们通过会馆这一组织形式，利用传统的地域观念，把商埠中的同乡之人联合起来，互相支持，互相帮助，共同一致与异域商人进行竞争。

晋商会馆遍布全国各工商业城镇，特别是北京，由于是封建帝王都城，贵族官僚地主商人最集中，所以晋商会馆最多。至于洛阳、开封、社旗、苏州、上海、汉口等地的晋商会馆规模也较大。分布于全国各大商埠的晋商会馆规模宏大，建造考究，商业性质明显，约束力较强，且具有非常明显的区域性和行业性特点。

地域性划分是晋商会馆最基本的特点，它的形成与我国封建政治、经济及至文化传统所造成的风俗习惯、生活方式、地域观念密切相关。据光绪《顺天府志》记载，北京会馆有省馆、府馆（亦称郡馆）、县馆（亦称邑馆）之分，另外，还有专门为接待应试举子用的试馆和少量不分地域范围的行馆等。目前发现最大地域范围的会馆是汉口、洛阳、北舞渡、社旗等地方由山西、陕西两省商人合建的山陕会馆；其次是以一个省为基础建立的会馆，如苏州的全晋会馆和上海的晋业会馆；第三是几个府合建的会馆，如洛阳的潞泽会馆；第四是以一个府为范围建立的会馆，如北京的潞安会馆、临汾东馆；第五是由几个县合建会馆，如北京的临襄会馆；第六是一个县建立的会馆，如苏州的翼城会馆。

在晋商会馆中，有些会馆以同业为基础组成的。部分晋商从同业利益出发以行业划分帮伙，各立门户，各有势力范围。北京的晋商会馆在明代已有平遥颜料商的颜料会馆；临汾、襄陵两县油盐粮商的临襄会馆；临汾纸张、干果、颜料、杂货、烟叶商的临汾东馆；潞安铜、铁、锡、炭、烟行的潞安会馆；在清代又

① 顾炎武：《天下郡国利病书》卷32《歙县风土记》出自《四库全书存目丛书》本，济南：齐鲁书社，1996年。

②《姑苏鼎建嘉应会馆》出自《江苏省明清以来碑刻资料选集》，北京：三联书店，1959年，第351页。

有山西烟商的河东会馆；布商的晋冀会馆等。在汉口的山陕会馆包括红茶帮、含茶帮、卷茶帮、茶布帮、土果帮、皮货帮、红花帮、当帮、票帮、油帮以及西药帮等。

晋商会馆由明至清在中国商贸史上留下了浓墨重彩的一笔。尽管中国封建社会的集权专制制度不允许有任何政治派别存在，但随着商品经济的迅速发展，商业竞争日趋激烈，同乡商人"无一区托足，则其群涣"，① 群涣必须削弱竞争力量。因此，无论从联络感情出发，还是从经商需要出发，都需要一种组织形式来加以联结。而以地域为基础建立的晋商会馆恰好提供了这样一种社会组织形式。晋商利用会馆的形式团结起来，相互支持，既与其他商帮竞争，又联合抵制官府的压榨。

会馆是明清时期晋商的中心社团，也是其社会活动最重要的阵地。它作为"叙语之地，正可坐论一堂，以谋商业之公益"。② 凡"通商之事，咸于会馆中是议"。启发智力，以开通商智；研究商学，调查商业；集思广益，沟通信息。

尽管晋商会馆在扶持晋商发展商品经济方面起了非常积极的作用，但它毕竟属于发育程度较低的旧式社团。它在内部机构设置、权力区分等诸多方面都不够明确，封建性、排他性较强，缺乏与其他商帮跨省区的沟通和合作，"各乡之界限，即判于其间，界限愈判，排外愈甚" ③，与商品经济发展的要求相冲突。因此，会馆对于社会经济的发展具有正负两面性。

随着晋商足迹分布于全国各大商埠，晋商会馆作为社团的一种组织形式具有规模大、建造考究、商业性质明显、约束力较强和区域性、行业性等特点。它通过联乡情、笃乡谊，团结同乡维护整体利益，聚会议事沟通信息，方便仕商办理善举，从而使晋商的经营规模越来越大，从商的人数不断增多。这种相互作用在一定程度上促进了商品经济的发展，为近代商会的产生创造了条件，奠定了基础。

三、晋商会馆的特征辨析

随着商品经济的发展，明清以后的商人组织经历了一个从会馆、公所直至近代商会的发展过程。这几种商人组织一脉相随，但又各有特点。从其发展变化可

① 《江苏碑刻》，南京：江苏人民出版社，1983 年，第 24 页。
② 《江苏碑刻》，南京：江苏人民出版社，1983 年，第 228 页。
③ 杨阴航：《商务官报》出自《清末时事采新汇选》第 1 册，第 12 期，北京：北京图书馆出版社，2003 年。

以看出，晋商会馆的变迁和中国工商业者的逐步成熟。

（一）公所的产生及其与会馆的异同

嘉庆以后出现了以公所取代会馆的情况。公所出现之初与会馆的性质几乎没有区别，所以有“会馆者，集邑人而立公所也”之说。但随着时间的推移，两者的职能逐渐出现差别。公所，即同业商人办公之所，而会馆则是同乡商人办公之所。会馆与公所是商人组织的两个不同历史发展阶段的产物，也可以说两种不同类型的商人组织在构成、范围上有很大差别。

公所打破了狭隘的地域概念，不分籍贯。无论外地，还是本地，凡从事同一行业的商人都可以加入公所，而不再排斥本地商人，不再只代表外来商帮的利益。从分籍贯到不分籍贯是一个很大的变化，这种变化也正是会馆与公所的区别。不论是当地行商坐贾成立的公所，外来商人按同行业加入其中，还是外帮商人会馆势力增强，当地商人加入会馆，都标志着会馆时期的籍贯商利益第一的老规则被打破。

公所的行业性还体现在命名上。公所与会馆基本上按外来商人的地域命名，不同的是绝大多数公所以行业的名称来命名。即使有些公所以地域命名，往往也表现出这些公所的商人在商业活动中各操一业，商人的籍贯与行业相吻合。因此，不应将会馆与公所完全割裂为地域性或行业性的商人组织。以业缘为纽带建立起来的公所也可以以籍贯命名，而许多以籍贯命名的会馆由于这一地区的商人多从事一个行业，所以籍贯也代表了一定的行业，“故商人会馆既是商人组织就总有其行业性”。[1] 在绝大多数情况下，商人会馆与公所均是地域性与行业性的统一。会馆以地域性为主，而公所的行业性则较为明显。

由于公所成员间的关系由地缘转化成业缘，在其组织内部的商业性自然较会馆要有所增强。它们在商品价格、质量、负担分配、供销挂钩、商业道德等方面都具有相对统一的标准。在同业发展头绪纷繁、事务剧增的情况下，为了谋求同业的发展，公所成员自然需要群策群力，聚会商议。公所的创立也正是迎合了这一要求，而其同会馆的主要区别也在于其行业性的加强。

公所与会馆作为不同阶段的商人组织，虽其组成成员有很大差别，但它们又是一脉相承的。两者虽有业缘、地缘之别，但它们之间的联系也非常密切，在大办义举、联系商情等方面均有相同之处。作为商人组织，会馆与公所最大的共同点为它们在商业活动中的共同作用：其一，设立行规，组织市场公平交易，促进

① 刘瑾胜，刘诗：《江苏碑刻》，北京：中国世界语出版社，1994 年，第 367 页。

商品交易正常的进行；其二，通过会馆、公所与外部的不公平做斗争；其三，会馆、公所的设立有助于社会稳定。作为一种行会性的封建商人组织，虽然会馆、公所在发展过程中对商品经济有促进作用，但在经济进一步发展，竞争进一步激烈的情况下也暴露出不足，特别是在外国资本主义商品入侵后，传统的商业组织不得不向同业联合的方向发展。于是会馆、公所的衰落和商会的兴起就成为一种势在必行的趋势。

（二）商会与会馆、公所的异同

商会是商品经济发展到一定阶段的产物，也是商人的群众组织。自 1904 年中国第一家商会正式成立到辛亥革命前后，商会已发展为中国最有影响、最有力量的社团组织。商会的宗旨是“专以商务为问题”，其活动以振兴和保护商业为出发点，联络工商，调查商情，举办商学商贸，维持市场运行，受理商事纠纷，保护工商利益。作为一种近代商人组织，商会是商品经济进一步发展的产物，极大地推动了我国近代工商业的发展。它的出现逐步代替了传统的会馆、公所组织。与以传统公所为载体的商人行会不同，商会的特征主要体现在以下几个方面。

1. 它们在性质上各有差异

会馆与公所都是商人自发组织起来的一种松散性的商人组织。这种组织有自己的规章制度、定期的活动形式，其出发点是保护商人自身的利益，在商业竞争中免遭当地人或其他商帮的排斥。由于参加这一组织的商家都是独立经营、自负盈亏的个体，因而这种联合也很不稳固，特别是几个省区间的联合、同行业的联合“均系自由结合，组织亦极简单”。会馆、公所在性质上就是一种松散的、极不稳定的、自发的民间组织，各个行业和商家为了发展自己的经营往往自行其是。

从其建立的过程来看，商会并非商人自发组建，而是在受到洋商商会的影响以及清政府的直接倡导下，经各级地方官员响应建立的。在清政府的督促下，各地商务公所纷纷改组为商会，或建立商务总会，或又逐步建立分会。为了推动各地商会的成立，农工商部还多次向各省地方官员和商人札送劝办商会谕贴。截至 1912 年，全国已建立商会 998 所，除蒙、藏外，每个省都设立了数目不等的商会。[①] 光绪三十年（1904 年），由农工商部奏定商会章程，通行各省饬令照办。山西总商会设于太谷，由祁平太三县绅商遵章组织。1912 年，太原设总商会，

① 虞和平：《商会与中国早期现代化》，上海：上海人民出版社，1993 年，第 76 页。

太谷则改总商会为分商会。1916年，参议院决议通过了商会法及其实施细则，先后奉令公布饬令各总分会一律依法遵限改组。太谷县即于1916年10月遵照新章进行了改组。因此，商会从成立之初就与会馆、公所有显著的区别，它并非完全的商人自发组织，而是官府积极倡导参与的结果。

就其性质而言，商会是一种商办的法人社团组织。所谓社团是由具有某种共同目的或利益的人自愿联合而成的体系。它具有明确的界定、较完整的组织协调体系和特定的社会整合功能。商会是在工商界联合起来共同振兴实业的目的和认同意识下自愿组成。它具有明确的目的、任务、宗旨，拥有大量的会员，其成员具有同质性特征。虽然会馆、公所也具有这一特征，但与商会相比，其发展极不完备且带有相当强的封建狭隘性。商会这种社团组织的先进性主要体现在它的组织协调系统：一是其内部的组织协调体系，它通过特定职责范围的领导人员调节商会内部的关系；二是以省为单位，以商务总会为核心的外部联系网络，它通过总会、分会、分所的三级组织形式，调节商会内部及至全国各个商会之间的关系。商会突破了旧式行会组织的局限，使各行各业的商人，新式企业家和金融家处于同一共同体中，从组织上促进了工商业者的内部联系，实现了其特有的社会性整合功能。

除具有社团性外，商会还具有法人性特征。法人性特征在会馆、公所这类传统的行会组织中体现得很模糊，或根本没有。由此也能说明，会馆、公所仅是一种松散、自由的民间组织，其责、权、利并不明确，更谈不上权利与义务的对等，所以在形式上商会、会馆、公所虽然同为商办，同为商人组织，但商会的法人社团性质决定了其在发展过程中已承担了比会馆、公所更多的责任与义务。

2. 商会与会馆、公所在管理职能上也有许多不同

商会与会馆、公所同作为商业行业组织，对商人的行为都具有约束与监督作用。但从程度上而言，商会的管理职能已由原来的自发性管理发展到自觉性管理，组织的作用也由原来的“联乡情、敦信义”发展到以联络工商，调查商情，维持市场运行为主。

四、晋商会馆的创新性贡献

明清时期，会馆的建立和发展有一个相当长的过程。由于明清会馆的性质并不统一，因而其作用也多种多样。随着时代的发展，明清会馆也在不断地变化。就晋商会馆而言，进入清代之后，商人在会馆中的作用逐渐体现出来。商业性质的会馆承担了更多的责任和义务，也逐渐取代了原来的会馆。晋商会馆为晋商的

发展做出了积极的贡献。

（一）加强同乡之间的交流与联系

晋商会馆创建的最根本宗旨是"敦睦谊，联感情，本互相而谋福利""四海之内，以义相投，皆为兄弟，然籍同里井者，其情较洽，籍同里井，而他乡遇之则尤洽"。每逢节日，身在异地的同乡商人便聚集在一起"联乡情于异地"，畅叙同乡之谊。当同乡们有困难时，会馆作为同乡组织会给予一定的帮助，使其度过难关。会馆定期会支出一些钱财用于周济货物、养生送死等福利事业。据《汉口山陕会馆志》记载："两省之人贸易于斯者盈千累万，疾病死亡在所难免"。为了保障身家性命，山陕商人联合捐资修建了会馆，并购置义园，以便"有义园以埋葬，有公所以停柩"。商人长期在外难免遇到生老病死，会馆出面为大家提供场所，用以处理善后事宜。

（二）维护同乡商人的利益

由于没有专门的商业性法律，明清政府向商人征收税金，一方面，商人经常会遭到不法税吏的恶意盘剥，其经济利益受到很大的损害。对此，商人利用会馆的各种关系与之做斗争，以抵制不法官吏的剥削，维护同乡同行商人的利益。另一方面，商人还要面对牙行的敲诈。牙行是封建社会商品经济发展的产物。由于其在很大程度上会对商业活动产生消极影响，因此，明清政府对其有严格的限制。尽管如此，商人们还是时常遭其勒索。如山西在京开设的河东烟行会馆在乾隆年间"易州烟庄牙侩为奸，行中不通交易者几乎经年"，后经会馆交涉，商人成功抵制了不法牙行的盘剥。

（三）调解各方矛盾，稳定市场秩序

明清时期，中国商业界存在诸多矛盾，其中主要包含三大方面的矛盾：土商与客商的矛盾；客商之间的矛盾；本帮内部商人的矛盾。明清晋商以长途贩运为其主要特点，足迹遍布大江南北。晋商大多借地求财，他们经常在异地设立商号、票号、钱庄等，这样在无形中便会将本地商人的市场占有份额侵蚀，进而导致商业利润被重新分割。这就会对本地商人的利益造成影响，土商与客商之间的矛盾便随之而来。这种矛盾的不断激化使客商认识到团结起来维护共同利益的必要性。据《重修碑记》记载："匪仅为祀神宴会之所，实以敦睦谊，联感情，本互相而谋福利，法良意美，至是多矣"。客商之间的矛盾则直接源于明清时期各大商帮的崛起与竞争。激烈的竞争促使商人们依靠本帮势力设立会馆来维护自身的利益，

而在异地经商的同籍商人在利益的驱使下也存在各种不正当竞争行为。这些行为影响了本帮商人的形象，也间接造成了利益的损失。会馆的设立以及各种会规的制定有力地约束了商人的行为，稳定了市场的秩序。

（四）丰富晋商的精神文化生活

每逢节日，晋商会馆作为山西籍商人的同乡组织，同乡商人都会聚集在会馆中，畅叙乡情，交流经商心得、互相沟通商业信息。有时在遇到重大事件时，还会搭台唱戏，祭祀关公，这不仅极大地丰富了商人们的文化生活，缓解了思乡之情，而且促进了同乡商人的团结。在晋商心里，大家都以关公之义来团结同乡商人，以关公之信来取得顾客的信任。他们不仅在自家供奉关公，在会馆中也同样集体祭祀关公。大多晋商会馆都有关公的祭祀殿堂，有的晋商直接将会馆与关帝庙合二为一。这样既能使商人们在精神上受到关公这位神祇的监督，不敢从中作梗，欺瞒顾客，又能彰显晋商文化之博大。每逢对重大事务进行决策时，商人们就齐坐在关公像前公议。以关公的信义来约束和衡量商人的行为，足见关公在商人心中的地位。

在没有政府专门管理机构的情况下，明清的晋商会馆对内缓和本帮商人之间的矛盾，抵制不正当的竞争行为，对外联合其他各帮与不法税吏和牙行做斗争，维护自己的正当利益。明清两代，会馆充当了政府与商人交流沟通的媒介。在某种程度上，会馆是非官方的准官方组织。它不仅为自己创造了一个良好的竞争环境，而且替政府管理市场，对商务纠纷进行裁决。会馆保护了商人的利益，促进了市场的稳定，在一定程度上成为弥补政府管理上不足的特殊组织。

第6章

明清晋商运营制度的创新

晋商能够称雄商界数百余年，创造出中国商业发展史上的辉煌业绩，其中一个非常重要的原因是其在长期的经营活动中，创造了一套独特的企业管理制度。这些制度至今仍不失其先进性，对当今现代企业制度的构建仍具有较强的借鉴意义。

第一节　治理机制的创新

一、企业股份制

晋商创造了中国最早的企业股份制度。与中国其他商帮的独资企业不同，晋商的股份制是长期演变的结果。在股份制出现之前，中国就已经出现了贷金制、合伙（朋伙）制和伙计制。明朝后期的伙计制已是股份制的前身，并具备了股份制的一些重要特征。

晋商在最初的经营形式上是一直沿用独资经营的形式，这种独资主要是以家庭集团为主。在明政府实行开中纳银后，晋商即乘机而起，将其活动范围逐渐由黄河流域扩展到江淮一带。但有些独资经营的商人由于资本不充裕，不得不向他人借资，这便是当时较为流行的贷金制。贷金就是向别人立字据借钱做买卖。贷金制的实行表明了资金所有者和使用者的分离。对促进资金的流通，它无疑有着非常积极的意义，但同时贷金制也增加了资金所有者与使用者的风险。因为资金所有者把资金贷给使用者后不可避免地面临着是否能够如期如数被偿还的问题，而资金使用者则存在着能否把它用好并且获得利润的问题。事实上，这样的问题也确实存在，例如，“蒲商某，假资贸易，被盗，惧不敢归。绅曰：‘全躯足矣，资何足云'”的现象。[①]

贷金制的出现说明了它只是资金所有者和使用者的契约关系的一种体现，而非合伙经商。在此期间出现了另一种经营上的合伙制。这种形式在资金的筹措、经营规模的扩大等方面胜于独资经营，但是合伙制的缺点也同样明显。它往往容易产生因合伙者在利益分配上发生摩擦和矛盾而不能继续合作的问题。因此，明代中期又有一种新的组织形式出现，并迅速在晋商中传播开来，这就是建立在地域关系基础之上，以讲信义、重承诺为前提的伙计制。对于这种形式的主要内容，明人沈思孝曾说："其合伙而商者名曰伙计。一人出本，众伙共而商之，虽不誓而无私藏。祖父或以子母息贷于人而道亡，贷者业舍之数十年矣，子孙生而有知，更焦劳强作以还其资，则他大有居积者，争欲得斯人以为伙计，谓其不忘死，焉肯背生也？则斯人输少息于前而获大利于后。故有本无本者，咸得以为生。且富者蓄藏不于家，而尽散之于伙计。估人产者，但数其大小伙计若干，则数十为万产，可屈指矣。盖是富者不能遂贫，贫者可以立富"。[②]由此可见，伙计制中的出资者与伙计之间是以信义为本，联结东家与伙计的纽带是地域因素。这种形式比贷金制与合伙制在组织上更为牢固紧密。除了资本与劳动力结合外，它还增添了劳动力的素质（讲信义）这一积极因素。因此，这种形式的出现说明商业形式的社会化、多样化又前进了一大步。同时，从中也可以看出，晋商在这方面已经处于行业领先地位。

进入清代，国家统一、疆域扩大和经济繁荣为商品经济的发展提供了有利的环境和条件。受其经济规模、范围和区域的局限，以往那种合伙制和伙计制显然已远不能适应大规模商业经营和流通的需要。为了集中资本和改善经营管理，于清乾隆、嘉庆之际，晋商在上述经营方式的基础上逐渐产生了股份制经营方式。这种股份制，亦称股俸制，即有股亦有俸之谓，俸便是红利或利息。股份制是将现号内已有资本或者是将要成立的商号预期资本划成若干份，按各自的情况予以分配额数，它有正本、副本之分和银股、身股之分。所谓正本，即财东的合约投资，它可按股分红，但无股息。副本又称护本，它有两种形式：一种是财东除正本以外又存放于商号的资本；另一种是东家、经理及顶身股伙计在结账期从其所分到的红利中，提留一部分存入号内。此种护本一般被称为"统事"或"获本"，它只得利息，而不分红，有日本学者称其为辅股。银股是财东出资并按一定的单位额分红利的股份。银股的多少决定着投资者在以后的红利中的份额，故又叫财

① 《山西通志》（光绪版），卷142《义行录》。

② （明）沈思孝：《晋录》。

力股。身股又称顶生意，即不出资本而以人力所顶的一定数量的股份，按股额参加分红。清人徐珂将它归之为“出资者为银股，出力者为身股”[①]。

各商号银股、身股每股的数额并不相同。一般而言，资力雄厚、规模较大的商号，每股的数额相对较多，反之较少。多的数额，每股达上万两，少的数额，每股几千两。每股之下又以厘计，10厘为1股。若投资者所出资本数不足1股者，则按出资之数计为若干厘。身股不但在数额上有所限制，而且对顶身股者还有严格的要求。顶身股的数额一般来讲经理可顶1股，也有顶一股二三厘的。伙友顶身股者，一般需在号内工作达3个账期的时间，工作勤奋，无过失者才由经理向股东推荐，经各股东认可，将姓名、所顶身股数额载入“万金账”后，才算正式顶身股。在顶身股后，若有违规行为，除赌博、宿娼等重大问题被开除出号和赔偿损失外，如属小情节或可原谅者，则酌情处分，减少其身股额数。伙友顶身股者，其数额最初不过2厘，以后每遇账期可增一二厘，增至1股为止，称全份。每年顶身股可按所顶数额分到一定数量的“支使银”，应支额依每股的多寡不同，均分四季支会。当账期分红时，概由各人应得的红利内扣除，上至经理，下至伙友，一视同仁。倘若当营业不好，无红利可分时，则除每年“应支银”由号内出账外，顶身股者毫无所得。没有顶身股的伙友，则按年支给薪俸。

持股者的身份、地位不同，其权利和义务也不相同。银股的所有者在商号享有永久利益，可以父死子继，夫死妻承，但对商号的盈亏负有无限责任。银股可以在一定的时间内抽出、补进或增添新的股份。身股只参加分红，不承担商号的亏赔责任。在顶身股者死后，商号一般给予一定的优惠，即在一定时间内照旧参加分红，这种方式被称为“故股”。大致经理故后享受8年，伙友则按顶身股的多少，享受不同年限的分红，顶六七厘者享受5年，四五厘者享受4年，一二厘者享受2年，对商号立有特大功劳者还可再增一两个账期的分红。

商号股俸在开始时由财东出面聘请经理，再由财东、经理共邀三五人。书写合同的内容包括商号名址、经营项目、资本数额、结账期限、按股分红等。在各商号、票号每逢账期时，一经获利，皆按股分红。营业越盛，赢利越多，分红越丰。分红一般按银六身四的比例，即银股分红利的60%，身股分红利的40%。

为了充分调动各方面的积极性，晋商还实行了“厚成”“公座厚利”“顶提护本”“ 财神股”及“狗股”等办法。“厚成”是折扣部分资产，使商号的实际财产超过账面资产；“公座厚利”则是在银股、身股分配之前提取部分利润，存入号内，参加流通周转；“预提护本”是在商号分配之前提取的风险资金，以防

---

① 徐珂：《清稗类钞》农商类。

止亏赔倒账，从而保证了商号有充足的流动资金，也避免了分光吃尽，不留后劲的短期行为。[①] 有的商号还根据本商号特有的创业经历设立股俸。除了银股和身股外，大盛魁商号的股本还专门另设财神股和狗股。大盛魁商号在初创时，由于营业不顺利，王相卿、史大学、张杰三人喝米汤过年，遇一乞讨老头，便将仅剩米汤赠之，老头遂留下骆驼与行李一去不返，三人打开行李，发现全是白银，于是决定暂挪作商号资本，以扩大经营，不久便生意兴隆。他们认为是财神变成老头送来的资本，便将老人的银两作为财神股，把此股所分红利记入“万金账”作为护本。“狗股”的来历有三种说法：一为某年库伦（今乌兰巴托）发生灾情，粮价骤涨，库伦分号为把情况报告给总号，便让一只狗带信到归化（今呼和浩特），当总号收到狗带来的信后，立即大量购进粮食，囤积待售，获得了巨额利润，狗立了大功；二为有一次经理单人行走，途中病倒在草地上，是狗报了信，救了主人；三为草原无路，易迷失方向，狗可以领路，且能在途中起着保卫作用。为了感其恩，专门设立了狗股，所以大盛魁的狗地位很高。

二、两权分离制

晋商的股份制已有现代股份制的特点：一是实现了股权多元化和有相对控股权的大股东，这种股份制非一家一户投资，而为多家共同投资。二是实现了两权分离，即所有权和经营权的分离。

（一）由自东自掌到聘用掌柜

每个商人从开始到逐渐有了一定的积蓄，开设店铺，其一般都会经过自东自掌的阶段。他们既是资本主义经营者，又是有占有生产条件的自食其力的劳动者。这种经济现象在明清时代就已经出现，并占有一定的比重。如右玉县贾有库，与本县人王厚、郭尧二人共出本银，乾隆十二年（1747 年），在归化城开设的“三义号”绸缎杂货铺就是这种性质。所谓“三义号”，即三人合资并负责经营的店铺。其在乌鲁木齐和阿克苏设有分店，由委派的伙计照管分店买卖。

由自东自掌到聘用掌柜负责经营，财东只管出资本，而不管具体经营。这种过程既是完整资本家的形成，也是资本家无法顾及自我经营的必然结果。毕竟当一个商人的资本积累增加，在开设不同行业店铺的情况下，已经无力全部自己经营。为了发展事业，商人就必须委托或聘用掌柜，由其负责店铺的经营工作，从

---

① 张海瀛，张正明，黄鉴辉，等：《山西商帮》，中国香港：香港中华书局，1995 年，第 115 页。

而使该商人成为不参加经营，完全依靠资本盈利的资本家。在晋商中，多数商人采用这种经营模式，如介休北贾村侯氏开设了五家票号，其根本没有其能力全部自己经营；太平县南高刘家、祁县乔家堡乔家、城内渠家、榆次车辋常家等皆如此。

委托或聘用掌柜负责经营既是社会进步的一种表现，也是企业体制的重大变化。其变化在于资本所有权与经营权实现了分离，且这种形式比自东自掌更加有利于企业的发展。资本经营权归掌柜，资本所有者不得干预经理的自主经营，掌柜向资本所有者负责，按账期向其报告财务状况，并共同决定赢利的分配，但有了亏损，掌柜不负责任。其优点主要体现在以下两个方面。

第一，有利于资本所有者发展各种产业从而使自己的经营规模和地域范围不断扩大，甚至形成操纵或垄断全国范围内某些行业的局面，增强其在市场中的竞争力。

第二，有利于把社会上的小额资本集中成巨额资本。大资本家是少数，小额积蓄的资本家占多数。具有小额积蓄的人或不善于经商或是文人世家不愿意亲自去经商，但又想把闲钱变成活钱，于是把钱交给掌柜去经营，把小额变成巨额。如介休侯生芸领吴龙图等 16 人银本数万金，自奉天至浙江皆开设有字号的分庄，每三年算账一次，将利解交，历有年所。到了道光十几年，生意稍有萧条，不能多所盈余，吴龙图等怀疑侯生芸从中侵占，侯生芸则以为各东得利多年，小有亏折，即起闲言，彼此互相争讼，状告到太原府衙门。虽然这是一件诉讼案例，但出资者有 16 人之多，如果不是侯生芸领本经营，恐怕也不会将店铺由奉天推及至浙江一带。①

企业资本的无限责任制可能是在康乾盛世、国泰民安、市场竞争不甚激烈的社会条件下产生。与有限责任制相比，无限责任制有明显的缺陷，这种缺陷出现在嘉庆和道光年间。鸦片战争以后，外国资本主义的入侵使中国市场成为西方市场的一个组成部分。市场竞争激烈，优胜劣汰日益明显，工商业、金融业相继破产倒闭。

（二）东伙合作制的内容

两权分离是晋商在经营管理上的制度创新。所谓两权分离是指资本所有权与资本经营权的分离。这种分离不是将两者截然割裂或对立，各行其是，而是两者的有机结合。它是资本所有者与经营者相互配合以使资本产生更大效益所采取的

① 黄鉴晖：《晋商经营之道》，太原：山西经济出版社，2001 年，第 119 页。

一种经营模式。晋商把资本所有权与资本经营权相分离的企业管理机制称为东伙合作制。这种制度也是财东与掌柜的合作，或者资本与人力的合作。资本与人力的合作表现为财东出资本，掌柜出人力。由于企业资本来源于各资本所有者，掌柜也不止一两个，所以特别注重或强调“东家同心，伙友协力”的精神，共同办好企业。每个企业一开始或在中间重新整顿时，以合约的形式把东伙合作关系规定下来。如太谷县志成信同治十二年（1873年）的合约：

“立合同员仑同管事伙友孔宪仁、马应彪等，情因志成信生意开设，历年已久，号体屡露，参差不齐。今东伙共同议定明白，业已复行振作，从此原日旧东有减退增加，另有新添东家，已入本账，逐一可考。字号仍系志成信，设立太谷城内西街以发卖苏广丝绸杂货为生涯，共计正东名下本银三万四千两，按每两千两作为银股一俸，统共计银十七俸。众伙身股，另列于后。自立之后，务要同心协力，以追管晏圣明之遗风，矢公矢正，而垂永远无弊之事业。日后蒙天赐福，按人银俸股均分，倘有不公不法，积私肥己者，逐出号外。照此一样，立写二十二张，众东各执一张，铺中公存一张，以为永远存证。恐口难凭，立合同为证”。[①]

晋商采取的这种经营方式在未经营票号之前就早已出现。在其经营票号后，则更对此予以强化。究其原因是票号多为合资而非独资，票号的资本数额一般都非常大。票号的资本既有本族至亲者所出，也有志同道合者所出。后者在票号发展的全盛时期所占比重更大。由于合作者是票号的股东之一，它只拥有资本的一部分。经营票号可以获取厚利，也具有相当的金融风险。在金融市场竞争激烈的情况下，商人对资本经营的好坏直接关系到资本所有者的利益。这样寻找一个能谋善断、驾驭全局的经营者，由其经营企业便成为资本所有者的重要工作。因此，资本所有权与资本经营权的分离既是晋商的商业资本转向金融资本后的组成方式发生重大变化的必然产物，也是商品经济条件下资本运作的必然趋势。

历史上的很多晋商大户望族都采用掌柜负责制。然而，晋商也非常重视信义。无论对合伙经营者，还是对同行同业者，都把恪守信义作为衡量商德的标准。虽然商德并没有触动世袭的传统，但它在一定程度上为资本所有者与经营者之间的合作奠定了思想基础。晋商奉行的“用人不疑，疑人不用”即是其在用人上的信条。实际上，在票号兴起之前，晋商中便有不少商号的财东聘请经理、副经理，并将号内的财务、经营乃至聘人、用人等权力交给他们，而财务自己不再过问号事，当上了“甩手掌柜”。

晋商中不少人之所以将经营权交给他人来掌管，除了用人上的信条，最根本

① 黄鉴晖：《晋商经营之道》，太原：山西经济出版社，2001年，第121页。

的原因还在于对财产得失理念上的转变。经商比务农更容易致富，并且经济的充裕，商人们走南闯北，见多识广，极易导致其生活的奢侈挥霍。因此，其家业“其兴也勃，其衰也忽”。有些商人通过终生辛劳才挣得一份家业，因知其来之不易，故还能克勤克俭，兢兢业业，而他们的子孙则不然，整日无所事事，尽情享乐，财产很快被挥霍一空。有些商人对后辈采取消极的防范措施，即不仅不让自己的子弟经营号事，而且在其开销上予以限制，或者将那些不成器的子弟圈在家中，不允许其参与号事。有些商人对后辈则采取积极的态度，即经过物色或挑选德才兼备者，给予权力，经营号事，“将资本交付管事（即大掌柜）一人，而管事于营业上一切事项。针对如何办理，则财东均不闻问，既不予定方针于事前，又不施其监督于事后，此项营业实为东方之特异之点。”①

当然，这种聘请不是任意而为，而是有一定的程序和规范。聘用者与被聘用者之间也是订有契约来履行各自的权利和义务。若被聘用者经营有方，商号赢利，财东则予以加股、加俸；若遇年终亏赔，只要不是决策失误、人为失职或能力欠缺造成，财东不仅不责怪经理，反而多加勉励，补足资金，令其重整旗鼓，振作经营。而当票号业兴起之后，双方在各自权利和义务方面的规定就更加明确与具体。

晋商在经济上实行的两权分离制并非是一个偶然的过程，而是由多方面的因素促成。其中，商品经济的发展、市场规律的支配以及晋商的与时俱进是最主要的因素。在商品经济日益发展的新形势下，传统的资本所有权与资本经营权一体化，且这种具有世袭性质的经营方式制约了企业的发展活力。而把这两种权力分离的经营方式让资本所有者能够更好地从宏观上把握资本的运用，而不用陷入繁杂的事务之中。对资本经营者来说，也不会为资本所有者的主观意志所约束，而是按照经济规律和市场变化采取应有的对策，从而实现资本效益的最大化。同时两权分离的产生和发展也揭示了一个事实，即只有商品经济的发展，才能更有效地打破企业封闭自守的藩篱和封建世袭的传统，加快企业改革并紧跟社会的步伐。从这个意义上来讲，晋商在两权分离的制度上的创新对现实的企业改革无疑有着积极的启示作用。作为一种经营机制，两权分离的内容和形式多有着一套较为系统而严密的具体规定，且这些具体规定具有很强的针对性和可操作性。

实现两权分离的关键是明确财东（资本所有者）的责任和职权以及经理（管理者或掌柜）的职权与义务。虽然财东与经理互相依赖，但其所处的地位和担负的责任不同，除了思想感情的志同道合外，还需明确各自应当具有的权力和

① 《山西票庄盛衰之调查》出自《中外经济周刊》，1925 年 7 月 4 日，第 119 页。

职责。尽管晋商各商号、票号所规定的具体内容有所差异，但从总体来看，财东的责任与职权主要就是“财东自将资金全权委诸经理，系负无限责任，静候经理年终报告。而对平素的营业方针，一切措施，财东毫不过问。每到例定账期（或三年，或四年，即决算期），由经济谒请，约日聚会，办理决算，凡扩充业务，赏罚同仁，处置红利，全由财东裁定执行。”

财东名义为“甩手掌柜”，但并非完全甩手，他们不仅对本号负无限责任，而且有对扩充业务、赏罚号内人员和红利分配的裁定权力，因而实际上财东掌握着企业的人、财大权。但是当企业经营失败，经济遭受损失时，财东则要负全部责任。至于经理或管事“经理全号事务”，在号内“有无上之权力，凡用人之标准、事业之进行，各伙友皆须听命于管事”，并且也不对非人力所能制止而造成的经济损失负赔偿责任。在每年年终，经理或管事汇集各分号的营业报告表，造具清册，报告财东一次。此外，经理还要每年例行巡视各分号两次或一次。如果经理有事不能亲自巡视，则会另派其他人员代理，但在一般情况下都应由经理亲自下去巡视。经理每年的例行巡视一方面是要对同仁品行不端、手续不合等问题进行处置，另一方面也是了解市场状况，并根据市场变化调整企业的经营策略。由于每个账期的决算牵涉企业的盈亏以及股份的分红问题。经理更应谨慎从事，不敢有丝毫马虎。虽然号内伙友要听命于经理，但经理并不能独裁，而是让同仁或伙友发表建议。一些小事由同仁见机行事，但大事则须由经理决策。倘有较大之事项，经理则须报告财东。① 经理的权利不小，但其义务也不轻。他既要“忧勤惕励”，为企业的发展而操心运筹，又要深入实际，巡视调查；既要与同仁、伙友和睦相处，以领导他们同舟共济，携手前进，又要向财东负责。因此，要想当好经理，绝非易事。财东对经理人员的遴选更是特别重视。

从财东与经理各自的权利与职责来看，山西票号在资本所有权和经营权的分离上是比较彻底的。作为资产所有者，财东将资本委托给经理后，基本上不再干涉企业的运营，即不再对经理如何进行运作加以干预，由经理全权领导，负责经营管理。由于经理实际上掌握着财权和人事权，少了制约，经理便可以放心大胆地进行决策，发挥其管理才能。对财东而言，他把资本交于自已信赖的经理后，将会有更多的时间和精力从长远和全局上考虑资本的最佳投向和结构调整等。而为报答财东对自已的知遇之恩，经理也会对企业的发展尽心尽力，从而使企业进入一种规范有序的良性循环状态。百余年间，票号能够盛而不衰，与其两权分离的经营机制有着极大的关系。

---

①《山西票庄盛衰之调查》出自《中外经济周刊》，1925 年 7 月 4 日，第 119 页。

（三）东伙合作制的作用

企业资本的经营管理大权归掌柜对施展掌柜的才能和资本的发展都有好处。就掌柜来说，其拥有经营管理大权，实现了自主经营，从而能够充分发挥他们的主观能动性。掌柜可以研究市场，判断形势，采取措施，拓展业务范围，使企业不断发展，并且获得利润。掌柜的自主权来自财东对他们的信任，财东和掌柜能够做到同心同德，视企业长远发展为己任，精确核算，节省一切不必要的费用，降低成本，增加赢利。掌柜的勤劳与敬业精神为资本的发展带来好处。

第一，有利于拓展业务范围，增开商号及票号。晋商之所以成为全国著名的商帮除商人众多外，还在于掌柜把字号的分支机构扩展到全国各地以及国外。就商业来说，设在归化城的晋商字号多数去了乌里雅苏台、科布多和新疆的伊犁、塔城、乌鲁木齐、古城、阿克苏；设在内地的字号，其分号设至京城、兴化镇、奉天、安东、营口、济南、汉口等地；设在陕西三原县的山西布商字号在湖北公安、河南禹州、宁夏、兰州等地都有它们的字号；就票号来说，虽然总号在平祁太三县，相互交错，在全国八九十个城镇都设有分号，并扩及日本的神户、东京和朝鲜的仁川等等。

第二，有利于提升企业核心竞争力。部分企业的掌柜为了稳操货源或创造自己的品牌产品把商业与加工业结合起来。这种方式既推动了工业的发展，又赚取了商品流通和商品生产的利润，对资本的发展非常有利。如在经营西裕成颜料庄期间，雷履泰意识到只营销颜料而不加工颜料的方式限制了企业的发展。于是就利用达蒲村的空闲场地和农村的剩余劳动力，在达蒲村开设了加工颜料的手工工场，生产各种颜料。其中，有一种颜料叫"铜绿"是由铜片加工而成。铜片是滇铜，去重庆采购，经汉口转运平遥。其制作铜绿的方法是"拿了铜片，上面盖以醋糟，加热，使之酸化，两天之后取出来，把铜片生出来的铜绿剥下，再精制而成"。这种制作铜绿的方法一直被延续下来。民国初年，依旧开设在北京前门外打磨厂的平遥元盛合颜料庄一直用这种方法制造铜绿。

祁县大德兴茶庄先是靠贩运茶叶去东西二口销售，然后受其他茶庄在茶区设厂，加工砖茶的影响，大德兴茶庄也去湖北蒲圻设厂制茶。在蒲圻羊楼洞的兴盛时期，山西茶商在此地设的茶厂有 17 个，雇用工人达数百人。工人工资为计日、计件两种。男工一日制茶 300 两，工资为 1.8 ～ 2 钱纹银。砖茶原料为二茶或三茶，茶叶长约一寸，味较强，一般称老茶。其压制方法是"置茶于蒸笼中，架锅上蒸之，倾入模型中，置木架压榨器中，借杠杆力榨之。移时，在模中托出，放于楼上，听其自然干燥，再用稍细之叶，洒面压成茶砖"。

第三，有利于发挥经营者的才能，扩大企业规模。财东为充分施展掌柜的才能，赋予掌柜投资创办其他企业的自主权。祁县和太谷县的商人合资在归化开设大盛魁字号从事对蒙古国和俄国的茶货等贸易，在兴盛时有职工数千、自养运货骆驼 1.6 万只，并在科布多、乌里雅苏台设有分庄。大盛魁的蒙俄贸易固然利润丰厚，但其经营行业不广，限制着它的发展。在祁县、太谷县等地又投资开设多家子企业，如三玉川茶庄、长盛川茶庄、天顺泰绸布庄、德盛魁店、东升货栈、大盛川票号、裕源厚银号、宏盛钱庄及其他药材、粮食、典当等店铺。大盛魁下设十几家子企业，一家子企业又分支出一二十家分庄，从而构成了庞大的企业集团，大盛魁的店铺遍布各地，声名远播。

太谷县的曹家也采用这种经营模式，即只管理大字号，免去面对一个个小字号的麻烦，由大字号开设小字号。财东面对的字号只有两个：一个是砺金德账庄；另一个是彩霞蔚绸缎杂货行。砺金德账庄的资本为 30 万两，财东浮存为在五六十万至百万两，就像是金融银钱业的总管。彩霞蔚是专做京、广、苏、杭各色绸缎，纱罗、绫绢、曲绸和茶叶等货物的批销，而零售则是由其下设的字号来承担，为此彩霞蔚在太谷开设了锦霞明曲绸庄、锦丰泰皮货庄、锦生蔚货行、锦丰庄曲绸庄；在榆次设广聚棉花店；在张家口开设锦泰亨茶叶俄货庄。彩霞蔚总庄在京城、天津、河南鲁山、山东等地采办的各种货物转售给锦泰亨等，另行打包，贴上字号的商标，然后运往库伦、恰克图和伊尔库茨克、莫斯科等地出售。每年彩霞蔚总庄仅曲绸约可运销 1.2 万余匹，价值 36 万两，另外，还有绸缎和千两茶。回脚从俄国贩运的呢绒、哈喇、毛毯等货物行销内地。曹家通过大字号下设小字号，小字号下设分庄和小小字号，其店铺广布，名扬海内外。砺金德账庄设锦生润票号，而锦生润又在平遥、忻州、北京、天津、张家口、赤峰、保定、奉天、承德、锦州、营口等处设有分庄。设在奉天的富森峻、咸元会、环泉福、义泰长钱庄是大钱庄。光绪三十三年（1907 年），奉天商会要 14 家钱庄捐款，每家分别捐 3 000 两、2 000 两和 500 两，曹家 4 个钱庄均捐 3 000 两。富森峻钱庄又在四平投资，开设富盛泉、富盛长、富盛诚、富盛义等四家烧房，酿酒卖酒。

两权分离制度对晋商的发展起到了重要作用，但是两权分离中的权、责、利是不对称的，尤其是大掌柜有权有利，但并不承担责任，财东对大掌柜的约束监督机制也存在致命缺陷。晋商的两权分离是建立在知人善用的基础上，依据的是“疑人不用，用人不疑”。这种思想的前提是以信义为先，且东家有权威，大掌柜真心诚意。一旦这一前提弱化或不存在，企业就会迅速出现问题，这也是晋商衰亡的一个重要原因。

三、联号制

晋商在清代进入鼎盛时期，其商业网络已遍布大江南北，长城内外，并延伸到整个北亚地区。同时，晋商在企业组织形式上出现了"分号制"的独资企业或合资企业。所谓"分号制"，即财东独立投资或合伙投资办商号，其中总商号又分设若干分号于全国各大商埠，而且总商号或分号又可以投资办小商号（类似现代通过控制股权形成的母子公司）。另外，晋商在企业组织形式上还实行联号制，即由财东投资办若干个不同行业的各自独立核算和经营的商号或票号，它们在业务上相互联系，相互服务，相互支持。这种网络体系近似现代的企业集团，其分支机构遍布全国各地乃至国外。晋商的这一特别组织管理体制在其他商帮中很少见到，如祁县的乔家、渠家，榆次的常家、聂家，太谷的曹家，平遥的李家，介休的侯家、冀家，临汾的亢家，万荣的潘家，阳城的杨家等。这些以某字打头的商业家庭的商号随着业务的发展不断增加，形成了一个个商业集团。

实行联号制的商号或票号的组织架构分为两层：一是总号决策层与管理层；二是分号管理层。

（一）总号决策层与管理层

总号基本设在投资者聚焦地的县城内，如太谷、祁县、平遥等县城，其号内职务的设置，各商号大体相似。一般设大掌柜（总经理）1人，为全号之领袖，有总理全号内外事务之权；二掌柜1人，辅助大掌柜总理全号事务，负督促全号人员勤怠之责，故各伙友对于二掌柜，常常较大掌柜尤为畏惧；三掌柜1人，辅助二掌柜督促全号伙友，负柜台上接待顾客之责；管账先生1人，管账与文牍皆称先生，冠之以姓氏，而不称掌柜，负责总理全号账目，负银钱出纳之责；副管账1人，辅助管账经管账目；帮账2人，受副管账指挥，助理各项账簿；帮账职务多由入号一年以上之伙友充任，借以练习，故无定员；文牍先生1人，文牍先生地位较为清高，犹如号中客卿，大掌柜对之亦很客气，故各票号多聘用科甲中人，办理号中对外文件；录信员2人，亦系练习伙友充任，无定员，誊写号中来往文件；正跑街1人，俗称上街头，负上市接洽存放款及一切银钱往来之责；副跑街1～3人，辅助正跑街办理一切上市业务；练习跑街数人，由入号半年以上的伙友充任；坐掌柜1人，俗称拦柜头，负管理门市部之责。[①]

① 李清渭：《山西太谷银钱业之今昔》出自《中央银行月报》第六卷，第二期，第187页，1937年2月。

（二）分号管理层

分号的设置则根据业务发展的需要随时择地而设。分号人员由总号统一派出，分号经理由总号大掌柜根据业务需要选择，并为之配备相应人员。虽然各地业务繁简不同，分号人员数额有多有少，但是分号管理层的人员及职位设置则大致相同。业务较繁的各分号亦不过是在负责人员外多加一两个助员而已。其人员设置一般为掌柜1人，总理分号中一切事务；管账1人，总理分号中账目，并负银钱出纳之责；司信1人，办理分号中文书，并需通告各埠连号金融市况之责；二掌柜1人，负上市接洽业务之责。[①]除此之外，各地分号常常有在总号练习尚未足期，而被派到分庄实习的人员。

联号制实行总号对分号的集中管理，分号的开立、经营、人员配置、资金、收益等都归总号调度，实行统一制度、统一管理、统一核算、统一资金调度。总号对分号的控制主要通过两种制度来实现：考核制度和报告制度。总号对分号的考核以“结利疲账定功过”，且以不对总号造成损失为原则，否则，给予处罚。报告制度为口头报告与书面报告两种。

1. 口头报告

口头报告是指总号或者各个分号在每天晚上营业终了，其职员和管理部门负责人都必须向自己的主管当面口头汇报当天自己所办业务的情况，并且聆听主管对明天的安排。管理层则要综合情况，以口头或写信等形式向总号汇报，以便上级及时掌握业务动态，并做出第二天或者近期的业务安排。

2. 书面报告

书面报告是指分号向总号或者其他分号的汇报。书面报告分为正报、复报、附报、行市和叙事几种。

①正报就是直接报告本号对某某分号的业务情况。由收汇号向交汇号报告，其内容主要是报告做某某业务多少，何时交款，汇费和贴色多少。

②复报就是报告本号前次报告过的内容，如直接对某分号之营业事项。因为交通通信不便，信函传递时间长，为避免途中遗失而造成损失，便制定了复报制度。

③附报是票号业务报告中工作量最大的一种报告。它要求各号每天都必须把全部营业收付银两和业务情况通告给各分号。报告的目的一是要各分号相互了解各号收付款项的情况；二是要各号根据了解的情况，主动做生意，相互支持，避免因某地付款过多，或是库存白银短少可能发生支付困难，影响到当地业务和本

---

① 李清渭：《山西太谷银钱业之今昔》出自《中央银行月报》第六卷，第二期，第189页，1937年2月。

号信誉。

④行市是各号相互报告当地汇水、利息行市和资金周转"疲快"以及当时社会、经济、贸易、金融信息的报告。它是正报和附报后的例行报告内容。

⑤叙事报也叫"另起"。它是总号或分号对某分号业务的指示、评论及意见。报告的内容大多数由掌柜们亲自写。它是在正报、附报和行市之后，注明本次信件年月日之后批写的内容。这部分内容一般是管信把正报、附报和行市写完后，等掌柜晚间有时间才写，或者"管信"先起稿，等掌柜修改后，再誊写。

在每年终了时，总号大掌柜汇总各路业务数字，写出书面报告，向东家汇报。四年一个会计年度完毕便进行财务决算，大掌柜要提出利润分配方案，同时进行人员考核，提出奖罚意见和员工晋升人身股的建议。

各分号以及分号与总号之间的业务信息的不断沟通和协调使总号能及时掌握全国各地市场动态以及各分号的业务状况，而且能够把总号决策层的决策变成行动，同时各分号之间能够及时通报业务，协调配合，调度资金，实现"抽疲转快，酌盈济虚"。

第二节　人力资源管理制度的创新

晋商认为经营成功与否离不开天时、地利、人和。但"天时不如地利，地利不如人和"，人是企业运营成败的第一因素，影响制度执行力的关键因素也是人。晋商在人力资源管理上的顶身股制度、人员选拔制度、学徒制度、薪酬激励制度、号规制度等是晋商企业高效执行力的源泉。

一、顶身股制度

允许普通员工获得顶身股是晋商的特殊制度，这一制度萌芽于明代中期，比美国的期权制度早了 400 多年。当时晋商在与沿边（长城）商人合作纳粮中曾经通过合约实行"朋合营利"。隆庆年间（1567—1572 年），总理屯田都御史庞尚鹏的《清理延绥屯田疏》可以证明："间有山西运商前来镇城，将巨资交与土商朋合营利，各私立契约，捐资本者，讨利若干，躬输纳者，分息若干，有无相资，劳逸共济"。后来演变为委托代理关系的所有权与经营权分离，并且给经理人员顶以股份，"有钱出钱，有力出力，出钱者为股东，出力者为伙计，东伙共而商之"。顶身股是晋商人力资源管理的核心，也是晋商长期称雄商界的秘诀所在。

晋商人身股制度的基本内容就是所谓的身股，又被称为人力股。拥有身股，就称之为顶身股，顶人力股，或者顶生意，这一制度的主要内容为以下几方面。

第一，顶身股的条件。晋商的顶身股不是每位职工都能得到的待遇。按商号惯例，员工初入商号，仅享受薪金、衣资、号中伙食等待遇，但随着年资的增长，便会具有顶身股的资格。一般而言，待服务一二十年，无甚过错，薪金增至一定程度，约“可得七八十两时，则有资格顶身股一二厘了。”[①] 顶身股资格的获得既无特殊要求，也无名额比例，只要忠实敬业，不犯过错，待服务至一定年限，人人都有顶身股的机会。

第二，顶身股的考核与晋升。谁可以顶股，股份多少，由财东和大掌柜根据职工任职时间、能力、贡献大小决定。每遇大账期都要进行人事考核，以“结利疲账定功过”。根据劳动者的品质、能力和绩效来决定是否晋升，晋升多少。有功者会增加顶身股厘数，记入股本账（万金账）。由此可知，当时晋商已经把劳动力当作了资本，在对劳动力资本进行衡量与考核时，晋商已经注意到了劳动者的劳动数量和劳动质量。

第三，顶身股的分红。顶身股的收益来自分红，在大账期（会计年度）结账时，掌柜伙计的“顶身股”与财东的银股一起参与企业利润分红。在不同的企业，一般的货币资本的数量是不同的，有的企业一股高达一万数千两白银，如大型金融类企业；有的企业股只有数百两之多，如一些中小型商号，所以不同企业的人身股的含金量各异。

第四，顶身股的继承和退出。一般企业的货币资本股是不清退的，但可以转让，顶身股不能转让，享有顶身股的职工被辞退、解雇或者自动离职，当即终止顶身股。享有顶身股的职工退休以后，其原有股份照常分红；顶股员工死亡之后，还可在一定时间内参与分红，这时，其身股被称为“故股”，但是家属子女不能继承。顶身股的意义主要体现在以下两个方面。

一方面，顶身股体现了人力资本的产权价值。企业各层次劳动力之间的产权关系由此明晰。货币资本是物化劳动投入企业的资本，人力资本是活劳动投入企业的资本。任何企业的生产经营过程都是实物资本与人力资本相结合的过程。晋商顶身股解决了劳资双方对立的矛盾，协调了劳资关系，实现了劳资双赢的经营格局。在可以获得一定资产的预期下，员工热情高涨、积极主动地投入工作，企业的财富大幅度增加。顶身股制度让员工的利益、财东利益、商号利益统一起来，上下一心，同舟共济，劳资关系得以协调，经营效益得以提高。顶身股对掌柜及

① 陈其田：《山西票庄考略》，上海：商务印书馆，1937年，第88页。

伙计来说，它既是一种物质上的激励，也是一种精神上的激励。顶身股的多少标志着个人的能力、地位、贡献，它激发了员工的“成就感”和“归属意识”，实现了物质激励与精神激励的协调一致。

另一方面，顶身股又是一种长期有效的激励机制和动力机制。顶身股是一种长期的激励机制，可避免掌柜与伙计的短期行为。由于物质刺激，顶身股会呈现一种良性循环：顶身股—掌柜伙计努力工作—企业绩效提升—利润分红增加—继续努力—提升顶身股—商业业绩继续上升—经理伙计收益继续扩大。收益的无限性必然产生激励的无限性，从而极大地增强了顶身股的可持续性。

二、人员选拔制度

晋商所用的员工必须具备两个基本条件：①必须为山西籍。这样既便于管理，又惠及同乡，将就业机会留给同乡，也利用乡情加强凝聚力。②必须有家道殷实者的担保。被保证人“倘有越轨行为，保证人负完全责任”。由于保证人责任重大，如无特殊关系，并不易找。如果保证人破产，失去继续担保的资格，或者自己要求撤保，被保证人必须迅速另找，否则有被停职的可能。除了保证人的担保以外，员工还必须通过相应的考察与考试。考察与考试的内容主要包括两个方面：①询问被考察者的身世，祖上三代做何职业，出身贵贱，本人履历资格。询及三代主要是担心祖上若为人不正，恐有不良遗传。②测试智力、文字。测试分笔试与口试两种，以对被测试者的能力做出判断。所有测试全部合格即可“择日进号”，名曰“请进”，这是为了表示对新进者人格的尊重。同时，向其明示人人都有升任经理的机会，以鼓励其安心工作，充分发挥个人的聪明才智。

在票号创立后，晋商的经营蒸蒸日上，员工报酬稳定。更为重要的是，在山西票号的各级经理人中，许多人是由普通员工晋升而来。他们一旦达到这个位置，则报酬丰厚，受到尊敬，家道也因此而兴旺，所以在许多人眼中进入票号任职是一条求取富贵的捷径。求职者日多，票号的选用标准也随之严格，有的选用甚至极为苛刻。

晋商用人以懂得信义为标准。他们认为：“得人者昌，政界固然，商界何独不然！”其选拔人才，委托重任都要在实践中考验，按一定标准招选学徒后，需徒步赴指定分号，先当学徒，三年内不设座位，不准回家。贤者出师后任以专职，不贤者打发回家。经多年实际业务考验，选能任贤，委以重任，不分门户，不问私情，量才录用。“任人唯贤”还包括知人善任，根据人才的特长，分配工作岗位，帅才者，调任分号经理（掌柜）；秀才者，任以文书。协同庆票号经理孟子元选用赵厚田，“冒险姑苏，急难皋兰（兰州），回翔于成都、重庆间二十余年，能使全局劳业稳操胜算，皆赖赵君之力。”各商号业务发展必须依靠一大批善于理财的优秀人才，而优秀人才的发现和重用也发展了山西各大商号和票号。

三、学徒制度

新员工进入商号还须经过一段时间的训练，才能够独立工作。新员工的训练均在总号进行，时间一般为三年。如果员工聪明出众，两年即可完成训练，也有过于愚笨的员工不到三年即被开除。在完成训练后，新员工便被派往分号工作。新员工的训练分以下三个阶段。

第一年主要是日常杂务训练。白天“即司洒水、敬茶、奉侍掌柜一切事项”，俗说为掌柜“提三壶”，即茶壶、水壶、夜壶，打水、扫地、干杂活，伺候掌柜，不设座位。“晚则写字，习记账，演珠算，详记货品及价格、银之品色与钱之易价，练习对于掌柜及顾客之仪容言语”[①]，同时，在道德和商人修养方面进行训练。掌柜考察是不是忠诚克勤，有无出息，适合不适合做票号生意。

第二年为进入业务学习，包括文化课（习字、四书五经、蒙语、满语、俄语等）和业务课（珠算、记账、商业信函、了解商品性能、熟记银两成色等）。由老职工或掌柜口传训练，教念“平砝银色折口诀”和其他商人教科书，也可以做一些抄写、帮账等事务。

第三年在柜上跟着师傅学习做生意的技巧。三年内不得回家，考核成功才正式被录用。这一阶段的训练，一般只限于有培养前途的员工，即“掌柜认为最有出息的学徒”，一旦训练完成，即可派往分号，独立从事工作。

晋商对新员工的培训基本形成了徒弟—师傅—掌柜的阶梯式形式。晋商对新员工不仅在技术方面有基本的要求，而且在道德方面也有要求。通过德才的全面培养，为晋商储备源源不断的骨干人才。

四、薪酬激励制度

晋商的薪酬激励制度主要体现在顶身股分红、薪金、应支、伙食、衣资等方面。

---

① 刘文炳：《徐沟县志》，太原：山西人民出版社，1992年，第348页。

（一）薪金

薪金是商号普通员工，尤其是入号时间不太长者的主要收入一般按年计算，一年一次或一年两次发给。数量因资历、职务的不同而不同。

（二）尝金

除薪金收入外，票号员工到年底还有一种类似年终奖金的收入，这种收入被称为"尝金"。尝金的数量一般根据薪金的多少来发放，薪金多者，则尝金多；薪金少者，则尝金少，为其薪金的几分之一。

（三）顶身股分红

对年资较长的员工来说，其较大的一份收入就是顶身股的分红。但具备顶身股资格员工的薪金数量便不再增长，其报酬增加的方式由增加薪金改为增加顶身股的数量。

（四）衣资与伙食

衣资，即服装、被褥的购置费。衣资待遇只有分号员工才能享受，总号员工则需自备服装，号中不予承担。根据在号中的职位、年资，分号员工享受不同的衣资待遇。关于衣资的具体数量，不同票号有不同的规定。即使同一票号，不同时期的衣资数量也有所不同。虽然衣资只是一种福利性补贴，但对资历浅的员工来说，却是一笔可观的收入。一个初入分号的员工一年薪金不过十余两，或二三十两。而每月衣资就有 5 钱，一年合计为 6 两，占薪金收入的 1/2，或至少 1/5。如按衣资每月 2 两计算，一年便是 24 两。票号员工的伙食不论总号或分号，都由号中供应。除休假时间外，员工一般都须在号吃饭，在号睡觉，这样以便于管理。

五、员工文化生活

晋商企业不仅给员工比较优厚的生活待遇，而且关心员工的文化生活。晋商企业和行会经常举办文化娱乐活动。在祭祀、庆典、节日中，晋商都要以戏曲酬神和娱乐，在省外的晋商重金邀请家乡戏班到所在地演出，并争相出资举办梆子戏班。例如，祁县有三庆戏班、聚梨园；榆次有四喜戏班、三合班、二保和娃娃班；徐沟有舞霓园、小自成班；太谷有锦霓园、清源小梨园、太平班；平遥有小祝丰园；壶关有十万班；在张家口的晋商有狼山戏班和商人票友自乐班。

此外，晋商也组织职员练习武术。为解决物质运送和货币清算的安全问题，晋商创设镖局。镖局中的镖局师傅需要有很高的武功，而且武术具有健身和攻防双重功能。在晋商中，有不少人也自己练武，强身防卫。山西是中国心意拳和形意拳的发祥地。

六、号规制度

在经营中，晋商十分重视企业内部各种规章制度的建立和健全。虽然各家的号规繁简不一，但在几个主要方面却基本一致，这就是对人、财、物的管理，对员工品行操守和道德的要求与规范以及从业人员在业务程序和遵规守则方面的规定。

在人的管理方面，所有商号都规定，号内人员一律不得携带家眷；不准长借短欠；不得挪用号内的一切财物；不得兼营其他业务；严禁嫖赌和吸食鸦片；不准接待个人亲属朋友；非因号事不准到小号串门；在回家探亲时，不得到财东和掌柜家闲坐，更不准向财东和掌柜送礼；如遇号内有婚丧喜庆之事，伙友之间不准互相送礼，也不得互相借钱或在外惹是生非；如有过失，不得互相推诿，包庇；凡打架斗殴、拨弄是非、结伙营私、不听调遣者，一律开除，员工中成绩突出者予以奖励等。学徒则要求三年内不得回家，出师后每三年（后改为一年）探亲一次；从业人员不得在从业地结婚；作坊工匠和饲养放牧工人属雇佣性质，不属号内从业人员。有的商号还规定，学徒入号的头十年内除头三年在总号学做生意的一般知识外，学徒还必须到蒙古前营柜、后营柜分别学习三年，学会蒙语和当地生活习惯，然后学习与蒙古人做生意的方法，熟记经营线路和宿息地点等。

值得一提的是，在所有规章制度中，也有对财东行为的一些限制和对从业人员职业道德的要求。如财东只能在结账时行使权力，平时不得在号内食宿、借钱或指使号内人员为自己办事，不得干预号内人事。大德通票号在1904年的《合账众东添条规五条》中就曾明确规定："各连号不准东家荐举人位，如实在有情面难推者，准其往别号推荐，现下在号人位，无论与东家以及伙友等有何亲故，务必以公论公，不准徇情庇护。"在业务方面，有关隶属关系的规定为："分号一切统属总号""分号经理由总号选派资格优秀者担任，携带总号图章砝码等各种要件，以资凭信，资本皆存总号，设立分号时不另发资本，只给川资及开办费若干。"资本存储总号，获利也归总号计算。在分号开办之后，当营业需款时，由其他分号接济，全局统筹，坚持"酌盈济虚，抽疲转快"八字原则。在人员的配备上，以“不碍业务上进行为主旨”，商号人员之编制坚持“因事用人，决不因人用事”。总经理统管全号事务，副经理辅助总经理办理全号事务等。除对各职人员的业务范围和任务予以明确规定之外，特别强调要以“诚信不欺、务实求真”作为职业的重要道德守则。如大德通票号就明确表示：“各码头勿论票贷、货务，虽以结利疲账定功过，原以激励人才起见，容之其间，大有分别，总以实事求是，果尔本处多利，他方未受其害者为功。倘有只顾自己结利，不虑别路受害者，殊乖通盘筹划，大公至正之意……各码头凡诸物钱盘，买空卖空诸事，大干号禁，倘有犯者，立刻出号”。①

晋商认为“凡人心险于山川，难以知天，故用人之法非实验无以知其究竟。远则易欺，远使而观其忠；近则易狎，近使而观其敬；烦则难理，烦使而观其能；卒则难辨，卒间以观其智；急而易爽，急期以观其信；财则易贪，委财以观其仁；危则亦变，告危以观其节；久则易惰，班期二年以观其惰；杂处易淫，派往繁华以观其色，期在练或磨不砾，涅而不淄，方足以任大事。所以一号之中，不能断言尽是忠、敬、能、智、信、仁、有节有规十全之士，但不肖之徒难以立足”。② 人才在这样的实践中经受考验和锻炼，才能为企业的发展做出贡献。

从上述这些规章可以看出，晋商对企业内部的管理相当严格。严格的内控制度杜绝了内部营私舞弊现象的发生。这对晋商事业的兴旺发达起到了保障和促进作用，即使用今天的眼光来审视，也不过时。

第三节　财务管理制度的创新

晋商在明清时期的商业活动中对会计核算制度和财务管理制度进行了创新，其中包括龙门账财务稽核、人力资源会计核算、记账货币、票据流通与背书转让、转账制度、银行清算、银行密押、资本管理、风险基金、安全支付等。这种财务管理制度的创新不仅适应了当时企业管理的需要，促进了中国商品经济的发展，在当代仍然有一定的借鉴意义。

① 中国人民银行山西省分行，山西财经学院：《山西票号史料》，太原：山西人民出版社，1990 年版，第 599 页。

② 卫聚贤：《山西票号史》，重庆：重庆说文社，1944 年。

一、会计核算制度

（一）基本会计核算制度

晋商在清代已有了比较严密的会计核算制度，特别是票号。其会计核算制度包括报账制度、清账制度、移交制度、费用开支制度以及结账与分红制度。

1. 报账制度

定期报账是总号控制分号的重要制度。各分号账房除要在日常随时向总号账房反映其经营活动情况外，一般还有定期报告——旬报和月报。这些报告资料在总号与分号之间发挥着神经传导的作用。定期报账不仅可以通过会计报告财务资料，便于总号掌握各地的经营动态，而且总号还可以通过对分号会计报告的审核，发现问题，以防银钱损失和营私舞弊现象的发生。

2. 清账制度

山西票号在长期的经营活动过程中形成了一种独有的清账制度。票号把一年分为春、夏、秋、冬四标，每标选定一日作为清账期。清账期一到，就先将前期账目轧死，以划清清账的界限，然后以凭证、账簿为根据进行清算。在清账完毕后，账房和大掌柜必须向业主呈送清账报告，以揭示清账中的问题，便于及时做出处理，防止差错事故的扩大。

3. 移交制度

票号中各分号的执事一般任期为三年。当三年期满后，需开具清账来详细报告经手之账项。清账经审核无误，方可离任返乡。账房会计主管离任也有开列清单交代账目的要求。新上任的主管清账盘查无误，方可接手任事。

4. 费用开支制度

票号对在经营活动中所发生的各项费用都有比较严格的控制。如凡不“吃股”[①]的伙友，其薪水开支按照等级确定固定的数额；如路费一项，凡分号职员回家，须随身携带折子两本，一本记行李，一本记路费，到达总号时由庶务进行检查，其路费按标准报销入账。此外，职员的伙食、衣服及零用有规定的开支标准，不得随意扩大开支。

5. 结账与分红制度

山西票号的分号会计每月须编制“月清册”向总号报告；总号会计也要向大

① 吃股，也称顶股，指晋商企业掌柜、伙计已经享有人身股份的权利。

掌柜呈送全号的“月清册”，作为结算一月账目的依据。每逢决算期至，分号与总号账房均以月清册为基础，统造年度清册，以此作为一年的决算报告。年度清册抄报一式数份，一份送大掌柜，其余分送各股东，并于翌年决算。按照票号的规矩，3～5年进行一次大算分红。

（二）基本会计方法

在长期的经营活动中，山西票号形成了自己的一套会计方法，以有效地加强票号业务的管理。这套会计方法包括以下几方面。

1. 账簿设置

票号的账簿以中国传统的账簿“三账”为骨干。“三账”是指“草流”（也称作底账）、“流水簿”和“总清账”（也称作老账）三种账簿。“草流”用于营业时赶急暂记，起原始凭证的作用；“流水簿”用于整理账目，具有日记账的专门作用，一般于当日晚间由“草流”整理记入；“总清账”用于分类核算，相当于现在的总账，根据“流水簿”按旬，定期登录。按照账簿的作用和登记内容，票号的账簿可以划分为基础账簿、业务账簿、结算账簿以及辅助账簿四种类型。

①基础账簿，即前述三账。三账所提供的资料是票号账房核算的基本资料，其他各账记录均以此作为基础。

②业务账簿包括业务分类账和往来总账。业务分类账有汇兑账（专门用于登记往来汇兑事项）、存款账（专门用于登记客户的存款）、浮账支出（专门用于登记客户活期存款所发生的支出）和放款账（专门用于记录对客户的放款）；往来总账包括专门用于反映分号票庄往来汇兑账目的“各地往来总账”和专门用于记载与本埠钱庄、商家往来账目的“本埠往来总账”两种。这两个部分既是票号账房反映、控制整个业务的重要账簿，也是票号核算、审查的重点。

③结算账簿包括月清和年总两种。它可以此代替红账，向财东和股东报告账目，也可以以此为依据抄录红账，编制出正式的会计报告。

④辅助账簿是服务性质的账簿。它服务于盈利分配和经营管理的需要，辅助账簿主要包括记录创办票号的合同、协议以及各年股利分配情况的万金账；登记各分号伙友返乡探亲的行李、路费等方面的路居账；专门记录票号伙友入号时的保单；作为违章责罚伙友依据的保荐账；专门记录票号员工违犯共同遵守的规则所遭受的经济惩罚的规账。

在票号所运用的账簿中，基础账簿和结算账簿为各业通用账簿，它们具有全面控制的作用。业务账簿则体现了票号的专业特点，也起到了分类控制的作用，尤其是账簿的设置加强了对往来账项的管理，保证了票号经营活动的正常开展。辅助账簿不仅起着补充作用，而且把对经营活动的控制与对人身的控制结合起来。

2. 记账方法

第一种是“以现金为主体的单式收付记账法”。这是对日常的会计记录，以“收、支（付）”作为记账符号，而在月结、季结、年结和会计报告编报方面则多以“入、出”作为集合账目的标志。

第二种是“三脚账”。这是对非现金交易的转账事项的记录，需同时记入来账（即收账）与去账（即付账）两方，其余现银（也称现金）出纳及货物买卖账项，则仅记其一方。“三脚账”部分地采用复式记录的方法为“龙门账”和“四脚账”的创立提供了重要启示。

第三种是部分票号在清代后期采用复式记账方式的“龙门账”或“四脚账”。

3. 结算方法

山西票号的结算主要涉及两个方面：一个是总号与分号之间汇差的结算；另一个便是月末和年终结册的结算。

（1）汇差的结算　汇差的结算是山西票号的一项繁重工作，实行一月一小结，一年一总结的制度。分号运用“月清”和“年总结”两种账册向总号报账和结算。“月清”逐月报送；“年总结”每年冬月决算时报送。“月清”是折纸抄报，故也叫“月清折”；“年总结”则是长方形的麻纸装订的账册。它按照四柱清册的办法把一年内收交的汇款、利息、汇费收支以及分号各项支出综合登入账内，最后得出与总号的存欠数。分号的存款和放款实绩则不报告总号，因为与总号盈亏没有关系。

依据分号报送的“月清”或“年总结”，总号与各分号的月清复核无误后，按收交差额分别登入总分号往来账，即完成汇差的清算。就总分号汇差来说，分号收入大于付出的差额，即收存总号银两数；分号付出大于收入的差额，即总号短欠分号银两数。不论总号欠分号，还是分号欠总号，因为票号实行总号统一核算制，总号统负盈亏责任，所以总号与分号的这种汇差均不计算利息。票号的年总结账按四柱清册的理论进行核算，即旧管、新收、开除、实在四柱核算。总结账的内容按四柱算进行，但与一般又有不同。其不同点在于它把会票收交和营业收支两项合并，求得收交净差或得付净差，在新收与开除两项中，便出现了同收的情况。票号坚持百年之久的这种汇差扎结的方法，被称作“相杀法”。

（2）年终结册的结算　山西票号每月要进行“合龙”结算，集中检查过账有无错误及遗漏。“合龙”结算所运用的“进－缴＝存－该”的基本公式反映了我国古代的会计工作者对复式簿记原理的初步认识。“合龙门”原本是古代兴建堤坝和桥梁工程所用术语。“龙门账”采用双轨计算盈亏，其重要性与兴建堤坝和桥梁工程中的“合龙门”一样无二，故用此名。

“龙门账”采用的“合龙”方式有两种：一是在账面上进行“合龙”结算，即在“总清账”中开辟专门账页，分列“进”“缴”“存”“该”合计数，然后运用“合龙”结算公式验证“龙门”是否相合。凡采用账面“合龙”者，便不再另外编制“结册”；二是在“结册”上进行“合龙”结算，即在“进缴结册”与“存该结册”之间进行这一工作。“合龙”结算平衡法的具体运用较为简单，无论在账面上“合龙”，还是在“结册”上“合龙”，都是通过“合龙”结算公式加以确定的。这个公式的两边是两条计算盈亏的轨道，其表现方式不同，目标却完全一致。凡双轨所计算盈亏数额相等，便称为“龙门相合”，如不等，则称为“龙门不合”。“龙门相合”表示本期账目的日常记录和结算正确无误，加盖“龙门相合”的戳记，以示了结，如“龙门不合”则说明本期账目的日常记录和结算存在问题，必须及时加以查核，校正错误，直至“龙门相合”为止。

二、财务内部管理制度

（一）创设记账货币单位

人们称票号为“汇通天下”，之所以如此，它的首要条件是在当时周行银两和各地平砝千差万别的情况下，它自设平砝，通过折合，起着统一平码，统一记账货币单位的作用。

清代，周行银两和各地平砝大小不一，纹银成色有高有低。一埠之地又有很多种平砝。在度量衡没有国家统一标准的情况下，为了较量各地平砝的大小，建立统一的记账货币单位，每年票号都不得不创设自己的平砝制度与各地的平砝权衡，较出每百两比自置的平砝大多少或小多少，以此作为银两收交的标准，并凭以记账，维护交易双方的利益，这种制度就是票号的本平制度。

本平制度不仅有助于汇兑，而且是票号记账中不可缺少的制度安排。只有本平，才能把用各种平砝收交的银两权衡统一起来，票号的债权与债务在账簿也有一个统一的单位。否则，度量衡单位的不统一就不能正确地反映票号的资产负债状况。

晋商的本平制度也为票号在承担汇兑存放款业务中获得“余平”提供了条件。所谓余平，就是票号在收交银两中，由于各路平砝折合的原因，多出来的银两就是票号的营业外收入。

（二）创新记账核算符号

由于明清货币是银铜平行本位，铜制钱以个计数，由于私铸原因，制钱计数常常根据地区情况大小搭配，或者实行“短陌钱”。白银货币也有银两成色、平砝的不同，因而会计账目记载常常需要记明什么标准的钱、多少钱。在货币收付和会计核算中，晋商逐渐创造出一些记账符号，以方便账目记载和审查。

（三）严格账务管理

票号对财务管理十分重视，核算按照“旧管、新收、开除、实在”四柱清册设立。各票号账簿多至十几种，主要包括万金账、流水账、总账、汇兑账、存款账、放款账、现银（钱）账、埠际往来账、浮账等。账簿登记要做到日结、月清、年总结。在总号与分号之间，由分号做出“月清”和“年总结”，按时报回总号。总号对各分号经营盈亏状况一目了然。票号向财东报告经营业绩，先由总号汇结各号年总结后，再加总号本身业务，综合编制成“清单”向财东报账。票号对账务管理的基本要求是“账账相符，账实相符，撇除死呆，不留虚浮”。票号的财务管理特别严格，所以票号对账房先生、帮账人员的选拔相当严格，即一要人品好，二要脑筋灵，三要写字好，四要出手快。

（四）创新财务制度

倍本、厚本、公座厚利是晋商在财务管理中的创新产物。其目的是扩大流动资金，提高企业经营实力。

1. 倍本

所谓倍本是指在账期分红时，按股东股份，其中包括实物资本股和顶身股所提留的一部分红利。这部分资金归个人所有，但留在企业参加周转使用，只付给利息，不分红，借以扩大经营中的流动资本。为了达到这个目的，晋商还规定东家的存款也存入本号，只支付利息，不参加分红。

2. 厚本

厚本是指在年终结账时，企业将应收账款、现存资产予以一定折扣以使企业的实际资产超过账面资产，从而增加自身积累。

3. 公座厚利

公座厚利是指在账期分红时，财东银股和职工身股未分配之前，先提取利润的一部分作为公座，以便厚利，相当于公积金。与倍本不同，倍本是在股东红利中提取，而公座是在身股和财东银股分红前提取。这一做法都是为了在经营中尽可能扩大流动资本，确保流动资本的充足，争取更多的盈利。

三、对会计学的贡献

（一）中国早期的复式记账法

晋商创造的龙门账是中国早期的复式记账法。"龙门账"的"合龙门"是科学的会计原理之一。有的会计学家甚至认为"龙门账"是我国会计的开端，其对我国会计发展的贡献主要体现在以下三方面。

第一，促使单式记账向复式记账发展。进、缴、存、该全面连续地被核算，复式记账法满足了这种要求。

第二，发展了记账原理。如晋商把账目统叫"流水账"，现金账叫"银钱流水"，进、销日记账叫"货物流水"，他们从实践中认识到资金运动和物资运动如同"流水"，这与美国人把会计核算的经济活动比作川流不息的水是一样的。治水筑堤坝，最后要合龙，在账目中"有来源必有去路"。晋商通俗浅显地把资金来源和资金去路的关系比作"合龙"，如同西方会计把轧账叫作平衡一样。我国商业系统长期实行的增减记账法将全部账户分为经营资金及其来源的账户和经营过程的账户。资金去路类和资金来源类账户就与"龙门账"中的"存"和"该"基本相同，而收入类和支出类账户就与"龙门账"中的"进"和"缴"基本一致。商业会计中的经营情况表和资金表的基本结构与"龙门账"的进缴表和存该表也基本相同。通过经营情况表中收支对比核算出来的盈利与资金表中资金去路和资金来源对比计算出来的盈利相吻合，正利用了"合龙门"的原理。

第三，初步明确了会计的基本职能。通过对进、缴、存、该四大类的记账、算账、报账等几个环节，"龙门账"对商业经营过程进行控制和观念总结，为经营管理提供信息，并以此作为管理者对今后工作决策的依据。"龙门账"基本起到了反映经营情况、监督经营行为和促进经营发展的作用。

（二）世界上最早的人力资源会计

明清时期的晋商已经意识到把所有因素转化为财务运作的可能和价值，并进行了有效的运作。顶身股就是晋商企业制度在财务核算的延伸，其基本内容如下。

商号的主要职工从大掌柜到业务骨干都可以由财东根据他们的任职时间、能力高低和贡献大小，授予一定的股份，称为身股或顶生意，并在财务年度结算时与财东的资本股一起参与利润分红。这个转化可谓晋商的绝妙创意。顶身股制度把劳动力当作资本，并让它与实物资本一起参加商号的利润分配，这实质上就是今天所倡导的人力资源会计。它比美国在 20 世纪 60 年代创立的人力资源会计早四五百年，这是晋商对财务管理的深入理解和透彻发展。票号用顶身股的办法把一部分或一半多的利润，让渡给部分职工。票号效益同一部分职工的切身利益紧密结合起来是大部分票号百年不倒的一条重要经验。把劳动力当作资本，对劳动力资本进行衡量与考核。劳动力资本和实物资本在企业利润分配中处于平等地位是晋商长盛不衰的秘密武器。票号的资本股一般为 10 000 两白银为一股，也有高于或者低于 10 000 两的。大掌柜一般为一股。因为各个商号的资本股每一股的货币数量不同，所以各商号大掌柜的一股顶身股所代表的货币数量是不相等的。

（三）经营要素的财务化理念

票号体现了经营要素的财务化理念，早期晋商走的是异地贩运贸易的商人资本的道路。商人资本有两种形式，即商品经营资本和货币经营资本。在整个经营活动中，商品流通是主要的经营过程，经营利润是通过商品交易来获得，这是早期利润的获得模式。这一阶段的晋商对财务管理的主要应用体现在账簿的记录上。

随着生意规模的扩大和经营经验的累积，晋商在商业实践中逐渐意识到既然利润是经营的核心指向，为什么不试着把经营要素向财务结构中转移，于是就出现了顶身股、当铺、钱庄。如果说顶身股制度是把人的因素化为财的结构的话，那么当铺是把物的因素化入财的结构，钱庄票号则是让财生财。

实际上，晋商把一切经营要素资金化是给予了企业经营者一种财务管理的战略眼光和经营理念。这种经营理念使晋商逐渐意识到商品资本和现金资本是两种不同的概念，而且现金资本在经营上的价值和地位明显高于商品资本。商品资本向现金资本转移标志着晋商开始了票号的经营，由此实现了整个财务中“钱生钱”的新架构。

第7章

明清晋商“创业·创新”精神的传承与推广

晋商文化、晋商精神是建设和谐社会的重要资本。政府确立天地之间人为贵，以民为本，实惠于民，为天地立志，为生民立道；企业家确立以独富贵为耻，以大富、大红、大德为荣，相济于业，互惠互利，共同发展。由此建立起我们共同的基本信念、价值取向、企业精神、思维方式、行为准则，让仁爱、正义、礼让、理智、诚信的氛围与和谐发展真正成为建设社会主义商业文明和中国特色社会主义市场经济的精神力量。

第一节　明清晋商“创业·创新”精神的现实传承

现代企业产权理论认为，产权制度是企业权、责、利高度统一的制度，产权主体归属和产权收益归属是产权制度的基础。产权制度保障人们对经济资源或财产权利的正常行使和运用，在经济生活中有重要的意义。而晋商的产权制度对其繁荣昌盛有着不可磨灭的贡献。

晋商企业的资产组成方式由自本自营的独资制—合伙制—股份制的发展历程中，企业投资者的权利与义务也随之发生了根本改变。独资制中的投资者自本自营，自己承担全部风险并对外承担无限责任；合伙制中的合伙人共同承担经营风险，同时负有无限连带责任；股份制中的投资者（东家）成为股东，掌柜及部分伙计由于付出的劳动也获取了一定的股权，因而也属于股东。“资者出资，力者出力”，此时的晋商企业实现了所有权与经营权的分离，股东的权利与义务发生了重大的改变。

一、股份制在现代企业的应用

（一）投资者的权利与义务

晋商股份制企业实行经理（掌柜）负责制，投资者（东家）拥有对商号、票号的所有权、收益权、处分权和剩余索取权；投资者的义务主要是提供企业所需资金和其他资本，同时对企业承担无限连带责任，投资者的权利与义务一般在商号的合约中进行了规定。由于在聘用前已经对经理（掌柜）进行了严格的选择与考核，晋商"疑人不用，用人不疑"的用人原则使得投资者将商号交给掌柜全权负责。投资者平时一般不过问经营情况，只在年终听取全年的决算报告。

1. 投资者应尽的主要义务

①按照契约提供应提供资金、土地等资本。

②为企业的发展献计献策。

③为企业发展创造良好的外部氛围。

④承担无限连带责任。这也是晋商的股份制企业与现代股份制企业的最大不同之外，现代股份制企业股东仅承担以股权为限的有限责任。

2. 投资者享有的主要权利

①按照银股分红，享有剩余索取权。

②任免、考核经理（掌柜）的权利。

③监督企业运行状况，各庄稽核。

④重大事宜的定夺，扩充业务，赏罚同仁，处置红利等全由财东裁定与执行。

⑤合约规定的范围内撤离银股的权利。

（二）经理的权利与义务

投资者（东家）希望聘用"有所作为，能守能攻，多谋善变，德才兼备"者。与总经理签约后，一切经营事宜、分号的设立与管理、伙计的聘用与辞退等权利都归经理（掌柜）所有。投资者将资本、人事全部交给掌柜负责，对一切经营活动都不干预。企业的日常盈亏等由掌柜负责。

1. 掌柜应尽的主要义务

①恪守本分，敬岗爱业，认真经营。

②了解市场情况和相关内容。

③保证企业的发展和盈利。

④向东家报账，提醒新业务，推荐新经理人选。

⑤为东家出谋划策，经理为建议首席，听其咨询。

2. 掌柜享有的主要权利

①管理商号的日常经营。

②任免、考核企业的内部人员。

③对后继经理的选用，原经理有识鉴义务和举荐的权力。

④获取企业合约约定的工资。

⑤按照"顶身股"的股权获取红利。

⑥按照合约内容提请辞职。

股份制产权制度推动了晋商企业资本规模的扩大，迅速实现了资本积累，而且这种产权制度的建立有其适应的社会经济背景。当这些背景发生变化时，产权制必须进行相应的调整，以适应外界环境的变化。晋商实行的股份制只有在与之相配套的机制和社会环境中才能发挥积极作用。当环境发生变化时，它必须不断地进行完善、发展和创新，才有强大的生命力，否则，原来有效率的制度也将会随环境的变化而可能成为无效率的制度。当它变为无效率的制度时，终将会被另一种有效率的制度安排所取代。晋商因激励而出现的产权残缺和因独裁而错过的发展机遇都充分说明产权变革及与之相适应的制度结合的重要性。

在晋商企业的治理结构中，决策、执行和监督大权都集总经理于一身，东家将经营大权完全交给经理，而监督之责仅靠年终考核和"恩义"来执行，以地缘来维系总经理对东家的忠诚，这就产生了两个大问题：其一，无法通过有效的分工来提高决策的效率，阻断了无限责任向有限责任的过渡；其二，无法实现对总经理的有效监督，以致造成了总经理过度专权，东家无法控制的被动局面。股东放弃了决策权使自己不了解行业的发展大势，无法准确决策，只能听从总经理的安排，这就造成了总经理的个人专断决策，财东及其后代——未来的财东在家里吃喝玩乐，甚至抽大烟、赌博。一旦这些人的用度不足，自然会违背规定去商号取款。

晋商股份制最大的问题在于总经理集权。这个问题的解决办法就是在维护经理班子的同时，对其可能的道德风险和能力不足加以弥补，即用监事会议制度来弥补经理人的道德风险，用股东会议制度、股东代表会议制度来弥补经理人的能力不足。股东会议制度、股东代表会议制度以及监事会议制度方面建设的不足使晋商总经理大权独揽，利用职权犯错误的风险大大增加，这是由于监事会的监督作用发挥得不充分，总经理滥用职权的行为得不到有效监管而造成的；而股东的决策作用发挥得不足，总经理滥用职权的危害往往等若干年后才能充分暴露出来。在山西票号晚期，总经理滥用职权的现象时有发生。如协同庆总经理刘庆和在公司单独设一个员工账户将员工暂时不用的钱储存其中，借以生息的这种利用公司的资源为自己牟利的行为侵犯了股东的权益。协同庆的另一位总经理张志达曾一次性将公司创业几十年积累的40万两白银准备金全部花光，从而直接导致后来协同庆的倒闭。

建立监事会议制度、股东会议制度和股东代表会议制度实际就是建立健全法人治理结构。法人治理结构是股份公司通过决策、执行、监督三者之间的分工和有效制衡来保护投资者利益。其分工的目的是提高效率，有效制衡，降低风险。如果现代企业，尤其是家族企业的法人治理结构不完善，也必然会出现明清晋商的这种问题。

尽管晋商的股份制还存在种种缺陷，但明清时期的中国能够做到晋商如此发达的程度，实属难得。股份制对晋商物质资本和人力资本的结合，企业做大做强，提高企业市场风险应对能力功不可没，因而晋商股份制的产权结构仍值得世人学习和借鉴。

二、激励机制在现代企业中的应用

（一）委托代理与激励约束机制的关系

激励约束产生问题的原因是在委托关系中委托人和代理人之间的信息不对称而导致的代理人的机会主义行为。激励约束机制的实质就是如何减少代理人的机会主义行为。经济学和管理学对激励约束机制有着不同的解释。

在经济学领域，随着新制度经济学派交易费用理论逐渐占据主流地位以及博弈论方法在经济领域的应用，激励理论得到充分发展。激励理论认为经济人是自私自利的机会主义者，因此，必须设计一个激励机制使委托人行使代理人权利的效用得到满足的情况下实现自身效用的最大化。这种激励机制包括事前合约激励和事后再谈判激励等。

在管理学领域，激励问题自古已有。我国许多古代的政治家和军事家就对其进行了研究。正式的研究理论则是由泰勒开创的管理科学，它发展至今已有百余年的历史。行为管理学派更是将激励问题作为了研究的突破口。管理学中的激励理论与经济学中的激励理论的最大区别在于管理学中的激励理论认为代理人不仅是“经济人”“社会人”，更是“复杂人”，人的需要是多样的、复杂的。如马斯洛的需求层次理论将人的需求分为生理需求、安全需求、社交需求、尊重需求和自我实现需求。不论经济学，还是管理学，都认为激励具有约束作用。激励约束机制可以从满足代理方需求的基础上实现双方效用均衡。这种双方效用的均衡对解决委托关系中出现的问题大有裨益。

（二）晋商企业对代理方的激励与约束

在晋商企业处理委托关系时，激励约束机制体现在报酬、控制权、连带责任和经理人市场四个方面。对代理方的激励与约束保证了晋商企业的稳定和发展。

1. 报酬制度

晋商企业通过报酬制度将掌柜发生机会主义行为的成本内化为经理或雇员的内部成本问题，从而把这个最棘手的委托人外部监督问题转化为代理人的对成本收益的自我选择。薪金保证了掌柜的基本生活，顶身股使掌柜不出资而拥有资本。如果商号经营得好，掌柜还能从中分红而成为"统事"。在活着的时候，掌柜可以得利息，如果身故，则可以留给家人。这种制度安排类似于现代的高薪养廉。

2. 控制权制度

晋商企业的东家将企业事务全权委托给掌柜，掌柜则事事以商号的利益为重。晋商企业实行终身制，如果没有特殊情况发生，这种委托代理关系将以掌柜的故去作为终点。这种建立在信义基础上的委托代理关系注定了这种委托代理关系是长期的，也避免了经理人的行为短期化。

3. 连带责任

晋商企业选择雇员一律从本乡本省挑选，并且还需保荐人。一旦出事，保荐人负连带责任。如果本乡本省之人出问题，还有家眷在本地，企业可向其家眷追讨。据陈其田在《山西票庄考略》中记载："如有卷款潜逃，家眷在要地，似可做相当保障……由是观之，山西票庄……清一色地雇佣山西人，不但为本省人谋生计，而且是为了就近监督其家眷，作为保障"。又有"欲为练习生，先托人向票号说项，票号先向保荐人询问练习生的三代做何事业，再询其本人履历……练习生有保荐人而无押金，将来如有舞弊情事，由当日保荐人赔偿损失"。正是这样的连带责任约束使员工一般不会选择短期行为。

4. 经理人市场

由于晋商大多从东家所处地域附近聘任掌柜和伙计，加之晋商企业的相互密切关系，形成了一个晋商圈子内的经理人市场。经理人市场的存在使经理人之间形成竞争，同时使委托人也有更多的选择权。在竞争中，信誉好的掌柜受到大家的青睐，而信誉不好的掌柜就会在经理人市场无人问津，继而退出经理人市场，这就是经理人市场对代理方的激励与约束。

（三）晋商激励机制对银行的作用

激励约束机制的建设是我国商业银行改革中的一个重要方面，对商业银行竞争力和经营效率的提高有着重要的作用。长期以来，我国商业银行对激励约束机制建设进行了有益的探索，并取得了显著的成效。但随着我国金融改革的深入，由于外资银行的大量进入和市场竞争的加剧，我国商业银行的激励约束机制的弊端和差距逐步显现。为吸引人才，留住人才，更大限度地发挥职工的主动性和创造性，健全和完善激励约束机制已势在必行。

健全和完善激励约束机制是我国商业银行充分发挥人力资本价值的需要。人是生产力中最活跃的因素，现代企业的竞争归根到底是人才的竞争。为吸引和留住人才，更大限度地发挥其活力，我国商业银行必须尽快健全和完善内部激励约束机制，以充分发挥经营管理人员的主动性和创造性，为科学发展提供内在、强大、持久的动力。晋商的激励约束机制对于现代商业银行的改革有着非常重要的启示作用，主要包括以下几个方面。

1. 有利于不同利益群体之间的和谐

晋商的人和精神讲究和谐、互助。如能将这种机制合理运用于银行的劳资关系、同业关系，协调内部矛盾、同业纠纷，使各利益群体都能在发展中受益，各利益差别也在可容忍的范围内。

2. 有利于提升银行员工的素质

晋商大多从小业做起，经过长期奋斗，遂成大业。如能重温创业进取的精神必将激励人们从小处着手，积极就业，勤俭敬业，钻研进取。这样有利于激励银行员工转变思想，提高人力资源的利用效率。面对日益激烈的市场竞争，银行员工会不断提升自身的业务水平和工作能力。

3. 有利于建立诚信制度，规范银行交易行为，建设竞争、有序的市场环境

目前，银行业普遍存在行业垄断、竞争不力、诚信缺失、交易失范的现象，市场需要诚信交易，银行需要开放、统一、竞争有序的市场环境。如银行能深入理解晋商的诚信经营、人和精神，并对这些加以有效的借鉴与践行。这种既追求自身发展的利益，又尊重其他人的利益的制度必定有利于银行的诚信制度的建立，银行交易行为的规范以及竞争、有序的市场环境的创建。

三、晋商企业治理结构的借鉴意义

梁启超曾说："鄙人在海外十余年，对于外人批评吾国商业能力常无辞以对，独至此，有历史有基础能继续发达之山西票业，鄙人常自夸于世界人之前。"20世纪初，驻华的日本领事在市场调查中把晋商比作日本的近江商人。日本人岩崎继生在《大同风土纪》一书中说，"晋商有着近江商人那样的对于商道的机敏和毅力……"晋商的成功取决于多种因素，但治理结构的超前与完善使他们能在当时的社会市场竞争中独领风骚。从现代企业管理的观点来看，晋商企业具备了现代企业制度的基本特征，因而其成功经验与失败教训对于现代企业制度的完善具有很强的借鉴作用。

（一）晋商企业委托代理关系依存的纽带——信任和忠诚

晋商企业与委托代理双方的纽带是建立在儒家文化价值体系下的东家对掌柜和伙计的信任以及掌柜和伙计对东家的忠诚。信任和忠诚使晋商企业的内部委托代理关系得以平衡和发展。

东家对掌柜和伙计的信任不仅基于社会道德规范及个人特征的信心，还有来自家族的信任。其原因在于双方的长期合作导致企业的部分员工家族化，在伦理、情感和回报等方面施以家族成员相同或相似的行为准则。这是一种典型的儒家文化价值体系下的组织行为。

东家对掌柜的信任可以从管理学负向激励的角度来加以理解，即惩罚。票号背后的声誉机制基本符合完全信息下的重复博弈模型。票号生存的环境是一个比较闭塞的农业社会。在选人、用人时，晋商基本依据地域因素挑选本县及邻近地区的住户，从而形成了一个相对比较封闭的圈子。信息在这个圈子里的流动十分迅速，一旦某个掌柜或伙计由失信于东家而被逐出票号，他的失信行为将引起其他票号的反感，该掌柜或伙计被重新录用的概率非常小，也就是说，一个人损公肥私或不尽职尽责所需承担的成本就是在本行业中失去立业之本。

与这种信任相对应的是基于儒家文化价值体系下的掌柜和伙计对东家的忠诚和信任。忠诚则是在价值认同基础上的服从和效忠。从某种意义上讲，信任和忠诚是双方长期博弈的均衡结果。在交易过程中，双方可以选择不同的合作水平。在东家与掌柜的委托代理关系中，掌柜可以选择自己的努力程度，一般而言，东家的信任度越高，掌柜则越努力工作，反之亦然。实际上，博弈问题的关键就是寻找一种东家和掌柜目标趋同的结果，这与现代企业公司治理结构中委托代理关系所要达到的目的有异曲同工之处。

（二）总经理负责制——有效选择高层管理者

晋商企业的兴盛与晋商企业掌柜的经营管理决策是无法分开的。晋商企业对总经理的选择、任用和激励都有它的独特之处，因而保证了经理的尽心尽力和企业的持续发展。

1. 选择什么样的管理者

按照什么样的标准选择，如何选择，如何考察其德行，晋商树立了一个良好的榜样。在现代企业中，更加重视管理者的“才”，而忽略其“德”。企业业绩增长的背后往往存在很多风险。企业文化是企业常青的重要因素，管理者的风格会直接影响企业文化，晋商对其选拔管理者的要求是德才兼备。

2. 如何用人

晋商全权委托掌柜经营，容易形成“一言堂”，利弊互现。有的晋商担心经理不尽职而不放权，有的晋商担心经理滥用权利而不放权，结果使企业遭受重大损失。

3. 如何留人

晋商发明了顶身股、故股等一系列经济激励措施和褒奖、关怀、放权等精神激励措施留住掌柜。而目前我国的经理人市场还不开放，还没有成熟的资本市场，年薪制度不完善，如何留住并激励经理人为社会创造财富，同时兼顾整个社会的公正与法律就变得困难重重。

在满足经理人物质利益的同时，也要看到经理人在社会地位上的上升可以激励经理人的进取心。声誉的激励让经理人有一种自豪感和成就感，社会地位的提高和良好的声誉是经理人追求自身价值实现的重要标志。因此，在现代社会中，在对企业经理人进行物质激励的同时，还要注重对其进行地位和声誉等精神方面的激励。对经理人而言，声誉和地位的激励就是经理人的社会地位和职业为人们所仰慕和尊重，进而激发经理人为实现企业组织目标而积极努力地从事经营管理工作。

（三）两权分离是公司治理的基础

晋商企业的治理结构最重要的特点是所有权与经营权的分离。两权分离让晋商企业的经理（大掌柜）拥有更大的权力，这样可以充分发挥经理的经营才能，有力地调动经营管理者智慧的发挥。

晋商企业的两权分离是中国企业治理制度的重要历程，尽管其分离的程度与所处历史阶段有关，没有实现彻底意义上的分离，但是其勇气和创新精神、与时俱进的精神值得学习。

四、晋商两权分离的现实启示

（一）打开国有企业发展的“瓶颈”

“产权清晰、权责明确、政企分开、管理科学”是公司治理的目标和原则。由于历史原因，国有企业的所有权与经营权分离得并不彻底。许多国有企业的经营经过“股份制”改革成为国有控股的资本多元化的公司制企业，从形式上完成了国有资产所有权与经营权的“两权分离”。但从一些企业改制后的实际运作来看，这些“公司制企业”的经营机制并没有得到多大的改善，工作效率和经济效益也没有得到显著的提高，企业并没有因为改制而走出困境。虽然造成这种状况有深厚的历史原因和社会原因，但其最根本的原因是这些企业仍处于“国有国营”的运行状况，即所有权与经营权并没有真正分离，企业无法作为真正意义上的股份制企业组织生产经营活动，参与市场竞争，因此，如何真正实现两权分离是我国国有企业面临的一大难题。

从产权上讲，国有企业是国家（包括各级政府）所有，这在法律上应该是明确的。其主要问题表现在：①没有一套比较完善的制度来体现这种所有权；②所有权的分割、流动在法律、政策上和实践中都有较大的障碍。

晋商企业的两权分离制度给予国有企业打开发展“瓶颈”以启示。通过彻底的两权分离可以奠定国有企业改革和发展的基础，政府应该转变角色，如晋商的财东一样放权给企业经理经营，同时明确各自的权利和责任，以避免产权不明带来的一系列公司治理难题。

（二）解决民营企业接班人问题

中国民营企业交接班问题已经成为社会关注的焦点。由于没有实践经验，有些老一代创业者的接班人往往会将其所在的企业置于危险的境地。晋商对于接班人问题采用两权分离的方法，尽管这种方法不彻底、不完善，但不失为一种有效的解决途径。

第二节　明清晋商“创业·创新”精神的社会推广

经历了数百年的辉煌后，晋商在 20 世纪初开始走下坡路，票号业在 20 世纪20年代基本倒闭，钱庄、当铺、银号在艰难中经营。受票号资本垮台的拖累，加上一次又一次的战乱洗劫，其商品经营资本亦不再显赫。一部分晋商经过艰难转型得以延续发展，大部分晋商在转型中失机、失策、失误，转型失败，还有一部分晋商卷资返里，置房买地，转向农业。但是晋商精神的广阔性和延绵性非常自然地影响着中国商人。从14世纪后期一直延续到20世纪50年代初，晋商经历了将近20代人的前赴后继，其商业运营观念自然影响深远。

在晋商时空优势之外，晋商的企业制度更是在中国商业革命中一路领先，例如，股份合作制度、两权分离制度、职业经理人制度、人力资本制度、资本金管理制度、票据流通制度、转账结算制度、银行密押制度、财务稽核制度等，还有大量的技术创新、工具创新、业务创新、制度创新。19世纪60年代，胡雪岩曾经学习晋商改阜康钱庄为票号，新开胡通裕票号；浙江慈溪亦官亦商的严信厚开设源丰润票号；云南商号同庆丰改天顺祥票号；湖南祥和贞；南昌新丰厚；上海隆乾长；新疆蔚成亨等。由此可见，晋商对其产生的巨大影响。1949年，北京城内还有不少行业由晋商垄断，如米面、颜料被山西祁县人垄断；纸张被山西临汾襄汾人垄断；布匹被山西翼城人垄断；干果被山西文水人垄断；晋商的老字号等仍然红火，直到20世纪50年代才转为国有企业，如都一处、六必居、同仁堂、通三益、三义顺。

虽然重商立业的人生观在山西有所变化，但是并没有完全消失，在当代山西人身上仍然有很多晋商的遗风：当代绝大多数山西人勤劳节俭、精打细算、善于积蓄，这是对晋商善于理财管理的传承；当代山西绝大多数人忠厚老实、办事沉稳，令人信赖，这也是对晋商精神的传承。自改革开放以来，成长起来的大批晋商都是晋商精神的传承人和弘扬者，晋商精神还需要进一步弘扬。

弘扬晋商精神就要努力使艰苦创业、诚实守信、开拓创新的晋商精神注入主流社会。弘扬晋商精神还要敢于进市场，下商场，闯洋场，与省内外、国内外商人交朋友，谈生意，做买卖。当然风险是存在的，一般利益越大，风险越大；利益越小，风险越小。

创新是灵魂，建设创新型企业和创新型山西是时代赋予晋商的光荣历史使命，也是晋商实现超越的振兴之路。当代山西商人应该以当仁不让的气魄，以改革创新的姿态，解放思想，开拓进取，勇于突破，大胆求变，走出一条创新型的振兴之路，为山西获得又好又快的发展贡献力量。

一、国家层面的社会推广

我国企业伦理建设离不开完善的国家政策的支持，国家应当建立和完善的法律法规体系，并给予科学合理的政策引导。企业伦理道德建设如同其他项目建设一样离不开法律法规的制约。凭借国家强制力来保证实施的以对当事人的权力和义务的规定为内容的具有普遍约束力的规范。法律法规以一种强制性的手段规定企业及其员工的社会活动、经济活动的范围和方式，一旦企业及其员工的行为超越了法律法规所规定的界限就要接受惩罚。完善的法律法规体系对民营企业伦理道德建设具有很大的促进作用。当企业生产和销售假冒伪劣产品，欺诈和坑害消费者时，国家对其进行严格的惩处，企业就不敢做出违法的行为，而违背伦理道德行为也会大大减少。如果企业长时间在法律的约束下进行合法规范的行为，就会慢慢习惯具有伦理道德性质行为。如果国家的法律法规体系不完善，执法不严，就会容易导致一些企业利欲熏心，钻法律的空子，做出违反企业伦理道德的行为。因此，完善法律法规体系，创造有法必依、执法必严、违法必究的法制环境，提高企业的法律意识能够使企业及其员工的行为更加主动地符合企业伦理道德规范的要求。通过法律的手段来有效地提高企业的伦理意识，使企业伦理建设更加顺畅。

二、企业层面的社会推广

（一）提升伦理道德素质

1. 提升企业家的伦理道德素质

企业家要不断地学习，认真了解与掌握与企业伦理有关的知识，紧跟时代步伐，提高自己的道德品质，在注重理论学习的同时，也不能忽视实践活动。企业家要将企业伦理与企业商业活动结合起来，时常用企业伦理道德检验自己，并不断地反省与思考企业行为是否符合伦理原则。当发现存在违背伦理道德的行为时，企业家就应及时纠正，从而在企业中突出自己作为领导者的伦理道德行为的示范作用。

2. 提升企业员工的伦理道德素质

企业的伦理道德建设与企业全体员工紧密相关。企业员工素质的高低、道德水平的高低直接影响着企业员工对企业伦理建设工作的认同程度和执行力。企业可以将企业伦理道德建设放进企业员工的教育与培训体系。通过集体培训、课程训导等方式，坚持不懈地对企业的员工进行规范、系统的企业伦理道德教育，从而强化企业员工的集体观念。企业里的每个员工都清楚地认识到企业的利益与社会责任的关系，努力形成企业所特有的企业伦理道德建设，维护企业伦理道德建设的企业文化。只有加强企业员工的伦理道德学习，约束企业员工在工作过程中的行为，才能形成企业伦理道德观念，促进企业伦理道德建设的科学可持续发展。

（二）发扬晋商精神

1. 树立正确的企业伦理价值观

社会意识对社会存在具有能动的反作用。价值观是一种社会意识，那么企业的价值观指的是一个企业在价值追求上所持有的理想、观念和信仰。一个企业所特有的精神文明的实质也是一个企业领导与员工群体凝聚力与向心力的体现。它直接影响着企业伦理建设的走向，决定着企业生存和发展的命运，所以建设企业伦理体系的第一步就是要以我国社会主义核心价值体系为基准，树立正确的企业伦理价值观。

企业应当努力树立与当今社会经济发展规律相适应，与企业自身发展宗旨相符合的正确的价值观。这一价值观应当是经过社会以及企业共同认同的对道德观念的认识和看法。只有正确反映社会需要和社会现实的企业价值观，才能真正为社会和企业的发展带来价值。

企业应当建立这样一种价值观，即始终坚持以人为本，设立公平公正的管理制度，树立诚信意识，时刻关注客户的需要，勇于承担企业社会责任，承担社会与环境的和谐发展责任，尽一切努力处理好企业与员工、企业与客户、企业与企业、企业与政府、企业与环境各方面的关系，促进企业的持续发展。

2. 建立完备的企业规章制度

企业规章制度是企业为了达到企业发展目标，进一步深化企业的管理职能，帮助企业做到既能切实维护企业自身利益，又能保障企业员工的合法权益，并且能够使企业员工充分发挥他们的积极性和创造性，依据相关的法律法规制定的对企业全体员工的行为和职业道德进行规范的规章制度。

企业伦理与企业经营的日益紧密结合常常使企业伦理问题不可避免地反映在企业的日常管理中。一个企业的规章制度是否完备健全，是否被严格、有效地落实和执行在一定程度上会影响该企业的有序、高效的运行，也是判断该企业是否是一个有着伦理道德规范企业的标准。一套合法合理且成熟完备的企业规章制度能够使企业在运营过程中规范化，从而该企业以及企业成员的价值观念、行为方式和其倡导的伦理道德也逐渐被规范化、制度化。企业的法律法规对企业员工具有较强的约束力，企业中的任何人违背了企业规章制度必然都要受到相应的处分。

优秀的企业伦理必然有着强有力的企业规章制度作支撑。严谨完备的企业规章制度无论对企业管理者，还是对企业被管理者的伦理道德规范，都是一个有力的保证。因此，企业必须严格执行人事制度、管理制度和激励制度，杜绝管理的随意性，全面维护企业员工的合法权益，满足员工公平感的需要，从而促使员工积极地为企业发展做贡献；必须严格落实企业生产管理制度、经营管理制度，保障企业自身规范化、有序化运行，降低企业的经营运作成本，提高企业综合竞争实力；必须履行企业的责任制度，通过权利与义务责任的合理设置，帮助员工能够预测自己工作的前景，激励员工为企业的发展目标和使命而努力奋斗；还要将企业伦理道德纳入企业规章制度，从而使企业的伦理道德建设规范化、制度化、细节化，并形成企业群体的共识。

3. 提升企业的战略发展目标

每个企业都有自己的经营活动和经营任务，也是它们作为社会成员存在的方式。它们为社会提供所需的商品和服务，同时也追求自身利益的最大化。每个企业都是为了自己的战略发展目标而努力。晋商正是因为有着"汇通天下"的目标为支撑，着眼长远，世代不畏艰苦，勇于冒险，最终不仅实现了汇通天下的理想，也为社会的发展做出了巨大贡献。

在制定自身的战略发展目标时，企业学习晋商精神充分认识到企业利益相关者与企业，企业自身与社会之间的密不可分的联系，同时还应充分认识到企业面对其利益相关者和社会时所应承担的责任，并将它们作为战略理念的重要组成部分，从而实现企业的经济目标与社会责任目标的完美结合。一个高层次的企业战略发展目标能够帮助企业将伦理建设与商业发展紧密结合在一起，并做出符合伦理原则的企业决策。

4. 注重企业的人性化管理

企业只有具备一定的综合竞争力，才有能力考虑所应当承担的社会责任问题。企业员工是企业业绩的创造者，也是企业提升竞争力的关键。人性化的管理是建立企业与员工和谐关系的有效措施。在企业中，人们工作的目的只有两个：第一，提高个人的生活质量；第二，实现人生的价值。如何让企业员工更高效地为企业服务，创造价值，做出贡献，如何提高员工的忠诚度和执行力，如何有效地避免人才的流失，这是困扰每个企业或者企业领导者的大难题。

所谓人性化管理是企业要在合法、合情、合理的范围内尊重每个员工应享有的权利，应体现的价值和应满足的个人愿望的管理观念，做到以企业员工为根本，最大限度地接受员工成为企业的一分子，要像对待自己的家人一样对待自己企业的员工。确保每一个人都能够公平、合理地享受到企业的发展成果，而不能把企业员工看成理应被管制的对象，将企业员工视为为企业创造剩余价值的机器和工具。企业还要加强对企业员工的感情投入，关注员工在精神方面的需求。情感在任何地方、任何群体中都是有效形成凝聚力的基础。情感的紧密联系能够促进双方在价值观念与目标追求上达成共识，使企业对员工充满吸引力，让员工愉快、积极地投入工作。因此，企业一定要掌握“情感”这一无形资源。

企业还要始终坚定地站在维护企业员工利益的角度为企业员工提供平等安全的上岗机会，同时充分关注员工的满意度，激发员工的工作主动性，使员工在企业中能充分发挥自己的才能，并帮助企业员工不断得到成长与发展，把企业建设成为一个能够培养人、发展人的大学校。

5. 完善企业伦理监督机制

（1）完善企业伦理监督　伦理道德建设最终要靠行为主体的自律来实现。内因是事物发展的根本原因，真正的道德行为是行为主体在没有外部监督和强迫情况之下完成的。我国的企业伦理建设归根到底还是主要靠企业自己来完成。

①提升企业主体道德素养。企业要时刻加强自我监督，严于律己。每个企业主体都应当自觉自主地将社会对其的道德要求作为企业自身内在的道德义务来履行。每个企业都应当用健全的道德原则来指导其社会行为，从而在达到实现自身利益目标的同时，又不逾越社会伦理道德的境界。

企业员工道德素质的提高、道德意志的磨炼、道德认识的积累在企业自我监督的过程中必不可少。企业需要通过对自我不断的对比、提示、反省来提高道德境界，只有这样，企业主体才能真正成为一个有高度道德觉悟的企业，才能做到自我监督，严以律己，并确确实实地将自我监督落实到底。

②完善内部监督体制。企业进行内部自我监督一定要建立一套完整规范的企业内部监督管理体系。从生产、销售到服务，从企业员工到企业领导人都要严格监督，明确责任，严格分工，从源头上做好企业的自我监督工作。此外，企业还要加强自我监督的执行力，严格执行企业内部监督管理制度，经常对自我监督结果进行审核，及时发现漏洞，解决问题，确保自我监督取得实效。

（2）完善企业伦理外部监督　外部监督是一种必不可少的监督手段，其目的在于检验企业是否履行道德义务。如果没有外部监督的压力，或者外部监督过于宽松，没有约束力，则会妨碍企业道德行为规范的实行。适当严格的外部监督则能够有效地监督企业的商业行为，迫使企业改邪归正，从而加速企业伦理的建设和道德风气的改善，最终防患于未然。外部监督主要包括三种方式：社会舆论监督、组织团体监督和政府职能部门监督。

①完善社会舆论监督。随着通信技术的不断进步，各种媒体，社会舆论监督的手段与方式也越来越丰富，特别是新媒体的高度发达，企业在经济环境和社会生活中的透明度越来越高。我国应加强社会舆论监督，充分发挥社会舆论在揭发企业失德违规行为和宣扬企业伦理道德上的巨大传播效力。利用网络、广播、电视、刊物和报纸等各种大众媒体做导向，并相应开设"曝光台"和"褒奖台"。对遵纪守法、注重企业伦理道德建设的企业给予褒奖，并树立先进典型，以榜样的作用倡导企业树立新风尚；对无视伦理道德建设，生产销售假冒伪劣产品，违反市场规范的企业给予坚决曝光，组织社会舆论批评，让其丑恶行径在市场经济活动中再无立足之地。同时，社会舆论还应以高尚的精神和正确的舆论引导企业行为，帮助企业推进伦理建设。组织企业开展伦理建设的宣传活动，让企业伦理观念深入人心，促使企业彻底抛弃唯利是图、背信弃义的错误思想观念，帮助企业树立立足长远发展的企业经营观念。

②加强组织团体监督。随着我国市场经济的不断发展，各类官方成立，或者群众自发组成，或者行业内形成的各种利益保护组织如雨后春笋般地出现，比如，消费者协会组织、劳动仲裁组织、车友会等。这些组织或者组成这些团体的人民群众与其相对应的企业都有着直接或者间接的利益关系。通过企业的商业行为，企业的道德伦理最终体现在它的终端产品和服务上，那么使用这些产品和服务的终端客户是最有权力评价该企业的人群，所以由这些终端客户组成的团体对企业伦理道德行为进行监督对于企业伦理道德建设具有至关重要的促进作用。

③加强政府职能部门的检查、监督作用。随着我国社会经济的不断进步，我国政府各职能部门的设置也逐渐完善。职能部门是指经过立法允许，国家赋予其权力用来约束和管理下属单位的政府部门。政府的职能部门是维护市场经济秩序，规范企业依法经营的最有力保障。利用行政奖惩手段，加强企业伦理道德建设中的政府职能部门的监督作用，特别是质量检查、工商、卫生、文化监察等部门的监督作用，使企业的失德违规行为无处藏身，并强制性地促进企业日常行为的改善和企业的伦理建设。

6. 建立企业伦理评估机制

目前，企业伦理建设评估体系还是一个相对陌生的概念。虽然在我国商业活动的发展历程中，没有专门独立的机构对其伦理建设进行评估，但是商会和商帮在某种意义上起到了类似的作用，填补了当时企业伦理建设评估机构的空白。在清代后期，商品经济进步的一大标志是商会和商帮的出现。这种组织的构成主要以地域为划分标准，组织成员多为该地区从事商业活动的商人。这种组织没有固定的经营目标和宗旨，以方便组织内部成员的商业往来和约束组织成员的商业行为。

建设我国企业伦理评估体系要在政府部门的带领下充分利用社会资源，建立企业伦理建设评估机构，通过科学的评估标准和评估程序，对企业在经济活动中的商业行为进行评估考量，并以政策支持和融资信贷等优势回馈作为相对应的奖惩措施。通过建设我国企业伦理评估体系，以此来更好地约束和指导企业在经济活动中的商业行为，从而达到我国企业伦理建设的目的。

（1）实现评估主体多元化　评估主体的多元化有利于评估体系建设的科学性、平等性和民主性。我国政府对市场经济的发展有管理和调节职能，但企业的评估结果与其利益有直接的关系，所以政府在评估体系的建设中要起到指导和服务的作用，不能直接干预评估的结果。评估的主体主要应该包括政府职能部门、消费者协会、企业同盟和其他民间组织等。

（2）科学界定评估内容和标准　对企业伦理建设评估的具体内容一定要科学合理，全面准确。对企业进行考量的主要内容包括合法经营、诚实守信、公平竞争等，也要包括公益事业、环境保护等，特别是在诚实守信上，企业要借鉴现代银行的诚信管理机制，建设适用于企业的诚信考核标准。在公益事业、环境保护等难以管控和测量的内容上应不以多少为目的，而以出发点的优劣为标准。

（3）建立健全完备的评估程序　实现了多元化的评估主体、科学的评估标准后，完备的评估程序也不可或缺。完备的评估程序应该包括科学的评估周期和合理的评估流程。科学的评估周期应该以一个企业周期性的资本流动为依据，暂时设定为一年，而合理的评估流程应该包括立项、多方位测评考量、汇总评估结果、反馈评估信息等。

（4）理性使用评估结果　企业伦理建设评估结果的使用是一个极为复杂的问题。如果奖惩力度过小，那么评估体系的建设等于一纸空文，没有人会特别关注；如果奖惩力度过大，又会带来营私舞弊、结党营私等更为复杂的社会问题，所以对企业评估结果的使用一定在合理合法的范围内，理性地处理评估结果。对企业伦理建设评估较高的企业，可以予以政策支持，或者融资信贷来解决企业面临的问题，更好地促进企业的发展壮大；反之，可以采取孤立、查封等手段，使该企业在经济活动中无立足之地。

（5）加强评估法制化建设　任何评估措施或者制度的执行没有法律的保障都难以存活，即便短期内存活下来，也没有长期的立足空间。这就要求我国继续加强市场经济的法制化建设，使我国企业伦理建设的评估体系得到法律的保护，做到有法可依、有法必依，才能在真正意义上指导我国企业伦理建设。

三、学习晋商担当精神

无论在经济活动中，还是在社会活动中，每个企业都不是孤立存在的，企业与社会紧密相连，不可分割。无论什么样的企业都不可能独立于社会之外，因此，企业对社会的发展有着不可推卸的责任和义务。一个只顾盲目追求利益而无视这一过程中资源浪费和环境污染的企业是绝不可能在经济活动中取得长远发展。企业在享受了从社会得到成果的同时，必须承担应当承担的社会责任，这样才能使整个社会和谐运转。

1. 承担对环境的责任

环境是人类活动的舞台。企业不合理的生产经营活动使我国的资源环境问题日益突出，社会公害泛滥，水、空气污染严重，人民的生活安全也受到威胁。因此，企业有不可推卸的责任和义务进行环境的治理与保护。企业要树立节约型企业的目标，加大科技投入，积极开展生产技术创新和管理体制创新。企业应实行企业内部绿色管理方式和“5S”管理方法，改进和改良办公用品的重复使用率和再循环率，以减少办公能源消耗，这样既降低企业成本，又进行环境保护。企业生产经营活动所需资料可以购买环保绿色原材料，此外在沉没成本较低的情况下，通过技术改良、设备更新也能够节省能源和资源，从而减少生产过程中的环境污染。如果企业生产经营活动已经造成了环境污染，企业应当积极进行问题查找并改进，勇于承担治理整改责任。

2. 承担对消费者的责任

消费者是企业的利益相关者。企业的商业活动必须对消费者履行应有的社会责任，切实树立以消费者为先的理念。只有这样，才能带来企业利润的提高，企业健康持续的发展才得以维持。

企业对消费者负责就必须要保证过硬的产品质量和优秀的服务品质，不进行虚假销售，不对产品进行虚假宣传，切实做到让消费者买得放心，感受到舒心，这是保证企业良好发展的重要条件。企业还要注重对企业产品和服务的创新，最大程度地满足消费者的需求。以身作则，坚决反对和打击违背法律、侵犯消费者权益的行为。

3. 承担对社会的责任

和谐社会的发展需要社会的共同进步，也需要医疗卫生、教育、社会保障、公共建设等多项事业的共同发展。很多地方政府单凭自己的力量往往会出现投入资金不足、资源短缺等问题，所以需要调动一切可以调动的资源。作为社会活动不可或缺的重要成员，企业应当充分发挥其资源优势，主动地参与社会事业的建设，辅助政府在人文关怀、教育、文化等项目上的发展和建设，改善社会公共卫生和生态环境，积极参加社会道德活动，支持慈善事业，参加社会公益活动，保护弱势群体等。

4. 建立健全社会监督体系，完善企业伦理道德监督体制

作为我国国民经济的主要组成部分和社会活动的重要组成人员，企业在经济领域和社会活动中的行为是必然处在社会监督之下的。除了法律和法规的强制性约束以外，社会监督和社会舆论对企业的商业行为与道德伦理也起到了约束作用。在当时各种社会监督体系和社会舆论下，古代晋商规范其商业行为，增强自身道德修养，才逐渐形成了晋商精神。目前，我国企业要发展和传承晋商精神，建设社会主义市场经济体制下独特的企业伦理道德就必须建立健全社会监督体系，完善企业伦理道德监督体制。对我国企业伦理道德的监督应该是一个全方位、多元化的监督，有外部环境的监督和内部自我监督；有官方监督，还有来自群众的监督。总之，只有全面加强监督，违背社会主义伦理道德的行为才无立足之地，才能够真正地开展我国企业伦理建设。

三、学校层面的社会推广

学校作为教书育人的主要阵地对晋商“创业·创新”精神的推广责无旁贷。学校可以通过开设晋商相关课程，培养晋商精神的校园文化，组织晋商精神的各种活动等，让学生在课堂学习、课外娱乐中学习优秀的晋商品质，并对晋商产生极大的认同感，从而最终影响其世界观、人生观、价值观的建立。

（一）以立德树人作为学校教学的基本准则

在党的十九大报告中强调，要全面贯彻党的教育方针，落实立德树人的根本任务，发展素质教育，培养德、智、体、美全面发展的社会主义建设者和接班人。在教学过程中，学校坚持“立德树人”的历史使命，树立德业，才能培养大批德才兼备的人才。中国传统文化以儒家思想为主，吸收了佛教和道家的思想，并且深深影响了从事商业活动的人，晋商就是其中代表。晋商以儒家文化和道德作为自己的行为规范和价值取向，着重体现了“仁、义、礼、智、信”的精髓思想，具有很强的民族性、社会性、历史性和实践性。这些思想最终形成了晋商勤

俭节约、明礼诚信、勇于创新的晋商精神。通过课程讲授，可以弘扬晋商文化，坚持文化育人，以人为本，让学生懂得如何尊重他人，理解他人，关心他人，爱护他人，并最终形成高尚的人格；打造团队精神，增强整体凝聚力和竞争力，建立正确的价值观和行为趋向，使当代学生树立爱国、诚信、勤俭、奉献等优秀思想。

（二）教学内容规范化

随着学者们对晋商文化的不断挖掘和整理，晋商相关理论和知识的教学内容日益完善和规范，并形成了一套科学、合理的教学体系。晋商文化是指明清时期晋商所创造的一切有形文化和无形文化。有形文化包括晋商遗址遗迹、特色建筑、民间工艺等。如晋中一带的商业望族遗址、遗迹，北京晋商博物馆，山西晋商博物馆等特色建筑，砖雕、漆器屏风等民间工艺。无形文化包括晋商精神、晋商伦理、晋商经验方法等。晋商的有形文化与无形文化共同构成了博大精深、丰富多彩的晋商文化资源。

（三）教学模式多元化

“科教兴国”战略对学校教学模式的发展产生了非常深远的影响。在现代化信息技术的推动下，学校的教学模式正在发生着翻天覆地的变革。在国外教育领域，由于信息技术与高校教育的融合，产生了资源型教学、自主性教学、交互性教学、非线性教学、超时空教学、探究性教学等新型的教学模式。在实践教学中，学校也不断地吸收和借鉴国外的翻转课堂、慕课等新兴教学模式。随着智能手机等移动设备的迅速发展，学生进入了掌上学习的新时代。翻转课堂与慕课两种教学模式吸取了超时空教学和自主性教学的模式，强调学生养成移动式终身学习的习惯，同时个性化学习也是其重要的特征。新兴教学模式在一定程度上解决了传统课堂中教学忽视学生兴趣爱好的弊端。学生在学习过程中存在着巨大差异，通过自主性学习，可以促使学生对学习内容进行自主选择和理解，并且自主调节学习进度，通过互联网与教师进行交流，突破时空的限制与教师进行互动。翻转课堂与慕课巨大的优势就是解决了教师在有限的时间和空间内无法全部实现有效教学的难题，具备了传统学校教学无法达到的质量与成本优势。

（四）激发学生的学习积极性和主动性

通过教师对晋商精神的讲授，学生能从中了解晋商在发展过程中的艰苦奋斗精神。山西地处黄土高原，自然资源稀缺、自然条件恶劣，但是晋商却没有因此而退缩，而是艰苦奋斗，自强不息。据沈思孝的《晋录》记载："晋中俗俭朴古，有唐虞之风。百金之家，夏无布帽；千金之家，冬无长衣；万金之家，食无兼味。故其居奇能饶""晋商负货内外蒙古，跋涉数千里，于冷手冻足之季，行边野不毛之地，夏日酷暑，头顶烈日，足履灼沙，数日不见水源，如煎如炙；冬日朔风呼啸，天地晦冥，寒风凛冽，刺骨难熬；春秋狂风骤起，飞沙走石"。正是晋商的不畏艰难的优秀品质，才创造出代代相传的"儒商文化"典范。由教师传递给学生的这种优秀晋商文化能够激发学生的学习主动性，在寓教于乐的学习中真正体会博大精深的晋商文化带来的乐趣。

结 束 语

经历了500多年的辉煌后，晋商受票号资本垮台的影响，其商品经营资本也不再显赫，并在20世纪初开始走下坡路。但是晋商及其创业创新精神却依然影响着中国商人。在晋商的时空优势之外，晋商的企业制度更是在中国商业革命中一路领先，诸如，股份合作制度、两权分离制度、职业经理人制度、人力资本制度、资本金管理制度、票据流通制度、转账结算制度等以及大量的技术创新、工具创新、业务创新、制度创新。晋商精神，尤其是晋商伦理影响了国内各大商帮与海外华商。关帝庙比孔子庙还多，县县有文庙，村村有关庙，关帝庙甚至建到了海外。

弘扬晋商精神就要努力使艰苦创业、诚实守信、开拓创新的商人精神进入主流社会。弘扬晋商精神还要敢于进市场、下商场、闯洋场，与省内外、国内外商人做朋友、谈生意、做买卖。

晋商文化、晋商精神是今天建设和谐社会的重要资本。政府确立天地之间，以人为贵，以民为本，实惠于民，为天地立志，为生民立道；企业家确立独富贵为耻，以大富、大红、大德为荣，相济于业，互惠互利，共同发展。由此，建立起共同的基本信念、价值取向、企业精神、思维模式、行为准则，让仁爱、正义、礼让、理智、诚信的氛围与和谐发展真正成为建设社会主义商业文明和新时代中国特色社会主义的精神力量。

参考文献

［1］刘大鹏．退想斋日记．太原：山西人民出版社，1990.

［2］渠绍淼．晋商兴盛溯源．文史研究，1992（1/2）.

［3］孔祥毅．晋商学．北京：经济科学出版社，2008.

［4］马克思．资本论：第 1 卷．北京：人民出版社，1975.

［5］徐檀．明清时期城乡市场网络体系的形成及意义．中国人民大学复印资料《经济史》，2000（5）.

［6］马克思．资本论：第 3 卷．北京：人民出版社，1975.

［7］谢肇淛．五杂俎．上海：上海书店出版社，2001.

［8］黄鉴辉．晋商经营之道．太原：山西经济出版社，2001.

［9］贾嘉麟．商家智谋全书．郑州：中州古籍出版社，2002.

［10］李遂，李宏龄．晋游日记·同舟忠告·山西票商成败记．太原：山西经济出版社，2003.

［11］卫聚贤．山西票号史．太原：三晋出版社，2019.

［12］颉尊三．山西票号构造．1936 年未刊稿．

［13］张四维．条麓堂集：卷 27.

［14］马克思恩格斯全集：第 23 卷．北京：人民出版社，1972.

［15］黄宗羲．明夷待访录：财计三．北京：中华书局，1981.

［16］陈锦江．清末现代企业与官商关系．北京：中国社会科学出版社，1997.

［17］陈其田．山西票庄考略．中国台北：华世出版社，1937.

［18］顾炎武．天下郡国利病书：《四库全书存目丛书》本．济南：齐鲁书社，1996.

［19］道格拉斯·C. 诺思．经济史中的结构与变迁．上海：上海三联书店，上海人民出版社，1994.

［20］张五常．佃农理论．北京：商务印书馆，2000.

［21］清高宗实录：卷 20. 北京：中华书局，1985.

［22］宫中档乾隆奏折：第 42 辑．中国台北：国立故宫博物院，1986.

［23］清高宗实录：卷 580. 北京：中华书局，1986.

［24］王国平，唐力行．明清以来苏州社会史碑刻集．苏州：苏州大学出版社，1998.

［25］高春平．晋商学．太原：山西经济出版社，2009.

后　　记

值此书稿杀青、付梓出版之际，感慨良多。

本书是继拙著《晋东商业文化》与《保晋公司研究》之后，山西省哲学社会科学规划课题“明清晋商‘创业·创新’精神及其传承与社会推广研究”（晋规办字〔2016〕2号）的研究成果。在立项申报、课题研究、成果出版等诸多环节，先后得到了山西工程技术学院党委书记韩保清教授，太原科技大学校长（原山西工程技术学院院长）卫英慧教授，山西工程技术学院副院长姜俊兵教授，山西工程技术学院科技产业处处长张润平副教授（博士），山西工程技术学院社科系主任张素梅教授，山西工程技术学院宣传部部长杨建军高级经济师，山西工程技术学院经贸系李影副教授（博士），山西工程技术学院工矿城市转型发展研究中心连东副教授（博士），山西省社会科学院历史研究所所长高春平研究员，山西财经大学晋商研究院院长张亚兰教授，山西大学经济与管理学院副院长石涛教授，山西大学晋商学研究所副所长刘成虎副教授、刘文斌博士、罗畅博士，阳泉市政协副主席史友松先生，阳泉市委统战部常务副部长刘海民先生，阳泉市三晋文化研究会会长崔庆和先生，阳泉市委宣传部副部长刘瑞平女士，共青团阳泉市委书记石光源先生等领导、师友与同仁的鼎力帮助，在此一并致以由衷的感谢。

特别感谢山西工程技术学院区域经济转型发展研究团队的全体同仁，尤其是尚利强讲师在资料收集与整理、文稿校对等方面给予的全力帮助。

回顾20多年的求学、治学之路，不乏艰辛与坎坷，庆幸的是在特定的时间点，似乎总有抑或师长，抑或亲友，抑或同窗的无私擎托与帮扶。每当夜深人静或独处之时，感恩、感激之情油然而生，无以言表，只能默默祈祝所有师长、亲友及同窗万事顺意、幸福永驻。

自1999年7月6日大学本科毕业入职阳泉煤炭专科学校（升本后更名为“山西工程技术学院”）至今，正是这方名不见经传的沃土无私地哺育了我，成家、购房、育子、孝亲、晋级、涉外……点点滴滴的成长与进步均得益于学校的精心呵护与栽培，这份特殊的情感深入骨髓与血液，祈愿山西工程技术学院的明天更加光辉灿烂。

作为一名人文社科类高校教师，"教学、科研、社会服务"三者理应相互融通、有机结合，本人也力求统筹兼顾，但由于能力所限，往往事与愿违，多有遗憾，更缘于近年来没有任何有价值的研究成果，深感自责与懊悔……

囿于著者功力的浅薄，书中仍难免有疏漏、不妥甚至错误之处，恳请各位学界前辈、方家、同仁及广大读者朋友不吝赐教，批评斧正。

王智庆

2018 年 8 月 8 日夜